现代农业园区规划原理与实务

王　梁　主编

中国农业出版社
北　京

编　委　会

主　　编：王　梁

副 主 编：杨忠臣　梅大伟　陈守越

编写人员（按姓氏笔画排序）：

王　梁　尤海涛　白成芳　刘学美

刘淑华　孙廷艳　杨忠臣　张蓓蓓

陈守越　周绪元　班　成　耿寿成

徐小任　梅大伟

前言

当前，我国正处于推动高质量发展、创造高品质生活、构建新发展格局、开启全面建设社会主义现代化新征程的关键时期。党的二十大报告中提出“加快构建新发展格局，着力推动高质量发展”。全面建设社会主义现代化国家，最艰巨最繁重的任务仍然在农村。大国小农是我国的基本国情农情，农业农村现代化是我国实现全面现代化的基础和突破口。近年来，我国农业科技创新发展日新月异，现代农业功能不断拓展，新农业科技革命桅杆显现，引领现代农业形成新产业、新业态、新模式，科技创新日益呈现高度复杂性和不确定性。党的二十大报告提出要加快建设农业强国，强化农业科技和装备支撑，坚持创新在我国现代化建设全局中的核心地位，对农业科技创新提出了最新要求，为农业园区创建和发展提供了新机遇与新挑战。

我国农业农村发展仍面临着不少矛盾和挑战，集中表现为：农业基础依然薄弱，抗风险能力较弱，农业质量效益和竞争力不强，农业进一步增收的空间不足；资源环境刚性约束趋紧，转变农业发展方式任务繁重。国际形势的日趋复杂化，要求我国必须把保障粮食等重要农产品供给安全作为头等大事，通过推进农业产业化和农业全产业链开发，引导小农户进入现代农业发展轨道，加快推进乡村振兴战略和城乡融合发展，促进农业高质高效、乡村宜居宜业、农民富裕富足，为全面建设社会主义现代化国家提供有力支撑。

面向“十四五”时期和2035年远景目标，党中央明确提出要“建设农业现代化示范区”，把建设现代农业园区摆在了更加突出的位置。建设现代农业园区是“十四五”时期实现农业农村高质量发展和加快推进农业农村现代化的重大举措。现代农业园区是聚集智力创新要素、打造主导特色产业、推动产业链式发展、实现农业现代化的重要载体，也是优化农业产业结构、促进三产深度融合、联农带农富农，推进农业供给侧结构性改革和乡村振兴战略的重要抓手与平台。现代农业园区的发展有利于为中国特色农业现代化发展树立新标杆，为引领农业供给侧结构性改革搭建新平台，为培育农业农村经济发展新动能探寻突破口，为农民持续增收探索新机制，为推进以工补农、以城带乡、共同富裕开辟新途径、提供新载体。

现代农业园区包括农业科技园区、现代农业产业园、休闲农业园区、田园综合体、农村产业融合发展示范园、农业现代化示范区等多种类型，具备科技含量高、类型多样、要素集聚、多业融合、效益明显、带动突出等发展特征，并承担生产与示范、服务与培训、创新与集聚、绿色与融合、组织与增收等多重功能，在大数据、互联网、物联网、云计算、人工智能、区块链等新一代信息技术的推动下，园区发展逐步走向多元化、绿色化、数字化、智慧化和品牌化。

我国现代农业园区的发展已走过近30年的历程，各地涌现出一批典型园区，积累了丰富的发展经验，探索形成了许多行之有效、各具特色的经验做法，各级政府也出台了一系列优惠政策支持园区健康发展，取得了明显成效。当前，我国各地的现代农业园区发展面临建设资金单一、特色产业不强、专业人才短缺、管理机制不活、后续动力不足等诸多问题。园区的健康发展需要全社会的参与和支持，需要规划的科学指导，在区分园区类型的基础上，学习借鉴工业园区建设的理念，立足农业产业特性，结合地方区域条件和特色产业，在国家政策的指导和市场需求的引导下，明确发展主导产业，通过科技引领、技术推广、产业示范、多业融合、主体培育，将园区打造成为农业现代化的示范区、农业供给侧结构性改革的试验区、城乡融合发展的先行区，加快推动农业农村现代化和农民农村共同富裕。

为进一步提高现代农业园区规划编制水平，通过规划指导助推各地园区高质量发展，编者在系统梳理近年来现代农业园区规划理论与方法，认真总结园区规划最新研究成果和实践案例基础上，结合现代农业园区发展的新要求与新趋势，特编写《现代农业园区规划原理与实务》一书，主要内容包括以下几个方面。

第一章和第二章阐述了现代农业园区建设背景与意义、内涵与类型，厘清了现代农业园区发展历程、发展现状与趋势；系统分析了现代农业园区规划理论基础、规划原则和基本方法，详细论述了现代农业园区规划基本程序、编制内容与成果形式，奠定了园区规划理论和方法基础。

第三章至第六章是全书的主体部分，重点分析了农业科技园区、现代农业产业园、休闲农业园区、田园综合体 4 种类型现代农业园区概念内涵、发展现状，详细阐述了园区规划技术要点，一般包括规划思路与基本原则、功能定位与产业规划、园区布局与重点项目、利益联结与运营机制等内容。本部分各章节内容组合，构成了系统的农业园区规划编制依据。

第七章至第十八章主要介绍了绵阳国家农业科技园区、峄城现代农业产业园区、朱家林田园综合体、兰陵国家农业公园、老猫窝·茶语文化生态园、青海西宁国家农业科技园区、邹城省级农业高新技术产业开发区、莘县省级农业高新技术产业开发区、沂南县省级现代农业产业园、广饶县淄水现代农业产业园、前沿现代农业光伏科技示范园和偶遇·桃花源鹿鸣小镇 12 个现代农业园区规划实例。本部分为现代农业园区规划提供了具体指导和实践经验。

现代农业园区规划不仅要充分考虑当地自然、社会经济条件以及产业发展基础，而且要准确把握国家及地方政策倾向、现代农业及园区未来发展方向，更需要规划人员知识广博、经验丰富、脚踏实地、开拓创新。由于现代农业园区类型多样、分布广泛、模式多元，加之编写时间仓促以及参编人员自身专业和能力的局限性，书中难免存在不足和纰漏之处，希望广大农业园区规划专家学者和爱好者对本书提出宝贵意见和建议。我们共同努力把现代农业园区规划工作提高到一个新台阶，助力园区高质量发展。

在此向全体编著、审稿、绘图等单位和个人表达诚挚的敬意和衷心的感谢！

编　者

2022年7月

目录

第一章 现代农业园区发展概述

现代农业园区是借鉴工业园区理念建设的现代农业要素集聚区，本章论述了当前我国现代农业园区建设的背景和意义，明确了现代农业园区在新时代承载的使命任务，归纳总结了现代农业园区的内涵、类型和功能，指出不同类型的园区其发展主体功能虽有差异，但园区的内涵是通过要素集聚，示范带动农业农村的现代化。通过分析现代农业园区的发展历程，总结了园区发展的现状特征、存在的问题，并结合园区发展趋势，指明了当前现代农业园区的建设任务，即通过特色产业发展、发展要素集聚，进一步推进农业产业化和三产融合发展，打造农业高质量发展示范区和共同富裕先行区。

第一节　现代农业园区建设背景与意义

一、现代农业园区建设背景

（一）扛稳大国粮食安全重任，构建国际国内双循环新格局

粮食安全是维护国家安全的重要基石。党的十八大以来，中国走出了一条适合中国基本国情与特色的粮食安全之路，构建了国内生产体系、储备体系和全球农产品供应链为三大支柱的粮食安全保障体系。在新冠疫情影响下，我国将构建以国内大循环为主体、国内国际双循环相互促进的新发展格局。新发展格局的构建对粮食安

全提出了新的要求，需要构建“国内供给＋进口补充”的粮食资源配置模式。党的二十大报告提出“树立大食物观，发展设施农业，构建多元化食物供给体系”。新的粮食安全配置模式和多元化食物供给体系的构建对现代农业园区的建设与布局提出了更高的要求，也提供了发展新契机和新机遇。

（二）农业综合生产能力迈上新台阶，农业农村现代化进入全面推进、重点突破的新阶段

“十三五”期间，我国农业综合生产能力已经迈上新台阶，农业物质技术装备达到新水平，适度规模经营呈现新局面，产业格局呈现新变化，农民收入实现新跨越，典型探索取得新突破。“十四五”时期，是乘势而上开启全面建设社会主义现代化国家新征程、向第二个百年奋斗目标进军的第一个五年。党的二十大报告提出全面建设社会主义现代化国家，最艰巨最繁重的任务仍然在农村。坚持农业农村优先发展，坚持城乡融合发展，畅通城乡要素流动。发展现代农业园区，有助于推进城乡要素流动，加快城乡融合发展进程，促进农业农村现代化发展。

（三）我国农业已进入发展动力升级、发展方式转变、发展结构优化的新时期

当前，我国农业已进入传统农业向现代农业转变的关键阶段，亟须解决四大问题：第一，在居民消费结构升级的背景下，部分农产品结构性失衡的问题日益凸显；第二，在资源环境约束趋紧的背景下，农业发展方式粗放问题日益凸显；第三，在国内外农产品市场深度融合的背景下，农业竞争力不强的问题日益凸显；第四，在经济发展速度放缓、动力转换的背景下，农民持续增收难度加大的问题日益凸显。解决当前面临的四大问题，需要加快推进农业供给侧结构性改革，其中关键的抓手就是“三区三园”，以现代农业产业园、农业科技园为主力的现代农业园区是主载体和主阵地。

（四）落实国家碳达峰、碳中和重大战略，突破资源环境约束趋紧新挑战

习近平主席提出，中国二氧化碳排放力争于2030年前达到峰值，努力争取2060年前实现碳中和。农业农村是重要的温室气体排放源，农业农村实现碳达峰、碳中和面临新的挑战。与此同时，我国农业发展面临的资源约束越来越大，现有的资源条件难以满足农业发展方式的转变需求。因此，必须走现代农业之路，从强化科技、完善设施、优化结构、转变方式、提高综合生产能力等方面入手，提高单位资源利用效率。现代农业园区通过集聚发展要素、科技创新、共享资源、克服外部负效应，带动关联产业的发展，能够有效推动现代农业产业集群的形成，提高生产效率，提高农田和草地固碳增汇能力，降低产业发展的资源环境约束，推进农业农村实现碳达峰、碳中和。

二、现代农业园区建设意义

（一）建设现代农业园区，是助力乡村产业振兴稳步推进的必然选择

党的十九大报告提出乡村振兴战略，以及“产业兴旺、生态宜居、乡风文明、治理有效、生活富裕”的总要求，加快推进农业农村现代化。乡村振兴要求产业兴旺、生活富裕，农业仍然是关系农民生计的最大产业，承担着增加农民收入和促进就业的重要职能。新时代，积极发展现代农业，加快传统生产方式的转变，促进全产业链发展，有利于提高农民全产业链收益比例，增加农民收入，加快农村一二三产业融合发展，助力乡村振兴战略的稳步推进。

（二）建设现代农业园区，是推进农业供给侧结构性改革的迫切需求

在居民消费结构升级的背景下，部分农产品结构性失衡的问题

日益凸显。农业绿色发展已成为我国推进农业供给侧结构性改革的主攻方向，当前国内居民对绿色、优质农产品消费需求的快速增加，将有力推动农产品供给的转型升级。积极发展现代农业，加强标准化生产、质量安全监管和品牌创建，有利于提高绿色安全农产品的生产保障能力，满足城乡居民对安全、绿色、有机等优质农产品消费需求，推进农业供给侧结构性改革的顺利开展。

（三）建设现代农业园区，是促进农村一二三产业融合发展的重要载体

现代农业园区是现代农业发展的重要载体和抓手，借鉴工业园区的经营管理理念，依托园区这一载体，推动农业生产要素向园区集中、优势产业向园区集聚，推进农业产业化、多功能化经营，能够打破行业、区域、城乡之间的阻碍，形成资本、人才、技术、信息等要素顺畅流动，让农民更多分享二三产业增值收益。园区的建设能够促进产业结构优化、提高三产融合程度，使农业产业链条更加完整、功能更加多样、业态更加丰富、利益联结更加紧密、产城融合更加协调，进一步健全农村一二三产业融合发展服务体系。

（四）建设现代农业园区，是增强现代农业国际竞争力的重要抉择

建设现代农业园区，发展现代农业，是增强农业国际竞争力的迫切要求。我国加入世界贸易组织以来，农业面临的国际竞争日趋激烈。在国内外农产品市场深度融合的背景下，农业竞争力不强的问题日益凸显。每个国家的农业发展从来不是一个孤岛，国家合作是农业生产主流。随着社会资本进入农业生产领域，农业对外合作将进一步加快，合作深度和广度将进一步提高。通过资本、资源的国际合作，有利于拓展农业发展空间，提升产品市场竞争力，增强在全球农业价值链分工中的地位。农产品的市场竞争能力，实质上是生产条件、科技含量和经营方式的竞争，必须加快发展现代农业，提高农业的整体素质和竞争力，才能在国际市场竞争较量中立

于不败之地。

（五）建设现代农业园区，是展示现代农业发展新成果的重要窗口

现代农业园区是现代农业的展示窗口，是农业科技成果转化的孵化器，是生态型安全食品的生产基地，是现代农业信息、技术、品种的博览园，是提高农村经济效益和农民收入的必然选择。现代农业园区以环境优美、设施先进、技术领先、品种优新、高效开放为特点，代表现代和谐农业的发展方向，是实现社会主义美丽农村建设的亮点工程。

第二节　现代农业园区的内涵与类型

一、现代农业园区的内涵

我国现代农业园区的建设起步较晚，目前尚缺乏统一标准的定义。农业部门常称之为现代农业园区、现代农业示范园区，科技主管部门则称之为农业科技园区，文旅部门称之为休闲农业园区。对于现代农业园区的内涵理解，代表性的观点主要有以下几种（表1-1）：

表1-1　现代农业园区内涵的不同理解

代表学者	代表性观点
蒋和平等	以展示现代农业科技为目标，发挥产业和资源优势，以企业化管理为手段，开展研究试验、示范推广、生产经营等活动的农业试验基地
许越先等	采取高科技和高资金投入，以农业设施工程为主体，具有多方面功能和综合效益，进行集约化生产和企业化经营的新型农业组织形式
黄冲平等	现代农业园区是农田基础设施、农业生产、经营和管理基本符合农业现代化要求的农业生产区域
张天柱等	现代农业园区是为大力开发、提升农业，对特定区域给予资金、技术投入，采用先进的组织和管理方式，进行高效运作并有一定规模的集约化农业园

（续）

代表学者	代表性观点
李志明等	以发展高效农业为目标，依托农业高科技，以调整农业产业结构为突破口，引用先进的园区经营理念，建立的三产融合，具备一定景观效果的现代化生产空间

现代农业园区的种类繁多，园区设立的初衷因投资主体的不同而差异较大。随着现代农业的发展，园区发展的使命和目标逐渐一致。同时，现代农业园区作为工业园区的衍生物，是借鉴工业园区的理念设立的集聚特色农业产业的园区，具有产业园区的共性特征。因此从发生学意义上，现代农业园区是相关经济主体，为了促进农业产业化开发和农业农村的现代化发展，以现代经营形式组织建设，在农业发展优势区域集聚发展要素，具备产业特色鲜明、科技含量较高、物质装备先进、运行机制灵活、综合效益显著等特征的现代农业发展载体、试验区和示范区。

现代农业园区以特色农业产业化开发为主要特点，以产业发展、研究实验、示范推广为主要内容，以促进区域农业结构调整、产业升级融合、提供优质农产品、培育多元经营主体为目标。新时代，国家大力支持建设现代农业园区，指出各地要从实施乡村振兴战略的大格局、农业高质量发展新阶段和城乡融合发展大背景来认识把握现代农业园区建设的重要意义和功能定位，高起点高标准谋划推进产业园建设，突出产业特色、要素集聚、质量效益、辐射带动，集中打造一批乡村产业振兴样板区，引领带动乡村产业做大做强和农业发展转型升级、提质增效，发挥产业园联工促农、联城带乡的桥梁纽带作用，探索城乡融合发展之路。

二、现代农业园区的功能

（一）生产与示范

现代农业园区建设要强化生产功能，核心在于保障国家粮食安全和重要农产品有效供给。严格规范土地流转行为，坚决制止“非粮化”“非农化”倾向，流转土地要用于农业尤其是粮食规模化生产。根据粮食生产功能区、重要农产品生产保护区和特色农产品优势区的区域资源优势和产业特色，建设一批规模化、机械化、标准化、集约化和产业化程度较高的现代农业园区，示范引领区域现代农业发展，加快传统农业向现代农业转型，不断提升区域粮食和重要农产品供给能力。

现代农业园区在发展生产的同时，也要积极引进、示范国内外先进适用的生物工程技术、设施栽培技术、节水灌溉技术、集约化种养技术、农副产品深加工技术以及智能化管理与信息技术等，进行集约化、设施化生产，并通过展示、示范、技术培训等手段，促进产品、资本、技术、人才、信息等在更大空间范围的流动，带动整个区域农业农村的现代化发展。

（二）服务与培训

一方面，重点瞄准国际、国内科技发展的前沿，引进农业高新技术，加强技术消化吸收与攻关创新，提高原创性的自主开发能力，成为农业科技成果转化的“发射台”；另一方面，园区要围绕区域特色和优势产业，主动接收省级以上园区的科技辐射，做好新技术的组装配套、熟化、示范，成为农业科技成果应用的“中转站”。同时，园区要立足为本地农民服务，加快实用技术的推广应用，直接为农业生产和结构调整服务，成为农业科技转化应用的“播种机”。

园区通过示范培训，培养农业科技人才，强化农业科技队伍建设，普遍提高农民的文化水平和生产基本技能，培养造就具有一定的科技水平、能基本使用现代技术、了解社会信息的新型农民。

（三）创新与集聚

现代农业园区建设要强化创新功能，核心在于加快推进农业关键核心技术攻关和科技成果转化应用。实行产学研深度结合，大力推进农业技术创新，提升和强化现代农业园区研发、集成、运用、示范、推广新品种、新技术和新装备的功能，加速农业科技成果转化应用，不断推动农业技术进步，提高土地产出率、劳动生产率和资源利用率，稳步提升农业质量效益和竞争力。

集聚是现代农业园区发展的关键驱动力。从内涵上看，集聚是理念的集聚、创新的集聚、制度的集聚；从表现上看，集聚主要体现为要素集聚和产业集聚。要素集聚，在一定区域内促进人力、技术、资金的空间聚集，提高资源要素配置效率。产业集聚，在一定区域内促进农业关联产业的空间聚集，打造农业全产业链，实现一二三产融合发展。无论是要素集聚，还是产业集聚，都需要高度重视现代农业企业的引领作用，发挥农业企业在人才、资金、技术、市场等方面的优势，构建完善农业全产业链布局。

（四）绿色与融合

现代农业园区建设要强化绿色功能，核心在于推动形成绿色生产方式和生活方式。严守耕地和生态保护红线，节约资源，保护环境，促进农村生产生活生态协调发展，建立绿色、低碳、循环发展长效机制。强化资源保护利用，大力发展农业节水，全面推行“一控两减三基本”，推进种养循环一体化，支持秸秆和畜禽粪污资源化利用。推进农业标准化生产，健全农产品可追溯体系，实现从田间到餐桌的全产业链监管，确保农产品优质安全。加强农产品地理标志管理和农业品牌保护，鼓励地方培育品质优良、特色鲜明的农产品区域公用品牌。

现代农业园区建设要强化融合功能，核心在于拓展农业多元功能和促进产业融合发展。在发挥农业生产传统功能的基础上，不断释放农业在生态保护、休闲农业、文化传承等方面的功能。促进乡村产业深度交叉融合，推进规模种植与林牧渔融合，推进农业与加工流通业融合，推进农业与文化、旅游、教育、康养等产业融合，推进农业与信息产业融合，形成多主体参与、多要素集聚、多业态发展格局。

（五）组织与增收

现代农业园区建设要强化组织功能，核心在于提升农业生产组织化程度和促进小农户与现代农业有机衔接。巩固和完善农村基本经营制度，加快培育农民专业合作社、家庭农场等新型农业经营主体，健全农业专业化社会化服务体系，引导农户、农民专业合作社、农业产业化龙头企业、农村集体经济组织和科研推广机构等各类生产经营主体开展广泛的合作与联合，发展多种形式适度规模经营，推动建立符合区域实际和产业特点的现代农业生产经营组织形式，实现小农户与现代农业有机衔接。

现代农业园区建设要强化增收功能，核心在于完善利益联结机制和拓宽农民增收渠道。围绕股份合作、订单合同、服务协作、流转聘用等利益联结模式，建立龙头企业与农户风险共担的利益共同体，让农民更多分享产业增值收益，促进农民收入持续稳定增长。拓展农业在产业服务、生态保护、休闲农业、文化传承等方面的功能，培育新产业新业态，带动农民就业增收，拓宽增收渠道。

三、现代农业园区的类型

（一）类型划分

现代农业园区一般依据投资主体、建设目标、示范内容、管理层级和运营模式等因素差异性开展类型划分。现代农业园区作为一种经济实体单位和新型农业组织形式，基于现代农业园区的建设背景和发展趋势，一般可依据投资主体和运营管理模式的不同将园区划分为两大类：①政府主导型园区。园区一般由各级政府组织申报、遴选，批准设立或列入相关名录，并给予政策、资金支持建设。此类园区的建设基础好，能够享受各级政府的配套政策，发展潜力大，追求经济效益、社会效益和生态效益。②企业主导型园区。园区一般是由企业投资，在农业资源优势区域流转土地设立的主要追求经济效益的产业化基地。园区由企业自主经营管理，开发内容多样、体制机制灵活、市场竞争力强、示范带动作用大（表1-2）。

表1-2 现代农业园区的类型划分

划分依据	类型	说明
投资与管理方式	政府主导型	农业农村部门认定的各级现代农业产业园
		各级政府和科技部门认定的国家农业高新技术产业示范区、国家农业科技园区、省级农业高新技术产业开发区、省市县级农业科技园
		财政部农业司、国家农发办和省财政厅等认定的田园综合体
		国家发改委部门认定的农村产业融合发展示范园
		地方政府机构投资或认定的现代农业示范区
	企业主导型	企业部门投资兴建并由地方政府认定的现代农业开发区、休闲农业园区、农业公园等
地域类型	城郊型	利用紧邻城市的区位优势，建设农业休闲观光园区
	平原粮油型	多建于平原地区，以粮油作物、园艺作物为主，开展高效农业示范
	丘陵林果型	多建于丘陵地区，以经济林果作物为主，开展多种经营，兼顾生态环境保护
	生态脆弱型	多建于草原、绿洲等生态脆弱区，以生态环境治理为主，兼顾畜牧、中草药等产业发展
示范内容	设施园艺型	运用了现代工程的技术手段和工业化的生产方式，将玻璃温室和塑料大棚等现代化的农业设施融入到农业生产中
	节水农业型	分布在缺水干旱地区，以提高水资源利用率为目标，采用滴灌、水肥一体等技术组织农业生产的园区
	循环农业型	通过物质循环、能量多层次综合开发利用，实现农业废弃物的资源化利用，多采用种养结合、农牧循环等方式
	休闲观光型	以农业资源、农村自然景观和民俗节庆等为开发内容，针对城市居民，开展观光、体验、娱乐、美食、康体、度假、探险等旅游活动，提高农业经济效益
	综合开发型	以高效生产和构建全产业链为目的，发展农副产品加工、科技示范、教育培训、休闲观光、交易仓储等综合功能的园区

（二）园区类型

1. 农业科技园区 农业科技园区是以现代科技为支撑，立足于区域农业资源开发和主导产业发展，按照现代农业生产和经营管理的要求，以科技研发、技术示范、辐射推广为主要内容，在特定区域建立的对区域农业与农村经济具有较强示范带动作用的现代农业科技示范基地。农业科技园区包括核心区、示范区和辐射区，其中以核心区为建设重点。

2. 现代农业产业园 现代农业产业园是在规模化种养基础上，通过“生产＋加工＋科技”，聚集现代生产要素，创新体制机制，形成的具有明确区域范围、建设水平领先的现代农业发展平台。产业园是集生产、加工、研发、精深加工、科技创新等多个一产、二产和三产相关要素的有机融合，通过特色产品、龙头企业、研发机构、教育培训、观光体验、大数据、“互联网＋”等带动辐射区域发展，促进园区农产品规模化、数量化、标准化生产，实现生产、加工、销售、物流运输等链条式服务，达到原产地产品可追溯的生产模式。

3. 休闲农业园区 休闲农业园区是随着近年来都市生活水平和城镇化程度的提高以及人们环境意识的增强而逐渐出现的集科技示范、观光采摘、休闲度假于一体，经济效益、社会效益和生态效益相结合的综合园区，常见形式为农业主题公园、休闲观光农牧渔场等。休闲农业园区以特色农业为基础，以保护周边自然环境为前提，坚持可持续发展，结合区域内基础设施建设，适度开发农业资源，展现乡村独特的风俗文化，营造休闲农业景观，集休闲、娱乐、观光、旅游、科普、教育等于一身，为游人营造一个享受农业风光，释放生活压力的新型农业旅游综合园区。

4. 田园综合体 田园综合体是在特定的地域范围内，依托农业资源和旅游资源，以农民充分参与和受益为前提，是以农业合作社为主要建设主体，以农业和农村用地为载体，以推进城乡一体化、农业现代化、农民增收为目标，融合工业、旅游、创意、地产、会展、博览、文化、商贸、娱乐等相关产业和支持产业，形成多功能、复合型、创新型地域经济综合体。田园综合体具有以农业景观和农事活动为基础、以观光体验为核心、以循环利用和再生为生产方式和以综合开发为主要手段的特点，通过高效农业开发和文化创意，形成集农业种植、观光旅游、创意产业、宜居宜业为一体的生态圈。

5. 国家农村产业融合发展示范园　国家农村产业融合发展示范园是为充分发挥示范引领作用，加快推进农村一二三产业融合发展而开展的示范园创建工作，要求各省结合实际，充分挖掘地区特色，围绕农业内部融合、产业链延伸、功能拓展、新技术渗透、产城融合、多业态复合 6 种类型，有针对性地创建农村产业融合发展示范园。将资本、技术以及资源要素进行跨界集约化配置，以农村一二三产业之间的融合渗透和交叉重组为路径，以产业链延伸、产业范围拓展和产业功能转型为表征，使农业生产、农产品加工和销售、餐饮、休闲以及其他服务业有机地整合在一起，使得农村一二三产业之间紧密相连、协同发展，最终改革传统的农业经济模式，实现农业增效、农民增收、农村繁荣。

（三）园区发展联系与区别

各类园区发展都强调以农为本的基本原则，突出现代农业发展，进一步提升农业综合生产能力，确保农民参与和受益，带动农民持续稳定增收，让农民充分分享发展成果，更有获得感。

在园区发展重点方面，各类园区各有侧重。农业科技园区建设强调农业科技成果培育与转移转化、农业高新技术产业及其服务业集聚、农业农村发展新动能培育等功能，侧重点在于农业创新资源集聚、成果研发示范推广和科技创新主体的培育。现代农业产业园建设围绕现代农业产业化发展展开，强调产业链的延伸和强化，项目建设主要在主导产业发展优势凸显的地区开展。休闲农业园区侧重于挖掘农业的多功能，突出农文旅融合发展，满足居民日益增长的多元化多样化的休闲需求。与其他园区相比，田园综合体建设试点项目既考虑农业发展、农民增收，也重视乡村建设，将农业、农村、农民作为一个整体进行统筹谋划，强调优特，不强调规模。从区域推进农业农村现代化发展角度看，其建设是推进农业现代化示范区的重要补充，是农业产业规模优势弱，但农业农村资源特色优势明显区域推进农业农村现代化发展的重要举措。

第三节　现代农业园区发展历程

一、国外现代农业园区发展历程

国外现代农业园区的发展是与现代农业的发展相伴随的。随着现代农业的功能延伸、内涵扩大和发展模式变迁，各国针对各自农业资源优势、社会经济发展需求和科技力量建设了各具特色的农业园区，其中发展类型以农业科技示范园区、休闲农业园区、设施农业园区、生态农业园区为主。

伴随着科技进步、经济全球化和新型生产体系的兴起，欧美等发达国家通过政策引导与财政支持，鼓励研究机构、大学与企业之间建立紧密的产学研合作关系，促进知识产业集群的产生，由此诞生了一批高新技术产业园区。各类工业科技园区的成功发展也给现代农业带来了新的发展理念和发展模式，部分集聚农业新技术、新品种、新设施和配套服务的现代农业园区也纷纷建立。随着发达国家对农业园区的政策支持引导的持续加强，园区数量迅速增多、规模不断扩大、类型也进一步丰富，成为现代农业发展的一种独特现象。经过近百年的发展，以美国、德国、荷兰及日本等为代表的发达国家早已建立了各类农业园区，并形成了一套从设计建设到运行管理的完善体系。

（一）农业科技示范园区

1. 美国　美国依托科研机构和企业建设各种农业实验站或实验农场、实验林场，进行开发、推广先进的农业技术，促进农业的发展，是具有农业科学知识普及试验教学服务功能的基地。例如，在美国农业部属下众多的农业试验站，依托州立农学院，以进行农业开发，开展科学研究和农技推广为主要任务，由国家财政对其进行经费支持，是农业部属下庞大的农业科技教育、研究和推广协作体系中的重要组成部分。

美国现代农业园区是以其最重要的农业生产方式——家庭农场制为依托，通过科技化、规模化等方式极大地提高农业生产效率，形成由生产、管理、创新到教育、示范的一体化发展模式。科技支撑与创新是美国现代农业园区快速发展的一大特点。美国政府一直重视对农业生产的投资，每年都投入大量资金应用于农业科技创新和新品种的研发与应用推广之中。早在1996年，美国农业部便成立了集农业研究、技术研发与教育示范于一体的美国农业战略发展署，配合相关农业宏观政策的引导，有效地提升了农业综合生产效率。

美国农业园区的特征主要表现在以下5个方面：第一，坚持家庭农场的主体经营模式。家庭农场制是美国最重要的农业生产方式，其农业园区也是通过家庭农场制来经营的，在家庭农场的基础上，实施农业园区的科技化与规模化。第二，农业园区中产业高度融合化，形成规模化、产业化、社会化与国际化的综合农业形态，形成了农工商一体化的产业链。第三，农业园区专业化程度高且布局合理。美国农业园区的发展少有同质化的竞争，其丰富的气候条件，使得农业园区从行业上进行了较为合理的分工，在生产环节上也进行了专业化的分解，依靠不同的产业带建立了专业化、特色化的农业园区体系。第四，农业园区非常重视科技支持。美国农业科技的创新能力世界一流，政府对农业科技创新及技术推广高度重视。多年来，政府投入了大量资金进行农业技术开发、创新、研究与推广工作，建立了完备的农业技术研发体系与推广体系。第五，农业园区重视农业教育功能的发挥。美国的农业教育颇有特色，其农业教育的主导力量是集中在实用型人才的培养上，强调农业技术的运用，并重视学员实践能力的养成。

2. 以色列 自20世纪40年代建国以来，以色列根据本国国情，通过科研单位和生产基地的结合，针对水资源使用不足的情况，科研院所和工程技术部门合作，通过近 30 年的努力，以色列在高效节水灌溉技术和设施栽培技术上取得巨大突破，建立以农业节水灌溉为主题的科技示范场，农场的建设为以色列农业种植带来了巨大的科技支撑力，使以色列走向了农业现代化国家。

3. 新加坡　新加坡农业技术园，由新加坡农业食品兽医局（AVA）于 1986 年建立，技术园落户于现代化的集约化农场。此外，政府积极推动农业技术和农业生物技术研究开发，应用于集约化农业生产，并促进对园区农业产业的投资。园区主要从事牲畜、家禽、水产养殖及蔬菜、水果、观赏植物种植等。技术园采用并展示用于集约化农业生产的先进技术，并向其他热带国家出口高价值的优质产品和服务。园区的技术研发中心为新加坡的农业产业提供技术支持，帮助农业生产者提高产品质量及生产力。

（二）休闲农业园区

1. 日本　日本农业园区的发展前期以农业实验农场为主，后期重点发展假日农场为主体的休闲农业园区。农业实验农场一般侧重于水稻、水果、小麦和豆类实验，部分农场致力于园艺研究，特别是温室蔬菜和花卉种植。日本人多地少，其农业发展一直是小农生产方式，实施的是差别化、精耕化的农业发展战略。在这样的国情下，以假日农场为主体的休闲农业园区得到了较快的发展。比如在日本享有盛名的富田农场、札幌观光农场、宏前苹果园区等现代化的休闲农业园区。因日本农业有很大部分是由兼业农户耕作，农业园区的经营理念及管理方法等也体现了农业教育与农业研修的功能，将农业生产、加工、研修实习及休闲旅游结合起来，具备生产、实践、旅游等多项功能，体现了农业的多功能特色。

日本现代农业园区的成功发展主要由以下几方面经验：第一，政府重视与政策支持。日本政府逐步建立法律框架和规章制度，通过税收、补贴、公共产品等手段对休闲农业进行宏观调控和规范管理，先后出台颁布了《市民公园事务促进法》（1990 年）、《农山渔村宿型休闲活动促进法》（1995 年）、《农山渔村活性化定住等及地域间交流促进的相关法律》（2007 年）等法律法规，大力支持和引导绿色休闲型园区的发展。第二，日本农业园区一般建设于城乡结合部，属于都市农业的范畴。园区功能上注重城乡互补，有利于将农业生产、加工、消费、休闲综合于一体，形成完善的农业产业和规模体系。园区着重打造特色型农业，促进了休闲农业的深入发展，建设了一批特色性园区。第三，园区运用现代农业科技与先进的农艺技术，完善了农业信息化基础设备，建立起现代化的农业设施和管理运营方式，有效地提高了农业资源利用率和农业生产效率，缓解了土地资源短缺对农业发展造成的限制。第四，农业协会的建立。1947 年，农户根据政府颁布的《农业协同组合法》建立起农业协作组织，经过 70 多年的发展，如今农业协会的服务涵盖了农民生产资料、技术指导、信息收集与发布、农产品采后处理与销售、农业金融信贷、保险以及生活医疗卫生等，不仅为现代农业园建设与发展提供了充沛的资金、人才储备，而且全方位保障了现代农业园的健康持续发展。

2. 欧洲 随着农业的衰退和对农村度假需要的增长，欧洲各国农业旅游迅速发展，包括 12 个国家农业旅游组织的农村和农场旅游欧洲联盟。在德国与法国，农场度假非常普及，他们主要是面向国内。一般是家庭到农村度假旅游，多数居住 1～2 周或较长的时间。在奥地利农业旅游很完善、规范，参观者可参与不同的农业体验，家庭到农村度假的占多数。在丹麦，农业旅游业是由 250 名成员构成的组织管理，类似英国的农业休闲管理局（FHB），这些组织受到公众和农民联盟支持，农业旅游者 50％来自国内，其余来自欧洲其他国家。

（三）设施农业园区

荷兰地势平坦，降雨充足，但光照不足，全年日照时数只有 1 600小时左右，因此设施农业成了荷兰农业发展的选择。通过建立设施农业园、现代化温室，大力开发适宜温室生产的高产值作物品种，使园艺作物基本上摆脱了自然气候的影响。通过在全国示范发展设施农业园区，荷兰用全国6%的土地创造出全国30%的农业总产值，成为世界高效农业发展的典范。荷兰农业园区的快速发展得益于3个方面，一方面与温室技术的进步息息相关，另一方面战后美国对荷兰农业技术、机械、化肥、农药等技术的输出，再有当地政府也同时出台了扶持农业农村的一系列政策。

荷兰通过大力发展设施农业，建立设施农业园，将生物技术、设施栽培、计算机管理等技术融为一体，重点发展蔬菜和花卉产业。荷兰设施农业的发展特征表现在3个方面：第一，园区发展科技水平高。首先表现在普遍采用无土栽培。设施农业园区90%以上采取的是无土栽培，普遍采用岩棉作为栽培基质。其次是作物供水精准化。荷兰的设施农业园区针对不同作物研究出适宜其生长周期的供水管理模型。第二，政府大力支持园区建设。荷兰大部分的设施农业园区均是由各级政府出资建立的，建立后通过股权转让等方式交给农民经营。第三，园区构建了良好的产学研合作机制。荷兰设施农业园区很好地实现了与大学产学研机构的对接合作，有利促进了园区的高质量发展。荷兰的设施农业园区是以瓦赫宁根大学农业技术科研为主导，该校是荷兰最负盛名的农业大学，其农业技术研发水平位居世界前列，其农业知识创新体系及机制也是享誉世界的。

（四）生态农业园区

德国生态农业发展在欧盟独树一帜，其现代农业园区建设也是围绕生态农业展开的，在生态农业基础上发展产业型园区，强调现代农业园区中生产、生态、生活均衡协调，以德国市民农园为代表。早在1919年，德国就颁布了《市民农园法》，其目的是推广健康生活理念，让都市居民体验农家生活、享受田园之乐的同时，实现蔬菜、水果的自给自足。生态型市民农园的健康发展为德国现代科技农业园区的建设奠定了良好的基础，加速推进了园区的产业化进程，形成了园区经济、生态和社会效益的合力态势。目前市民农园基本上实现了牛奶、粮食、蔬菜、水果等主要农产品的产业化发展，并通过农产品深加工加快了园区规模化、自动化和标准化进程，形成一套特色生态型农业发展链。

在现代农业园区的建设过程中，生态化与产业化一直是其主题。具体而言，首先以市场为导向来调整农业产业结构及农业贸易政策，对于生态化农业建设，形成了经济、生态及社会效益的合力。其次，在形成农产品现代化生产体系之后，进一步推进生产体系的专业化、自动化、标准化，形成了一套特色的生态产业化发展链。第三，在生产链的基础上，再构建强大的农产品市场营销体系，实现种植、饲养、加工、流通、贸易等 环节的一条龙，注重农工商的一体化发展，将营销及开拓市场视为推进现代农业园区发展的基本动力，尤其是注重海外市场的扩大。第四，构建标准化的农产品技术体系，尽量不使用化肥、农药，积极推广施用有机肥料，提升农产品的附加值。

德国博兰登堡的喀什特现代农业园区，4 名农技人员通过自动化机械管理运行着占地超过3 000公顷的农业园区，控制农药、化肥的使用量，积极推广有机肥，并通过将牛粪等农业废弃物应用于发电、肥料生产等，供相关企业或个人使用，从而实现园区的资源循环利用和生态化建设。

（五）农业展示与体验园区

芬兰农业展示园由芬兰农业食品研究院建立。展示园从芬兰农业的历史介绍开始，到对未来农业的展望结束。参观者可在体验北欧农村田园风光的同时，了解芬兰农业的发展历史、农业研究成果以及农业的未来。展示园充分体现了欧洲环境保护的理念和对环境保护的重视，园内设有多处介绍人与环境、农业与环境的展示。展示园精心安排农业技术和知识展示，为年轻人和普通大众了解农业、保护环境、珍惜自然资源提供了直观的视角，能够更好地起到教育和普及的作用。

二、国内现代农业园区发展历程

（一）园区发展过程

我国现代农业园区的实践与提出始于1994年。20世纪90年代初期，中国迎来了“深化改革，扩大开放”的新形势。伴随全国建设高新技术产业开发区的热潮，从1994年开始，农村出现了各种类型的农业科技示范园（区），这是现代农业园区的最早形态。1997年由国务院作为重大工程进行立项，与地方政府共同投资创办了陕西杨凌农业高新技术示范区，1997年2月国家科委正式立项启动了北京、上海、沈阳、杭州和广州5个城市的国家工厂化农业示范区，1998年国家科技部立项启动了15个持续高效农业示范区，1999年国家农业综合开发办公室设立了17个农业高新技术示范区。据统计，截至2019年底，仅中央层面设立具备示范试验功能的各类园区（县、点、场）已达50余类，发展速度快，类型多样，规模不断扩大。其中具备一定影响力的园区主要包括国家现代农业示范区、农业科技园区、农村创业创新园区（基地）、国家现代农业产业园、国家田园综合体等，这些园区财政支持力度大、认定程序相对规范，具备一定示范带动作用。

在发展的早期，园区主要以新品种、新农艺、新材料、新的种植模式等集中试验、示范、培训和展示建设为主。20世纪以来，随着城市居民生活水平的显著提高，同时面临城市向农村发展、农村向城市发展的格局，形成了城乡结合点，现代农业园区就是这种城乡结合点的具体体现，它是农业科技项目的示范基地，同时又具有休闲、观光、教育、体验、科普等功能。

（二）发展阶段

1. 起步探索阶段　随着我国农业生产方式逐步由传统向现代集约型方向过渡，作为现代集约型农业示范窗口的农业科技园应运而生，并呈快速发展的势头。以1994年前后建立的北京中以示范农场、上海孙桥现代农业开发区为标准，各地纷纷建立以农业技术推广为目标、以设施农业生产为主体的农业科技园区或示范园区。该阶段的农业园区一般是由各级政府投资兴办，主要是以农业科技园区为代表。这是在各园区中我国出现最早的一类农业园区，其主要功能是农业优新品种、先进技术、模式和理念的展示示范、推广带动。1997年，我国创办了第一个国家级农业科技园区，即陕西杨凌农业高新技术产业示范区。该农业科技园区是由国务院立项，与地方政府共同投资建设的。农业科技园的建设为区域农业的发展、农业科技与经济的有效结合做出了积极贡献。

2. 规范发展阶段 为进一步加快农业产业化与现代化进程，2001年7月，科技部颁布了《农业科技园区管理办法》和《农业科技园区指南》，通过总体定位、理顺关系、创新以及加强指导等，引导园区健康发展，并计划用5年时间在全国陆续建立50个具有区域代表性和引导、示范、带动作用的国家农业科技园区。自2001年起，我国农业园区正式进入规范发展阶段，该阶段农业园区主要具有重视经济效益、投资主体多元化、单一功能逐步向多功能方向发展等特点。

在这一时期，观光农业园、果蔬采摘园、畜牧养殖园、农副产品加工园、休闲农业园、度假村、民俗观光村、生态农庄、农产品物流园等不同类型的园区也大量出现。

3. 平稳发展阶段 从2010年开始，我国现代农业园区建设主要以构建现代农业产业体系、示范推广现代农业技术、培养新型经营主体、创新体制机制、拓展农业功能的现代农业示范区为主。以2010年农业部认定第一批国家现代农业示范区为标志，作为梯度推进我国现代农业发展的重要举措。各级农业园区的网络体系逐步完善，园区定位向科技研发、交易展示、科普培训、旅游观光等方面进一步拓展深化。园区由示范为主向带动区域产业发展为主转变。

4. 突破发展阶段 “十三五”时期，我国农业现代化全面推进，产业格局呈现新变化，农民收入实现新跨越，但城乡发展仍存在城乡要素流动不畅和农村老龄化、空心化等问题。为推进农业农村发展建设，十九大报告首次提出实施乡村振兴战略，坚持农业农村优先发展。2016年年底中央农村工作会议提出现代农业产业园是优化农业产业结构、促进三产深度融合的重要载体。现代农业产业园的提出，顺应城乡融合发展，促使我国农业园区迈进突破推进阶段。

2016年至今，我国现代农业园区的发展以建设产业特色鲜明、要素高度集聚、设施装备先进、生产方式绿色、一二三产业融合、辐射带动有力的现代农业产业园为主。现代农业产业园除了应具备安全农产品供给功能外，还兼具生态保护、生活休闲、科技示范、教育培训促进就业等综合功能。

据统计，截至2020年年底，全国共拥有各类现代农业园区1万余个，其中国家级农业高新技术产业示范区9个，农业农村部批准建设的国家现代农业产业园107个，省市级各类现代农业园区1万余个。上海、北京、山东、广东、江苏、福建等省（直辖市）现代农业园区建设发展很快，规模也逐渐扩大，在带动现代农业发展过程中发挥了巨大作用。

第四节 现代农业园区发展现状与趋势

一、现代农业园区发展现状与特征

2017年以来，现代农业园区的建设成为我国农业现代化未来发展的方向与重点，“五区一园四平台”成为推进农业供给侧结构性改革的重点。这里的“一园”就是指现代农业产业园。同时，2017年的中央1号文件提出在推进农业供给侧结构性改革的抓手、平台、载体方面，重点建设“三区”“三园”加“一体”。“三区”即粮食生产功能区、重要农产品生产保护区、特色农产品优势区；“三园”即现代农业“产业园”“科技园”“创业园”；“一体”则是指田园综合体。现代农业园区已发展成为现代农业示范的载体、现代农业技术装备集成的载体、新主体“双创”的载体、优势特色农业发展的载体、农村一二三产业融合的载体，在推进乡村产业振兴和农业农村现代化进程中发挥了重要作用。当前，现代农业园区的发展特征主要有以下几个方面：

（一）科技含量高，科研支撑能力显著

现代农业园区具有技术密集型特点，在农业生产中大量使用新技术和新型生产设施。以现代农业技术为支撑，推动农作物培育、种植模式和管理等新技术的研究与开发，并在生产实践中得到广泛运用。

（二）类型丰富多样，结构日趋合理

农业园区按照主体功能类型分为农业科技园区、现代农业产业园、田园综合体、休闲农业园区等多种类型，根据级别又分为国家级、省级、地市级、县级等，由政府和各级农业主管部门组织认定和建设，并给予一定政策倾斜，此类园区大多属于基础性或公益性。此外各地还涌现了大量的企业为建设主体的农业园区，此类园区建设主题多元化，社会资本参与园区建设积极性高，具备较强的内生发展动力，是对政府主办公益型园区的补充。

（三）聚集效益明显，示范带动作用突出

现代农业园区具有高新农业技术特质，通过先进适用的生物工程技术、设施栽培技术、节水灌溉技术、集约化种养技术、农副产品深加工技术以及计算机管理与信息技术运用展示，带动周边农业生产经营者把先进农业生产技术用于农业生产实践，从而推动农村经济发展，增加农民经济收入。

（四）经营管理机制新，产业高度融合发展

农业控股企业成为组织现代农业生产的主体，农业控股企业是以市场资本和土地资源结合，运用现代企业管理制度组织农业生产的农业经营主体。利用资本、技术和产业融合优势，实现农产品生产、加工、销售、物流产业一体化推动产业融合发展，推动农业产

业链条延伸和农业功能不断拓展，最大程度获取生产利润。现代农业园区具备生产、加工、休闲、科普、教育等多种功能，一产为基础，二产为主导，三产为特色，一二三产高度融合，促进园区健康持续发展。

二、现代农业园区发展存在的问题

（一）缺乏顶层设计，过热趋势显现

目前全国范围内形成了数量庞大的农业园区，名称各异、类型繁杂，发展过快过热态势有所抬头，盲目重复建设现象有所显现。主要原因是：首先，缺乏国家层面整体考虑，尚未形成统一规划及发展思路，部门间各自为政，各类园区设置缺乏必要的可行性论证和科学的总体布局，同质化现象普遍存在；其次，部分地区借园区建设大量圈地，搞房地产建设；第三，缺乏系统统筹，过度求“大”求“全”，前期基础设施投入比重偏高，服务技术研发、市场推广、营销渠道、品牌打造、服务体系建设等环节投入较少，造成园区发展先天“营养不良”。另外可休闲娱乐的休闲农业园区数量多，产业带动辐射能力强的园区数量较少，种养大户聚集的多，加工转化升值的少。

（二）依赖政府财政，投资渠道单一

发展农业园区是加快推进现代农业发展的先进模式，但投资规模庞大、建设周期长、运营风险高、收益见效慢的特征较为明显。过度依赖政府投资，融资方式尚需完善。目前，我国现代农业园区建设尚未形成成熟完善的融资方式，大部分以政府投资为主，金融贷款、招商引资等方式为辅，容易受到外界因素的影响。政府强势推动多，市场主体主动参与少，多元化投融资体系尚未形成。社会资本普遍缺乏积极性，企业投资、招商引资、个人投资占比较低，部分园区只能依靠争取财政项目维持，缺乏可持续发展的动力。同时，部分地方投资是作为申报上级财政的配套支持，后续可能出现

配套资金到位困难、运营经费难以筹集等问题。

（三）管理有待提升，专业人才缺乏

当前各类农业园区发展尚属探索起步阶段，管理机构不健全，会管理、善运营、懂技术的专业人才储备不足，对园区发展的引领支撑作用有限。农业园区的建设管理涉及农林、国土、科技、环保、水利、工商、税收等多部门，但实际操作中多为农业主管部门“单枪匹马”“孤军作战”，缺乏有效协作机制，难以形成部门合力。同时，建设管理缺乏高效透明的社会化机构参与，规章制度不健全、政企不分、政资不分、机构体制不顺、责权不明等现象普遍存在。此外，园区建设面临较大的人才缺口，吸引各类科技实用人才入园创业创新的制度不完善，政策支持力度有限，加之缺乏新型农业经营主体经营管理、职业技能等培训，一定程度上制约了园区的健康可持续发展。

（四）园区现代农业产业体系未建立，产业化发展能力不足

宏观指导尚未完善，运行机制不够灵活。现代农业园区的快速发展使得各地政府争相效仿，在园区的建设中，往往忽略了在建设前对国家政策法规、自身发展优劣势、人力资源配置和农业市场环境的详细解读，导致无法明确现代农业园区的建设目标、功能定位及管理经营理念，缺乏科学发展规划，只是简单“复制”园区，最终形成结构单一的农业产业。政府过多干预、市场经济意识不强、缺少产业化经营理念，最终导致农业科技园在不断升级转型中处于被动，产业化发展能力不足，产业规模受到限制，先进农业技术成果转化率低、创新驱动乏力等问题也随之日益增多，无法为后期可持续发展提供坚实基础。

（五）监管制约不足，多方监督不够

园区建设缺乏有效监管体系制约，社会第三方监督制度尚未建立，对土地流转、审批建设、项目实施等环节管理不规范、不到

位。资金监管方面，部分园区设立之初要求制定详细建设方案和资金使用方案，明确财政奖补、各类项目资金以及社会资本等使用方式及用途，但缺乏长效动态监管机制，资金使用存在漏洞，利用农业园区搞"搭车"项目享受国家优惠政策的现象屡有发生。土地利用方面，对耕地、集体建设用地、宅基地使用政策界定不明确，后续监管有待加强。国家相关部门对于现代农业园区过程中出现的"大棚房"非常重视，先后出台一系列政策措施防止农用地的非农化开发，保护国家珍贵的耕地资源。

（六）上下游产业链缺乏，示范带动能力有待提升

现代农业园区的建设目标就是通过区域范围内新技术、新品种示范，配以先进经营理念和科技的支撑，调整当地农业经济结构，引导和带动地区农业经济发展。龙头企业在园区发展中的地位举足轻重，如山东龙口、广东新兴等。园区通过龙头企业的带动，结合自身资金、产业化水平等实际情况，大力发展相关企业，生产特色的优质农产品，逐步实现优质农产品生产产业化。而多数现代农业园区无法依附有实力的龙头企业促进园区主导产业的形成和发展，继而不能形成产业化链条以提高周边农村、农民的经济收入，导致当地农民参与园区建设积极性降低，园区示范、带动作用随之减弱。

（七）缺乏强力技术支撑，创新动力后劲不足

建立现代农业园区的目的就是将先进的农业生产技术及理念进行示范及推广，以提高农业生产效益，促进农业现代化快速发展。我国现代农业园区发展过程中遇到的一个重要问题就是一方面引入先进技术和新品种，而另一方面农技人员缺乏培训、能力较低，以致不能有效消化吸收先进农业科学技术，成果转化率较低，无法为现代农业园的创新发展和可持续发展提供有效保障，许多优秀科技成果无法真正提高农业生产率。加之一些科技园与科研技术单位联系不紧密，未能形成有效技术支撑体系，使其在长远发展中举步维艰。

三、现代农业园区建设任务

随着我国居民消费结构升级，人们对农产品的需求从追求数量向追求质量转变；国际市场拓展方面，我国农业竞争力面临巨大挑战；城乡差距加大，农民增收困难等，这些问题都亟须解决。开展现代农业产业园建设是解决目前我国农业农村发展问题的重要途径，也是推进农业农村现代化进程的重要载体和平台。当前，现代农业园区的建设任务主要围绕以下几个方面：

（一）做大做强主导产业，建设乡村产业兴旺引领区

以主体功能区规划和优势农产品布局规划为依托，立足资源条件，发挥区域优势，结合市场需要，科学布局产业结构，推动“粮经饲草”统筹、农林牧渔结合。重点选择1～2个主导产业，业态融合、复合发展，建成一批规模化原料生产大基地。实施品牌战略，擦亮农业金字招牌。培育一批农产品加工大集群和大品牌，将产业园打造为品牌突出、业态合理、效益显著、生态良好的乡村产业兴旺引领区。

（二）促进生产要素集聚，建设现代化技术和装备集成示范区

聚集市场、资本、信息、人才等现代生产要素，推进农科教、产学研大联合大协作，配套组装和推广应用现有先进技术和装备，探索科技成果熟化应用有效机制，将产业园打造成为技术先进、金融支持有力、设施装备配套的现代技术和装备加速应用的集成示范区。强化园区生产功能、研发功能、孵化培育功能、示范功能、生态功能建设，逐步形成以农业产业化龙头企业及精深加工企业集聚发展，带动种植、养殖户集约化生产及农、工、贸、技一体化的经营模式。

（三）推进产加销、贸工农一体化发展，建设一二三产融合发展区

以园区主导产业为重点，构建种养有机结合，着力打造生产、

加工、收储、物流、销售和服务于一体的农业全产业链。聚集土地、资金、科技、人才等要素，培育壮大农业产业集群。挖掘农业生态价值、休闲价值、文化价值，推动农业产业链、供应链、价值链重构和演化升级，将产业园打造成为一二三产业相互渗透、交叉重组的融合发展区。开展产业基地景区化建设，因地制宜建设特色休闲农庄、休闲农业专业村、农业主题公园，推动形成民族风情、休闲度假、健康养生、科普教育等系列主题休闲农业产品。

（四）推进适度规模经营，建设新型经营主体创业创新孵化区

鼓励引导家庭农场、农民合作社、龙头企业等新型经营主体，重点通过股份合作等形式入园创业创新，发展多种形式的适度规模经营，搭建一批创业见习、创客服务平台，降低创业风险成本，提高创业成功率，将产业园打造为新型经营主体“双创”的孵化区。采取出租、托管、农机作业服务、股份合作等形式，加快园区土地向龙头企业、合作社、家庭农场等新型经营主体流转，支持土地股份合作社发展。

（五）提高农业质量效益和竞争力，建设农业高质量发展示范区

大力发展绿色、生态种养业，加强农产品质量安全监管，推动品种培优、品质提升、品牌打造和标准化生产，健全农产品质量安全可追溯体系，实现质量安全追溯全覆盖，创建一批区域公用品牌，支持入园主体开展绿色、有机、地理标志农产品认证，培育一批知名企业品牌和产品品牌，推动农业由增产导向转向提质导向，树立质量兴农、绿色兴农、品牌兴农的新标杆，将产业园打造成为农业高质量发展示范区。

（六）联农富农，推进建设共同富裕试验区

依托产业园主导产业带动发展一村一品、一镇一业，做大做强富民兴村产业。建立联农带农机制，安排一定比例省级财政资金折算为村集体产业项目入股实施主体参与分红，通过订单农业、“土

地流转+保底分红”等模式形成紧密合作关系，带动农民分享二三产业增值收益。优先吸纳园区周边有意愿参与就业的脱贫不稳定户、边缘易致贫户和农村低收入群体就近入园就业，打造以工补农、以城带乡、联农富农、共同富裕的试验区和先行区。

四、现代农业园区发展趋势

（一）园区发展的科技支撑将逐步加强

现代农业园区发展要求建设水平区域领先，这就需要更多地利用现代高新技术来支持。产业园建设过程中，应加强产学研有效对接，引进优良的品种和先进的生产管理技术，推动农业机械化、标准化发展。另外，农业信息化技术能够推动传统农业转型升级，推动现代农业园区中农业向自动化、智能化方向发展；未来定位系统、农田信息采集系统、农田遥感监测系统、农田地理信息系统、农业专家系统、智能化农机具系统、环境监测系统、系统集成、网络化管理系统和培训系统等研究与应用将是现代农业园区的重点发展方向，将有利于加快实现周边区域现代农业智能化、信息化和数字化的发展。

（二）园区生产方式突出绿色有机与循环发展

在生态农业、有机农业、循环农业和智慧农业的发展理念影响下，以及居民对农产品质量和品质的需求提升，园区生产方式发生巨大变化。现代农业园区的发展要求农业绿色发展成效突出，这就需要建立完善农业绿色、低碳、循环发展的长效机制。在产业园建设过程中，应不断适应市场需求，积极开展种养结合、农业清洁生产，提高农产品品质，实现生产绿色化和标准化、经营品牌化、质量有保障、绿色食品认证比重高的发展格局。同时，积极推行开展“一控、两减、三基本”行动，改善园区农业环境，提升农产品市场竞争力，增加农民经济收入，进一步促进经济效益、生态效益和社会效益的提升。

（三）园区产业一二三产业融合程度显著提升

建设初期的农业园区基本以单一产业为主，下一步将逐步实现产业链条化与一二三产融合化发展。在产业园建设过程中，应立足主导产业和特色产业，积极构建种养有机结合，重点发展农产品加工业，打造涵盖生产、加工、收储、物流、销售于一体的农业全产业链条，创新发展模式和业态，并逐步向农村渗透。生产要素重新配置、消费升级，将带动供给结构变化和人们对农产品的需求变化，促进现代农业园区农业产业链和价值链建设，拓展农业功能，提升农业生态价值、休闲价值、文化价值，带动地区经济发展。

（四）园区将发展成为带动区域经济发展的新增长极

园区传统的功能主要是生产功能和示范功能，今后将以此为基础，逐步向第二和第三产业延伸，实现一二三产业融合发展，使园区成为区域经济发展的龙头，科技研发、创业孵化、加工物流、休闲度假、科普展示、教育培训等功能将进一步凸显。园区发展将突出生产、生活和生态的融合统一，积极开展园镇一体和园城一体，并逐步成长为带动区域经济发展的新增长极。

（五）园区建设模式的多元化

多元化是中国现代农业园区发展的基本特征，中国农业资源禀赋呈现人多地少水缺的基本特征，不同区域自然资源禀赋、经济社会发展水平差异较大，具有鲜明的多元化特征，表现为资源禀赋多元、产业形态多元、经营主体多元。这些多元化特征决定了中国现代农业园区建设发展需要走多元化的发展道路，并非一种模式适用所有地区。在模式推广中要注重地区适应性，需要根据地区特色做出相应调整。

（六）园区运行管理机制的持续创新

我国现代农业园区发展存在不平衡，一些园区综合社会效应不突出、产业融合不够、企业盈利能力差、农民增收效果不明显，未能实现利益相关方共享多赢，导致园区陷入发展困境。实现现代农业园区的可持续运营，政府、企业、农户必须能够共享多赢。现代农业园区建设必须构建“政府引导、企业运作、农户参与”的园区运行管理机制。针对现代农业园区建设面临资金、人才、技术等困难挑战，政府要搭建好平台，筑巢引凤，为招引现代农业企业创造良好的外部环境，加强基础设施配套建设，完善土地、人才、资金、科技等相关政策支持和创新。创新利益联结模式，建立龙头企业与农户风险共担的利益共同体，让农民更多分享产业增值收益。

参 考 文 献

卜善祥，郑敏.2003. 我国现代农业园区的发展现状问题及建议［J］. 中国地质矿产经济（8）：12-14，46.

成福伟.2017. 发达国家现代农业园区的发展模式及借鉴［J］. 世界农业（1）：13-17.

顾金峰，程培堽，储宇奇，等.2014. 现代农业园区发展现状与对策——基于苏州现代农业园区的调查［J］. 江苏农业科学，42（12）：501-504.

韩江宁，周慧秋，宋彧，等.2002. 各类现代农业园区发展对黑龙江省的启示［J］. 农业系统科学与综合研究（2）：157-160.

郝晓兰，杨英茹，李海杰，等.2019. 现代农业园区的规划探讨［J］. 农技服务，36（9）：110-111.

胡永年.1998. 我国现代农业园区发展动态［J］. 安徽农学通报（4）：13-15.

黄冲平，张文芳，张帆.2004. 创新运作机制 提升农业园区的竞争力［J］. 蔬菜（6）：1-4.

黄修杰，何淑群，黄丽芸，等.2010. 国内外现代农业园区发展现状及其研究综述［J］. 广东农业科学（7）：289-293.

蒋和平，崔凯.2009. 农业科技园区：成效、模式与示范重点［J］. 农业经济问题（1）：9-14.

蒋黎，蒋和平，蒋辉.2021. “十四五”时期推动国家现代农业产业园发展的新思路与新举措［J］. 改革（12）：106-115.

矫健，陈霞，陈伟忠，等.2018. 现代农业园区发展现状及国际经验借鉴［J］.

农业经济展望（11）：20-24.
金晓敏，葛丽萍，郭淑萍.2000.加快现代农业园区建设　推进农业现代化进程［J].农村机械化（3）：1.
孔令孜，李小红，黄艳芳，等.2021.国内外现代农业园区发展经验及对广西的启示［J].市场论坛（10）：6-10.
黎明.2017.新型农业经营体系的建构实证研究——以苏州市现代农业园区为例［J].中国农业资源与区划，38（7）：89-93.
李春杰，张卫华，于战平.2017.国外现代农业园区发展的经验借鉴——以天津现代农业园区发展为例［J].世界农业（12）：230-235.
李玉娟，朱琳，霍俊杰，等.2021.现代农业园区建设发展模式探究［J].河南农业（26）：33-34.
李志明，王冬梅，王招娣.2016.浅析现代农业园区的内涵及特点［J].现代农业（10）：70-71.
刘妍佼，宋士清，苏俊坡.2015.我国现代农业园区的基本特征、功能、类型研究综述［J].中国园艺文摘（2）：45-47.
罗其友，刘子萱，高明杰，等.2020.现代农业园区发展机制探析［J].中国农业资源与区划，41（7）：14-20.
马桂花，胡小朋.2020.现代农业园区建设与发展方式思考［J].中国农技推广，36（6）：5-7.
沈悦林，徐四海，徐长明，等.1998.我国现代农业园区建设的动态和模式分析［J].农业现代化研究，19（4）：255-256.
孙宁，李存军，张骞，等.2019.国内外现代农业园区发展进程及经验借鉴［J].中国农业信息，31（3）：27-28.
孙万挺，葛文光，谢海英，等.2017.现代农业园区文献综述［J].合作经济与科技（24）：23-25.
陶国胜，朱晓董.1996.建设现代农业园区、加快农业现代化步伐［J].浙江经济（4）：46-48.
王建石，丁杰，孙奎.2010.打造“三高”型现代农业园区［J].江苏农村经济（305）：23-24.
王文，吕军，杨晓文，等.2020.现代农业产业园建设模式与关键技术研究［J].中国农机化学报，41（12）：210-216.
王昀.2005.现代农业园区的调查和思考［J].农业科研经济管理（3）：4-7.
魏德功.2005.现代农业园区基本功能的构建特征［J].学术论坛（6）：70-74.
魏德功.2005.现代农业的基本内涵与现代农业园区建设［J].改革与战略

(10)：28-32.
伍冠锁.2011. 现代农业园区的实践与思考［J]. 江苏农业科学，39（5)：580-582.
肖琴，罗其友.2019. 国家现代农业产业园建设现状、问题与对策［J]. 中国农业资源与区划，40（11)：57-62.
徐慧君，贾芳.2011. 现代农业园区建设的定位［J]. 现代农业科技（24)：355，357.
许朗，戎耀武，王树进.2020. 现代农业产业园与农业科技园的规划要点比较研究［J]. 农业与技术，40（3)：164-167.
许越先.1999. 我国农业科技示范园的现状、基本特征及发展对策［J]. 农村实用工程技术（9)：2-3.
闫杰，罗庆熙，陈碧华.2004. 我国现代农业园区的发展现状及存在的问题［J]. 北京农业（9)：1-2.
于平福，梁贤，范小俊.2003. 现代农业园区系统结构与特点分析［J]. 广西农业生物科学（3)：215-220.
俞美莲，马莹，董家田，等.2014. 国外现代农业园区发展对上海的启示［J]. 上海农业学报，30（6)：7-12.
俞美莲，张莉侠.2015. 国外现代农业园区发展实践及启示［J]. 世界农业（3)：158-162.
张光荣，张天惠.2018. 创建现代农业园区是乡村振兴的重要抓手［J]. 河北农业（9)：52-54.
张红宇，何宇鹏，胡振通，等.2021. 塑造现代农业园区建设的中国模式——正大慈溪现代农业园区调研与启示［J]. 农村工作通讯（2)：35-38.
张建华.2010. 建设现代农业园区　加速农业现代化进程［J]. 江苏农村经济（4)：31-32.
张可云.1996. 现代农业园区：中国县域农业发展的第三次变革与趋势［J]. 学术研究（12)：26-30.
张骞，淮贺举，孙宁，等.2019. 信息化引领现代农业园区发展现状与对策研究［J]. 中国农业科技导报，21（12)：1-6.
张天柱.2011. 上海金山现代农业园区规划分析［J]. 农产品加工（创新版）（4)：21-23.
赵建亚，徐会中，俞文伟.2011. 建设与发展现代农业园区需要重视解决的问题［J]. 上海农村经济（3)：46-48.
甄若宏，周建涛，王强盛，等.2014. 江苏省现代农业园区产业构建与升级［J]. 沈阳农业大学学报（社会科学版)，16（2)：135-137.

郑海勇，傅云峰，温兴趣，等．2018. 现代农业产业园建设机制研究［J]. 全国流通经济（33）：82-84.

郑坤，梁玉琴．2019. 我国现代农业产业园发展历程及未来趋势［J]. 现代农业科技（23）：237-239.

郑敏，王瑞萍．2004. 我国现代农业园区建设的发展启示［J]. 地质技术经济管理（2）：5-8，12.

第二章

现代农业园区规划内容与方法

本章阐述了现代农业园区的规划理论基础，分析了现代农业园区的规划原则，提出了现代农业园区规划的方法、基本程序、编制内容与成果形式，旨在为现代农业园区规划拓展思路，解决规划建设中的规划内容重复或分散问题，为各地现代农业园区规划提供借鉴。

第一节　现代农业园区规划理论基础

一、农业区划理论

农业区划是农业区域划分的简称，是对农业的“分区划片”，属于区域产业规划的范畴。农业区划在发展过程中内涵逐步分化，产生了包含资源调查、区域划分、区域规划与开发等相关工作的新学科。农业区划的根本目的是要解决人类对农业的主观需求与农业发展所需的各种客观条件之间的矛盾。因此探索如何构筑农业生产力的合理空间格局，以深化农业区域分工与协作，实现优势互补与可持续发展，就必须将区域内复杂农业资源（自然、社会、经济、生态）作为一个有机整体来考虑研究。

农业区划理论包含多个子理论，主要包括农业地域分异规律、农业生产力配置理论、人地关系理论、农业生态经济理论和农业发展预测理论 5 个方面。5 个子理论相辅相成、有机融合。我国农业区划已形成一套相对完整的理论体系，但体系建设尚不成熟，农业区划的理论基础需要不断融合地学、农学、经济学、生态学等相关学科的理论。区域农业规划要树立城乡统筹发展的思想，并从主导产业选择、空间布局、配套体系以及重点项目等实现路径方面进行探讨，从重视经济效益转向重视社会和生态效益，从定性研究转向定性与定量相结合研究，从静态研究转向动态研究，从农业区划的编制迈向实施机制和效果评价领域。

农业区划理论从研究对象、学科性质、工作任务等方面阐述了现代农业园区规划应该遵循的原理，但是农业区划理论同其他任何理论一样，它来源于实践，又随着实践的发展而完善。现代农业园区发展的过程，也有助于促进农业区划理论发展。

二、农业区位理论

区位是指自然地理区位、交通地理区位和经济地理区位在地域空间上有机分区的具体表现。区位理论是关于人类活动尤其是经济活动的空间分布及空间中各种要素之间相互关系的学说，它的研究内容是人类经济行为的空间区位选择及经济活动优化组合，探索人类活动的一般空间法则。区位理论最早是由德国经济学家冯·杜能于 1826 年提出的，在其著作《孤立国对农业和国民经济之关系》中提出了“孤立国”和“杜能圈”的概念。他着重分析了土地位置差别引起的农产品生产成本差异，在城市周围应根据距离城市远近来划分不同的农业类型区，才能保证合理利用土地资源，并使农业经营者处于有利地位。在满足其区位理论的前提下，农产品的市场销售价格影响农业经营的产品种类和运营方式。农产品的销售成本是生产和运输的成本总和，而总生产成本又受运输费用的影响。

虽然现实中农业园区的发展状况会比区位理论更复杂，但其基本原理是不变的。区位理论对现代农业园区的选址、农业空间布局和功能划分仍具有重要的指导意义，例如，在规划的过程中要考虑到园区距城市中心的距离对园区内农产品价格的影响。

三、三区结构理论

三区结构理论最初被用于农业科技示范园区的布局，后来逐步被用于其他类型农业园区的发展规划中。一些园区专家通过对农业科技园区的结构、功能、布局和产业规划的研究，提出园区在空间布局上应由核心区、示范区和辐射区组成，分析了三区的内涵特征以及它们之间的有机联系和对接关系，按照技术渗透的辐射原理，阐明了三区之间主要通过科技对接、品牌对接和服务对接来实现它们之间的联系。

1. 核心区 核心区是整个园区的中心区，有完整且明确的边界范围，一般规模较大的园区占地在100～200公顷，核心区集中体现现代农业园区的内涵，物质要素、资金要素、人才要素、技术要素在核心区高度聚合，是农业科技的辐射源。

2. 示范区 示范区是园区农产品生产基地和农业科技成果的示范推广基地，是农业园区的重要示范平台，也是核心区的直接作用对象。示范区也有明确的边界范围，通常示范区要紧靠核心区，面积是核心区的3～5倍。示范区通过吸收核心区的新技术、新品种、人才、资金、培训等要素，进行农产品的标准化生产和示范，探索现代化农业产业化新模式。利用核心区的新技术，在示范区孵化新的产业和企业，是农业新技术、新品种和管理机制创新应用的样板，率先起到示范作用。

3. 辐射区 辐射区距离核心区较远，它既可以是不连片的区域，也可以没有完整明确的边界。辐射区规模一般是示范区规模的10～15倍。它主要受到核心区和示范区主导产业的影响，和示范区在地理环境、资源特点、生产与经济特征等方面相似。辐射区的企业、农户或农民合作组织与核心区企业在技术服务和产品供销合作上签订协议，是农业高效发展的拓展区，辐射能力的强弱直接决定着园区的影响力（图2-1）。

以上总结的规划理论是典型的基础理论，但是一个科学的现代农业园区规划绝不能仅仅依靠以上农学的理论，一些其他学科的理

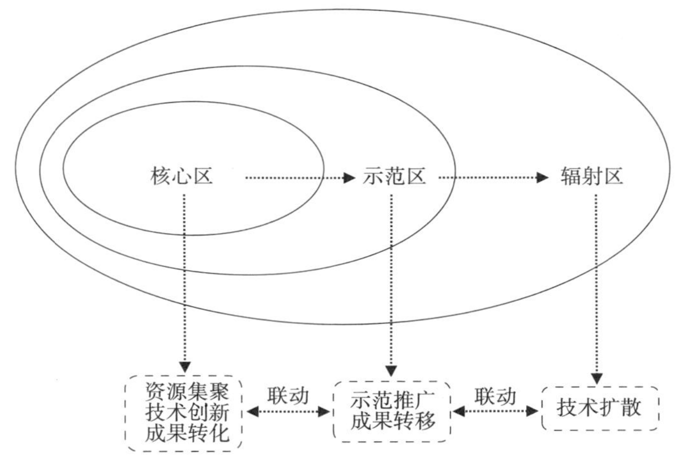

图 2-1　核心区—示范区—辐射区空间关系

论也会有所应用，例如城乡规划学中的新城理论、开发区理论、可持续发展理论，经济学中的产业集聚理论、产业链理论、技术创新理论，生态学中的景观生态学理论、空间渗透理论等，在现代农业园区规划的过程中，不同的环节可能会用到不同的理论作为依据，甚至会交叉、重复、并行使用。

四、创新理论

创新理论最早是由美籍奥地利经济学家熊彼特于 1912 年在《经济发展理论》中首次提出的。他认为创新是建立一种生产函数，在经济活动中引入新思想、新方法，即把一种从来没有过的生产要素和生产条件的“新组合”引入现有生产过程，使生产技术体系发生变革。从具体意义上讲，创新是一项新发明的商业化应用，是技术发明的价值实现。他的定义强调了技术创新的突破性、跃进性和革命性。农业技术创新是指将农业技术发明应用到农业经济活动中所引发的农业生产要素的重新组合，包括新技术的研究开发、试验推广、生产应用和扩散等一系列涉及科技、组织、商业和金融活动等相互关联的综合过程。

创新理论应用于现代农业园区规划，主要体现在培育新品种、研发新技术、倡导新理念、开辟新市场、建立新型的农技推广模式，实现传统农业向现代农业转型，在科技、管理体制和运行机制等方面具有重要的理论指导意义。

第二节　现代农业园区规划原则

基本原则是各个园区在规划编制过程中，应该遵循的一般标准和核心理念。不同地域、不同性质的园区规划，编制原则可以有所侧重，应该根据当时的时代背景、政策环境、资源禀赋等选择性地确定规划原则。一般基本原则表述如下：

一、因地制宜，突出特色

立足本地区资源条件，统筹考虑园区现有基础、生态环境及市场条件等多方面因素，优先推动发展特色鲜明、资源条件好、优势突出、市场竞争力强的农产品，促进产品要素在空间和产业上的优化配置，提出适合本园区建设发展的规划思路、发展战略、产业规划和重点项目，聚集形成具有规模比较优势的园区。

二、统筹兼顾，综合部署

园区规划必须从全局出发，综合部署，既突出重点，又照顾一般，兼顾经济、社会与生态效益。综合考虑基础条件、覆盖范围、发展定位、发展目标、产业创新和保障措施等内容，分轻重缓急制订实施方案，逐年实施，坚持全面协调可持续发展，实现当前效益与长远效益的结合。

三、节约资源，保护环境

现代农业园区规划注重合理和节约利用资源，统筹协调好资源环境与园区发展之间的关系，在充分考虑资源环境承载力的前提下，强化资源节约集约利用，积极推进生产方式转变。既重视生产能力提高，又重视农业生态环境保护，建设环境友好型、资源节约型农业。有效治理环境污染，加快推进循环经济和低碳经济的发展，最终实现产业、资源与环境统筹、协调、可持续发展。

四、科学布局，功能明确

坚持规划的科学性与前瞻性，正确分辨当今世界农业发展趋势、国家和当地农业发展政策，正确引导产业集中发展，引导农民集中居住，完善基础设施和服务功能，推进新型城镇化。在正确把控园区发展方向的前提下，提出正确的功能划分和具体目标，合理安排园区内部项目，提出切合实际的规划方案。

五、问题导向，突出重点

坚持问题导向，把园区存在的实际问题作为研究制定政策的出发点，把工作的着力点放在解决最突出的矛盾和问题上。对在园区产业发展、功能提升、科技示范等方面遇到的问题进行总结，研究确定强化园区的重点领域和主攻方向，通过专家咨询、学习调研等方式，形成符合实际的解决方案，提升园区的综合竞争力。

第三节　现代农业园区规划基本方法

现代农业园区规划方法的选用与规划目的、任务、时限和经费等诸多因素有关系。规划工作者必须了解园区的特性、规划的目的和任务要求，从而合理选取适当的规划方法，常见的规划方法有：

一、实地调研法

实地调研法是科学研究中最常用的方法之一。它是有目的、有计划、有系统地搜集有关研究对象现实状况或历史状况材料的方法。实地调研法是科学研究中常用的基本研究方法，它综合运用历史法、观察法等方法以及谈话、问卷、个案研究、测验等科学方式，对已有现象进行有计划的、周密的和系统的了解，并对调查搜集到的大量资料进行分析、综合、比较、归纳，从而为人们提供规律性的知识。

1. 访谈调查 它适用于调查的问题比较深入，调查的对象差别较大，调查的样本较小，或者调查的场所不易接近等情况。调查者在实地通过观察获得直接的、生动的感性认识和真实可靠的第一手资料。

2. 问卷调查 它是以书面提出问题的方式搜集资料的一种研究方法，即调查者就调查项目编制成表，分发或邮寄给有关人员填写答案，然后回收整理、统计和研究。

3. 抽样调查 指按照一定方式，从调查总体中抽取部分样本进行调查，并用所得结果说明总体情况。

以上介绍的只是经常被采用的3种方法。事实上，在调查研究工作中，调查者会相互交错、灵活运用这些方法。

二、系统分析法

按照系统论原理，一切事物都是由彼此相关的多重要素组成的（甚至要素本身可能是另一个系统，称子系统），这些要素之间存在着一定的组织结构，并且是按照一定关系组成的有机整体，或互相联系，或互相依存，或互相制约，或互相作用。

根据系统论原理分析，现代农业园区也是一个完整的系统，其组成要素有土地、水系、植被、人口、基础设施、建筑物等等，这些要素按照一定关系组成一定结构，在自身发展乃至更高级体系中发挥着作用。

系统分析法可分解为3个环节：提出问题、系统分析、系统评价，每个环节都有各种定性与定量的具体方法。现代农业园区规划也是基本遵循这3个环节，从资源、产业等现状中分析存在的问题，通过分析评价，提出规划设计方案。

三、综合平衡法

综合平衡法是各种规划中使用最广泛的一种方法。平衡就是处理各种关系，如土地利用的平衡，就是要处理好农业用地与非农业用地之间的关系、农业用地内部各类用地的关系以及各项非农业用地的关系。

现代农业园区规划中，要考虑平衡的内容很多。经济方面，生产和市场的平衡、资金的平衡、土地和水等各种资源的平衡、各项基础设施的平衡；社会方面，有的园区既包含城市用地，又包含农村集体用地，这就要求规划中要考虑城乡人口和土地的平衡、教育、医疗等公共服务设施的平衡；生态系统方面，植物的采伐和营造的平衡、污染排放和治理的平衡。

四、比较分析法

比较分析法是一切科学研究的基础方法之一，尤其在方案论证、择优方面应用广泛。在规划过程中，影响园区发展的因素往往不止一个，且常常是机遇和挑战并存，因此，要通过本园区与其他同类园区乃至不同种类园区的比较分析，才能得到本园区的发展优势，明确发展方向。

比较分析法一般分为 3 个步骤：选择比较对象、确定比较标准、分析评价。比较对象应具有内在联系，具有可比性。明确比较标准和内容，才能使比较的结论有据可依。比较标准的设定要综合考虑社会效益、经济效益和环境效益，有时甚至还要考虑政治因素。在园区规划中，通常要对所选择的方案在一定时间内做纵向比较，在一定地域空间内做横向比较，才能判断规划方案是否具有先进性与可实施性。

以上总结的规划方法是典型的常用方法，但是一个科学有效的规划方案绝不仅限于这些方法，有些专家学者根据自己的研究提出了一些新的规划方法，例如德尔菲法（也称专家调查法）、SWOT 分析法、数学模拟法、灰色预测法等等，但是这些方法归根结底都是源于以上3种方法。

现代农业园区的规划方法和规划程序是密切相关的，由于规划决策过程是前后关联的连续性及反馈性过程，而且每个园区都有其独特性，所以规划方法在利用上也存在交叉、并行和调换。

第四节　现代农业园区规划基本程序

现代农业园区规划从开始立项到最后成果提交是一个连续性、回馈性的过程，在具体规划过程中，规划人员必须制定工作计划，明确任务和方法，统一思想，提高认识，明确各阶段工作任务、内容和要求。总体上，现代农业园区规划要经过规划准备阶段、编制阶段和优化阶段3个主要环节。

一、规划准备阶段

（一）组织准备

1. 前期对接交流　这是园区规划的首要工作，园区规划委托单位与编制单位就本次规划设计的目的、意图进行充分交流协商，编制单位尽可能掌握委托单位的想法，以便于规划团队的组建和设备的选择。

2. 团队组建　组建规划设计团队，团队应结合规划内容由不同专业结构的人员灵活搭配，团队成员涉及农业和农业管理与政策、土地资源管理、城乡规划、道路交通、生态景观等多个专业。园区规划是一个多方参与的系统工程，园区规划涉及的有关单位还需组建相应的规划领导小组，以配合每个规划阶段的工作进展。

（二）制定工作计划和技术方案

本阶段是整个规划过程中统筹性比较高的阶段，要求项目负责人及主要成员具备高度的理论创新思维和扎实的专业知识。

本阶段主要确定园区规划指导思想、具体规划人员分工、规划工作重要节点等内容；确定规划依据与原则、规划内容与方法、技术路线、成果深度要求等并列出规划大纲。

（三）收集资料

1. 实地调研　实地调研是获取规划现状资料的重要手段，可以分为室内文件资料的收集和野外实地踏勘两个部分。资料收集主要是到各部门收集相关的文件和工作访谈，野外实地踏勘主要是走访调查、问卷调查，设计单位走访查看要覆盖规划范围内的每一个区域，确保现状资料不遗漏不丢失。在进行规划调研时还应提前做好调研图件、调研表格、调研行程的安排工作。

2. 数据整理　本阶段资料收集工作将由室外转向室内，室内工作首先就是处理前面收集来的海量数据，形成基础资料汇编。此阶段主要有3个问题需要注意：第一，在现实状况中由于统计部门的口径不一致，常常导致数据差异，因此在农业部门和统计部门采集到的数据常常产生误差，这就需要统计数据资料是要有针对性，更合理地选择所需数据。第二，收集到的数据有的是纸质数据，有的是电子数据，不同类型的数据要充分衔接，纸质数据不便于统计分析软件的应用，电子数据也要根据各部门信息及时更新，尤其是规划区历年的产业规模、社会人口、土地情况等进行归纳并整理，将大量数据整理成图表，使其更加直观可视。第三，对于图件，尽量收集最新电子版数据，实在有困难的，需对纸质版图件扫描后进行数字化处理，以便后期规划图件的加工和使用等。

二、规划编制阶段

本阶段是整个规划工作的核心阶段，主要包括现状评价、总体设计、详细设计等主要部分（图2-1）。每个部分都是相辅相成、有机结合的。

（一）现状评价

即规划的前期研究。主要梳理园区现有资源、产业、人口、土地等多项数据，找出现状存在的问题和发展潜力，并给出现状评价成果报告，这是编制规划不可缺少的依据。

（二）总体设计

总体设计阶段包括园区发展定位和理念、产业规划、确定指标、功能布局及各分区设计、土地利用规划等多个统筹性比较高的内容。

规划定位和理念要基于事实、利于长远，体现园区的发展方向。产业规划是针对园区自然条件、农业产业现状、市场以及发展趋势，选择适宜的主导产业、配套产业、基础产业。确定指标要结合实际，尽可能量化。功能布局对规划本身起到总体控制的作用，还需提出规划的总体布局方案，并对每个功能分区进行合理阐述与功能描述。在功能分区的大框架下 ，对土地利用进行详细划分，包括用地种类和规模、划定生态红线、布置配套设施等。

（三）详细设计

在总体设计的基础上，对道路、河流、景观、建筑、工程管线等各方面进行详细规划，这是整个规划工作的落脚点和实施依据。

道路：划分道路等级、确定道路红线、后退红线。

河流：划定河道蓝线、河道疏通、滨河景观、景观节点。

建筑：确定建筑功能、形式、体量。

工程管线：给水、排水、电力、电信、供暖（北方地区）、燃气等市政管线的引入与敷设方式。

三、规划优化阶段

规划进入后期阶段，规划成果需要经过相关专家评审，提出评审意见，设计单位根据评审意见进行修改，出具修改意见采纳报告，并将修改成果提交相关部门审核，若审核通过，则规划结束并进入实施阶段，若审核未通过，则需要根据部门意见进行修改，直至通过。

规划是一个动态过程，在规划实施过程中，由于对现代农业园区本身及其发展规律认识的局限，以及园区的发展目标和建设条件也在不断发展变化，因此园区的规划也将随着园区的新陈代谢而进行周期性的修订和调整。

现代农业园区是一个新生事物，对其规划方法的研究较少，但是规划实践却早已在各地展开，理论源于实践，理论方法也必须接受实践的检验，这是一个互动互长、螺旋上升的过程（图2-2）。

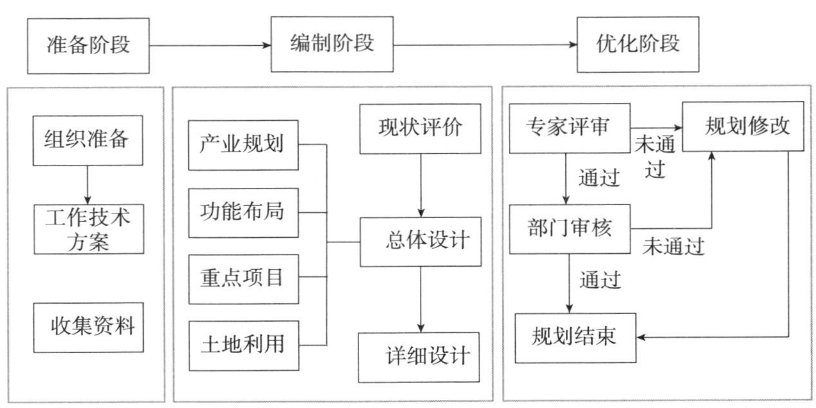

图 2-2　现代农业园区规划基本程序

第五节　现代农业园区规划编制内容与成果形式

现代农业园区规划的基本内容是依据本地区经济社会发展目标和产业发展要求，根据国土空间规划、产业发展规划等上位规划的要求，准确制定现代农业园区发展战略、预测发展规模、选择用地布局和发展方向。按照工程技术和环境保护要求，统筹安排各项基础设施，并提出近期发展建设目标和引导措施。具体主要有以下十个方面：

一、规划编制内容

（一）基础资料分析

现状基础资料的收集和调研是整个园区规划的基础工作，需要通过文献记载、访谈记录、问卷调查和现场踏勘等多种方式，对园区所在地的自然条件（包括气候、日照、水文、降雨量、土壤条件、地形地貌等）、现状的土地使用和环境承载力、经济社会发展、产业现状、发展历程、基础设施等开展全面和细致的调研并进行定性与定量分析。通过基础资料的收集和分析，得出所需的各种结论，从而研究满足现代农业园区发展目标的条件和措施（专栏2-1）。

专栏2-1　资料清单模板

综合资料		备注
1	统计年鉴（近5年）	统计部门或规划管理部门
2	国民经济与社会发展规划	发改委
3	政府工作报告	
4	本地国土空间规划或城市（镇）总体规划（文字、图纸）	规划管理部门
5	土地利用规划及基本农田保护相关资料	规划管理部门
6	各类专项规划（产业规划、交通规划、旅游规划、给排水规划等）	相关部门如农业农村局、交通运输局等

（续）

7	1∶5 000或1∶10 000地形图	规划管理部门
8	其他基础设施资料	
分类资料		
第一大类：自然环境调查		
调查项目	主要内容	
1 地理位置	项目所处的经纬度	相关部门、市（县）志
2 地理环境	项目与周边城市或地区在地理特征方面的相互关系	
3 地形地貌	包括坡态、坡度、坡向、标高、地貌等	
4 工程地质	包括地质构造、地质现象（滑坡、冲沟、溶岩沼泽等）、地震、地基承载力、地下矿藏等	
5 水文地质	包括水系流量、流速、水质、水位、地下水储量和可开采量等，河流湖泊的洪水位变化以及其对所规划园区的影响	
6 风象	风向、风速	
7 气温	年、月平均气温、最高和最低温、昼夜温差、霜期、冰冻期、冻土深度	
8 降雨	雨量、降雪量、暴雨强度和计算公式	
9 日照	日照时间、可照时数、太阳高度与日照方位的关系等	
10 自然生态	园区内的野生动植物种类与分布、生物资源、废弃物处理等	
11 矿产资源	园区内是否存在矿藏，其储量、分布、品位和开发利用情况，矿藏对于园区产品的影响	
12 土壤资源	总面积（包括耕地、林地、水面、道路及建设用地的面积）	
13 旅游资源	园区内是否存在旅游资源	

（续）

第二大类：经济环境调查			
1	整体经济情况	园区所在行政单位的经济总量、产业结构、三产比例；园区所占比例、园区产业优势和未来发展状况	统计年鉴、政府工作报告、国民经济与社会发展规划
2	一二三产经济状况	一产：主要农作物种类、产量、农产品处理方式；农作物种苗情况、地理标志、科技投入情况、农药使用及残留情况 二产：主要工业经济状况、产业构成以及主要产品、主要产品的地区优势 三产：商业、金融、房地产等产业经济状况	
第三大类：社会环境调查			
1	人口	园区所包含或者影响到的城镇、村庄名称、数量、总人口、建设用地、各村特色农业、美丽乡村建设等基本情况	统计年鉴、民政部门、人口普查数据
第四大类：农业专项调查			
1	特色农业	特色产业种类、产品、涉农资金投入、涉农政策、扶贫资料	农业部门、统计年鉴
2	重点项目	重点涉农项目经济总量、市级以上合作社数量、农产品加工企业名单、简介和规划图纸、“两区”（粮食生产功能区和重要农产品保护区）划定方面的材料	
3	科技研发能力	涉农方面的奖励和荣誉等证书、奖牌或图片、平台、人才	
4	商贸物流	目前农产品流通途径、销售方式等资料	

（二）发展思路和总体定位

规划思路包括发展战略、发展主题、发展目标、发展路径、主要任务、保障措施等方面的内容，是规划的主要内容。确定发展思路首先要根据国家政策和重大战略，提出园区整体的发展方向，描绘规划期内的发展蓝图；围绕发展战略及发展主题，确定规划期内的总体定位和主要任务，以及对园区远期发展提出预测。

总体定位是发展思路的落脚点，是园区在规划期内所能达到的理想状态。要结合现有实际基础（如产业、区位、市场）和发展潜力而确定，尤其是规划期内园区的整体规模、产业竞争力等方面的发展强度等数据。不仅包括近期的工作目标，还要从规划的长远角度来肯定园区将来有可能达到的高度，即从全国、省、市等层面或领域能起到什么程度的带头示范作用。主要包括制定发展目标、提出发展理念，并在此基础上提出阶段性的建设指标，将其设定为园区规划发展的指标。总体定位不能过高或者过低，定位太高，脱离实际，定位太低，制约发展，都不能起到良好的示范引领作用。

（三）产业规划

产业是园区存在的基础，没有产业的园区是无法长久存在的。一个农业园区尤其是现代农业园区，其长远发展也不可能只依靠单一的产业。园区规划过程中，首先要确定园区主导产业，其次根据产业关联度和产业链需要，确定主导产业的配套产业、第三产业等其他相关产业或新兴产业。主导产业一般是现有产业，且具有一定的发展规模和竞争力。规划过程中，根据需求收入弹性指标、产业关联度指标、产业构成、对外贸易系数、技术进步指标等系数作为参考因素来评估确定主导产业，分析其在同类园区、同类地区甚至更高层面的竞争力，预测规划期内其发展规模、各级市场占有率、政府支持力度、技术选择和发展前景等各方面因素，通过规划修正引导，使其在规划期内能够更规范更高效地发展，其他配套产业也能在相应的方面得到快速反应和发展。

（四）发展目标与建设任务

该部分主要针对园区所涉及的各类产业的近远期发展规模指标。规划要对各类产业的发展阶段、数量和规模进行合理的、前瞻性的预测。尤其要确定园区发展优势产业的效益规模，同时分析各类产业在经济、社会 、生态 3 个方面产生的效益 ，尽可能地数据量化体现。指标预测切忌主观臆断，可以参考本地经验积累和类推比较，定性与定量相结合，采用生态环境承载等多种方式才能防止规划目标脱离实际，以致失去指导意义（专栏2-2）。

专栏2-2 发展指标模板

一级指标	二级指标	具体指标和数值			
		指标名称	单位	基准年	目标年
物质装备水平	农业基础设施建设水平	设施农业面积比重	%		
	农业机械装备水平	农作物耕种收综合机械化水平	%		
科技创新水平	农业科技服务能力	农业技术推广服务人员占比	%		
		各类高层次人才/团队	人		
	农业劳动力素质	持专业证书的农业劳动力占比	%		
	农业科技研发	农业研究与发展经费支出	万元		
		各类科技创新平台	个		
	农业信息化水平	具备农业综合信息服务能力的农户比重（如产品可追溯）	%		
		“12316”等农业信息服务热线覆盖率	%		
经营管理水平	规模化经营水平	土地适度规模经营比重	%		
	农业标准化水平	“三品一标”认证农产品产量比重	%		
	农业组织化水平	农户参加农民合作社比重	%		
	农业新型经营主体	农民合作社	个		
		入园企业	个		
		省级以上龙头企业	个		

（续）

一级指标	二级指标	具体指标和数值			
		指标名称	单位	基准年	目标年
支持水平	财政支持水平	年地方财政投入	万元		
	金融投入水平	农业保险深度	%		
		社会资本投入（累计）	万元		
		金融机构对产业园的贷款额度	亿元		
产业水平	农业一产	总产量	万吨		
	农业二三产业生产水平	农产品加工产值	亿元		
		农产品加工转化率	%		
		休闲农业产值	亿元		
	带动农民就业	带动就业人数	人		
		其中：二三产业就业人数	人		
	农产品质量安全水平	农产品质量安全抽检合格率	%		
	农民收入水平	产业园内农民人均可支配收入	元		
		县农民人均可支配收入	元		
可持续发展	农业面源污染防治水平	秸秆综合利用率	%		
		主要农作物化肥利用率	%		
		主要农作物农药利用率	%		
	水资源利用水平	农田灌溉水有效利用系数	%		

（五）功能布局与重点项目

园区功能布局要与产业布局结合，根据前面的分析定位，确定农业园区的核心区、示范区及辐射区的范围，确定若干个功能分区、景观及景观轴线，确定基础产业、主导产业以及相应的产业轴带，考虑各功能区之间的关系，以及功能区与各轴线或产业带之间的关系。各功能分区之间的产业要相互关联，相互促进，互为上下游产业或者相关联产业，延长产业链条，拓展产业集群，使园区纵向横向同时发展，增强园区的根植性和生命力。

园区功能布局规划和前文中的产业规划，是相辅相成的，二者互相作用、互相影响、互相促进。科学合理的功能布局能够促进园区的产业集约化和规模化发展，促进产业链条的延伸和相关产业的拓展；科学合理的产业规划能够促进土地空间的高效利用，促进生态环境保护。

（六）土地利用规划

园区的土地利用规划主要是在前文确定的5个方面的基础上进行。土地是农业发展之根本资源，建设现代农业园区，做好土地资源规划是核心工作。在此过程中，要根据确定的规划指标、土地分布情况和土地组成，在园区内合理确定各项用地的布局、对外交通系统，确定各类用地的占地规模与范围，用明确的图纸表达。

园区涉及的用地主要是耕地或者设施农用地，另外包括少量居住、生产、公共设施、基础设施、村庄安置等各类辅助园区发展的建设用地。规划中要明确各类建设用地的具体规模、位置和范围，不同的园区所需要的建设用地种类和规模不尽相同，但是建设用地的布局要严格按照国土空间规划、城市总体规划、土地利用规划等各类上位规划的要求和各类生态红线的保护要求（专栏2-3、专栏2-4）。

专栏2-3　建设用地平衡表模板

用地代码		用地名称	用地面积（公顷）	占园区用地比例（%）
大类	中类			
R	居住用地			
	R1	一类居住用地		
	R2	二类居住用地		
	R3	三类居住用地		

（续）

用地代码		用地名称	用地面积（公顷）	占园区用地比例（%）
大类	中类			
A	公共管理与公共服务设施用地			
	A1	行政办公用地		
	A2	文化设施用地		
	A3	教育科研用地		
	A4	体育用地		
	A5	医疗卫生用地		
	A6	社会福利用地		
	A7	文物古迹用地		
	A8	外事用地		
	A9	宗教用地		
B	商业服务业设施用地			
	B1	商业用地		
	B2	商务用地		
	B3	娱乐康体用地		
	B4	公用设施营业网点用地		
	B9	其他服务设施用地		
M	工业用地			
	M1	一类工业用地		
	M2	二类工业用地		
	M3	三类工业用地		
W	物流仓储用地			
	W1	一类物流仓储用地		
	W2	二类物流仓储用地		
	W3	三类物流仓储用地		
S	道路与交通设施用地			
	S1	城市道路用地		
	S2	城市轨道交通用地		
	S3	交通枢纽用地		
	S4	交通场站用地		
	S9	其他交通设施用地		

（续）

用地代码			用地名称	用地面积（公顷）	占园区用地比例（%）
大类	中类				
U	公用设施用地				
	U1	供应设施用地			
	U2	环境设施用地			
	U3	安全设施用地			
	U9	其他公用设施用地			
G	绿地与广场用地				
	G1	公园绿地			
	G2	防护绿地			
	G3	广场用地			
H11	城市建设用地				
H14	村庄建设用地				
E1	水域				
E2	农林用地				
城乡用地总量					

注：本表需根据园区具体情况选择性保留。

专栏 2-4　农用地统计表模板

一级类		二级类	规模（亩①）
编码	名称	名称	
01	耕地	水田	
		水浇地	
		旱地	
02	园地	果园	
		茶园	
		橡胶园	
		其他园地	

① 亩为非法定计量单位，1亩＝1/15公顷≈667平方米。——编者注

（续）

一级类		二级类	规模（亩①）
03	林地	乔木林地	
		竹林地	
		红树林地	
		森林沼泽	
		灌木林地	
		灌丛沼泽	
		其他林地	
04	草地	天然牧草地	
		沼泽草地	
		人工牧草地	
		其他草地	
05	水域及水利设施用地	河流水面	
		湖泊水面	
		水库水面	
		坑塘水面	
		沿海滩涂	
		内陆滩涂	
		沟渠	
		沼泽地	
		水工建筑用地	
		冰川及永久积雪	
06	其他土地	空闲地	
		实施农用地	
		田坎	
		盐碱地	
		沙地	
		裸土地	
		裸岩石砾地	
合计			

注：本表需根据园区具体情况选择性保留。

（七）园区景观规划

园区的景观规划主要利用景观生态学理论，对园区的景观进行塑造。园区景观分为自然景观和人文景观。自然景观要以保护为主，人文景观要结合自然景观，避免出现大量生硬的人造景观。

园区景观规划主要包括以下几个部分：根据耕地或设施农用地位置，确定景观防护林；适当确定大田景观或轴线；梳理园区水系，确定控制蓝线和滨河景观节点，使其达到景观、生产、生态等多重作用于一体；设计景观游览路线，根据园区特点设计景观小品、景观节点、接待设施等体现园区特色的景观空间；综合以上元素制作完成景观系统规划图。

（八）园区基础设施规划

基础设施主要包括道路交通、供水、供电、燃气、热力、排水、电信等工程，它是园区正常生产生活的基础和必要条件，规划中应根据现有设施条件进行合理规划布局和规模预测，制订建设方案（管线走向、敷设方式、管径），既依托现有设施的基础，又要具有前瞻性，为未来园区发展壮大积蓄能量、增加后劲。合理的配套设施是提升园区档次和品位的重要窗口，但规划时要结合国家相关规划标准，符合当地国土空间规划的要求。

（九）投入产出与效益分析

按照现代农业园区功能定位和重点建设任务，对规划谋划的重点工程和示范项目进行投资测算。合理确定政府、企业、社会其他资本的投资比例，吸引工商资本投资园区建设，确保项目建设资金的落实。涉及建筑工程造价的需根据工程量及当地同类工程单位造价确定，仪器设备参考市场报价及国家现行投资估算的相关规定。根据现代农业园区建设的内容，经过市场调研和价格预测，综合考虑各种因素，预计建设项目总投资以及重点项目投资。

在园区总产值、提供就业岗位、带动农民增收、农业资源循环利用、生态文明建设等方面综合分析园区产生的经济效益、社会效益和生态效益。构建园区与政府、企业、农户之间的利益联结机制和利润分配方式，积极引导园区涉农企业与农户实现“风险共担、利益共享”，推进共同富裕。

（十）保障措施与运行机制

根据不同园区的特性和规划确定的建设时序，从组织管理、用地保障、资金保障、科技保障、资源环境保障、人才保障、品牌奖励、考核制度等方面提出有利于促进园区发展的政策措施，并针对性提出适合本园区发展建设的运行模式。

明确投资主体和投资规模，探索多元化投资融资机制。分类别估算基础设施投资、项目建设投资、近期建设投资、远期投资等各方面投资规模。从经济效益、社会效益、生态效益等方面对园区产业进行效益的分析预测。

二、成果形式

规划编制的最终成果主要由三部分组成：规划文本、规划图纸和附件。

规划成果是一个完整而系统的成果体系，缺一不可，各项成果的综合利用是保证园区在规划期内实现建设目标的重要依据（专栏2-5）。

专栏2-5 园区规划成果表达形式及要求

类别	组成部分	备注
文本	建设意义与必要性、现有基础和发展环境、规划指导思想、主要任务与预期目标、产业规划、核心区功能分区布局、重点项目设置与布局、基础设施建设、生态建设与环境保护、组织管理与运营机制、投资估算与效益分析、进度安排与保障措施	包括但不限于以上内容，可根据实际需要增加园区特有的规划内容

（续）

类别	组成部分	备注
图纸	区位图（经济区位、交通区位）、现状分析图、上位规划分析图、土地利用规划图、总平面图、鸟瞰图、核心区功能分区图、道路规划图、水系规划图、工程管线图、景观设计图、竖向定位设计图、局部详图设计图、其他为阐述文本所需的相关图纸	图纸要有统一的风格和比例，系统图应当包含多幅相关图纸，因规划设计需要可适当增减
附件	基础资料、调查问卷、专题研究报告、实施方案和专家意见等	

参 考 文 献

戴慎志 . 2008. 城市工程系统规划［M］. 2 版 . 北京：中国建筑工业出版社 .

耿慧志 . 2009. 城乡规划管理与规划标准方法实例及政策法规［M］. 北京：中国建筑工业出版社 .

黎锦昌 . 2016. 农业园区规划思路与方法研究［J］. 时代农机，43（7）：95-96.

李晓，林正雨，何鹏，等 . 2010. 区域现代农业规划理论与方法研究［J］. 西南农业学报，23（3）：953-958.

刘新华 . 2018. 农业规划分类及其编制内容初步探讨［J］. 南方农业，12（10）：58-60.

刘妍佼 . 2015. 现代农业园区建设、发展及规划调查研究［D］. 河北：河北科技师范学院 .

罗其友，陶陶，高明杰，等 . 2010. 农业功能区划理论问题思考［J］. 中国农业资源与区划，31（2）：75-80.

孙振玉，贺晓丽 . 2001. 试论农业科技园区建设的总体思路［J］. 农业技术经济（4）：20-24.

陶红军，陈体珠 . 2014. 农业区划理论和实践研究文献综述［J］. 中国农业资源与区划，35（2）：59-66.

王炳坤 . 2001. 城市规划中的工程规划［M］. 修订版 . 天津：天津大学出版社 .

王建国 . 2009. 城市设计［M］. 北京：中国建筑工业出版社 .

王梁 . 2018. 现代蔬菜产业发展规划理论与实践［M］. 北京：中国农业出版社 .

王树进 . 2011. 农业园区规划设计［M］. 北京：科学出版社 .

吴人韦，杨建辉 . 2004. 农业园区规划思路与方法研究［J］. 城市规划汇刊（1）：53-56，96.

叶嘉安，宋小冬，钮心毅，等 . 2006. 地理信息与规划支撑系统［M］. 北京：科学出版社 .

张卉 . 2019. 我国农业规划的发展趋势及主要内容研究［J］. 河南农业（26）：56-57.

张军民，陈友川 . 2008. 城市规划编制过程中的常用方法［M］. 武汉：华中科技大学出版社 .

张文和，孙选中 . 1987. 技术进步与城市发展［J］. 科学技术与辩证法，（4）：13-18.

第三章

农业科技园区发展与规划

我国农业已进入新的发展阶段，推进农业结构调整、提高农业整体效益、增加农民收入、改善生态环境、加速农业产业化与现代化进程，必须加强科技引导与示范。农业科技园区作为农业技术组装集成、科技成果转化及现代农业生产的示范载体，是新发展阶段我国推进新的农业科技革命、实现传统农业向现代农业跨越的必然选择。本章首先提出了农业科技园区发展的意义，阐释了农业科技园的基本内涵与特点，明确其发展重点，在此基础上梳理了农业科技园创建历程与发展现状，最后提出农业科技园规划技术要点，指导农业科技园规划编制，促进园区健康发展。

第一节　农业科技园区基本概念

一、农业科技园区建设意义

农业科技园区是集农业新技术、新成果、新品种的试验、示范、展示与科技服务于一体，以科技型龙头企业为依托，引领农业产业升级，促进现代科技与农业农村深度融合，以实现园区及周边地区综合效益最大化为目标的农业经济发展新模式。农业科技园区是农业科技成果转化的载体和孵化器，也是农业高新技术示范推广和应用的平台，对推进我国农业现代化进程和乡村振兴战略具有十分重要的意义。

（一）贯彻国家发展战略，引领农业供给侧结构性改革

进入新发展阶段，我国全面推进乡村振兴战略和创新驱动战略，深化农业供给侧结构性改革，为农业高质量发展指明了方向。围绕现代农业高科技、高质量、高效益等需求，高标准建设农业科技园区，有利于促进现代农业生产、加工、物流、研发、示范、服务等相互融合，激发产业链、价值链重构和功能升级，促进产业转型、产品创新、品质提升，创造新供给、满足新需求、引领新消费，提高农业供给侧产品质量和效益。

（二）集聚优势创新资源，为农业发展提供新动能

农业科技园区是农业科技创新的高地，注重产学研合作，借助创新平台建设促进资源聚集，通过与国内外农业科研院所建立技术合作关系，引入高校、科研院所的优势科技资源，充分发挥技术集成和要素集聚的作用，通过技术创新带动产业升级，有效提升科技成果转化率。强化与企业、社会组织的合作，加速成果转化与产业化，取得广泛的经济效益和社会效益。加快设施农业、精准农业、智慧农业、光伏农业、循环农业等新型生产方式在园区落地，培育农业发展的新动能。

（三）建立成果转化新模式，提升农业产业竞争力

农业科技园区建设能够有力推进农业科技成果推广应用的进程。农业科技园区是区域农业科技创新中心，具有一定的科研能力，而且农业科技园区往往与科研院所合作，将教学、科研和成果转化紧密联系起来，形成“科研院所＋企业＋基地＋农民”的农业科技成果转化模式。农业科技园区具有土地连片、基础设施配置齐全、高新技术企业集群、科技人才集聚等优势，是区域农业科技成果的集中区，充分发挥科技成果示范转化基地的作用，建立核心区集成、示范区转化、辐射区推广的技术扩散和联动机制，有力推动农业结构调整和产业升级。

（四）构建科技助农长效机制，促进农民增收致富

农业科技园区充分发挥培训农民和示范带动产业发展的作用，通过技术培训提高农民致富能力，通过先进成果转化推广带动农民增收致富。建设园区科技服务平台，构建面向“三农”的科技服务网络，创建“农科驿站”科技品牌，组建科技助农专家服务团，形成省市县三级联动的科技助农专家服务机制，形成提高农户造血功能、自我发展能力的农业农村科技发展的长效机制。

二、农业科技园区内涵

农业科技园区是20世纪80年代我国农业现代化建设中涌现出的一种新型农业发展与农业科技成果转化模式，建设内容丰富、组织模式多样。关于农业科技园区的概念众说纷纭，不同学科对农业科技园区的概念有着不同理解，没有统一明确的概念，现在比较认同的定义有以下几种（表3-1）。

表3-1　农业科技园区内涵的不同理解

代表学者	代表性观点
许越先	在特定的区域内，通过资金的集中投入建立起来的集农业高新技术的展示示范、精品农业生产、名特优植（动）物新品种培育、技术培训、科普教育及休闲观光等多种功能于一体的现代农业示范基地
陈阜	以现代农业科技为依托，立足于本地资源开发和主导产业发展的需求，按照现代农业产业化生产和科学经营管理要素配置，在特定地域范围内建立起的科技先导型现代农业示范基地
张天柱	在具有一定经济实力的特定区域内，由政府及多元投资主体参与，采用高于当地农业发展水平的科学技术和先进设施，融合现代农业工程设施体系、农业高新技术体系和经营管理体系于一体的重要基地
吴沛良	以推进农业现代化为目标，融合现代工程设施体系、高新技术体系和经营管理体系于一体，代表现代农业发展方向的综合示范基地
杨白玫	集中实验示范农业高新技术，探索农业生产、农村经济和农村建设发展方向，以及展示现代化农业形象而产生的新型农业运营基地

通过对各学者已有园区定义的整理，学者们均认为农业科技园区应具有科技研发、技术示范、辐射推广、成果转化、机制创新等基本内涵。因此，笔者通过对已有定义梳理总结，结合自己对农业科技园区的深入理解，认为农业科技园区是以现代科技为支撑，立足于区域农业资源开发和主导产业发展，按照现代农业生产和经营管理的要求，以科技研发、技术示范、辐射推广为主要内容，在特定区域建立的对区域农业与农村经济具有较强示范带动作用的现代农业科技示范基地（图 3-1）。

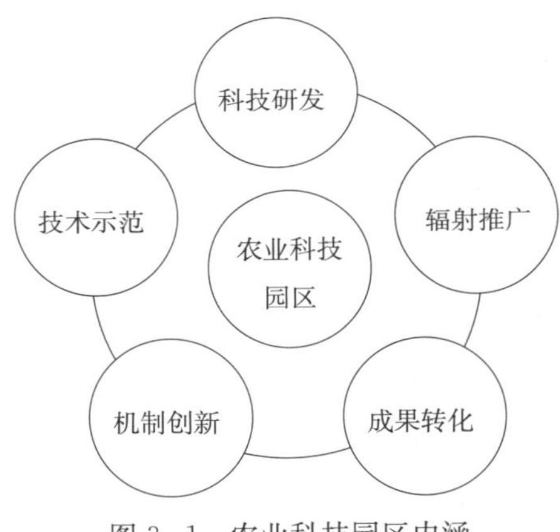

图 3-1　农业科技园区内涵

三、农业科技园区发展特点

农业科技园区是以科技开发、示范、辐射和推广为手段，以促进农业结构调整和产业升级为目标，围绕主导优势产业，积极引导和带动周边地区农业和农村经济结构和产业升级。因此，农业科技园区应具有以下几个特点：

1. 高集聚性　这是农业科技园区最基本的特点，园区应引导省内外高等院校、科研院所与企业加强产学研合作，集成科技、信息、人才、资金等创新要素在园区高度集聚，以技术创新带动产业升级，以创新平台建设促进创新资源要素聚集，支持企业自主创新和成果转化，增强科技创新能力，形成农业高新技术产业集群。园区发展要突出产业集聚与融合发展特征。

2. 高科技性 以科技创新为动力，建设农业科技园区必须要有领先的农业科学知识和先进的农业科学技术支撑。农业高新技术应用、农业高新技术企业培育、农业高新技术产业集聚发展为园区创新发展提供了坚实的科技支撑；园区强化科研、示范、推广一体化发展，实用技术研发、推广效率明显提高，科技成果转化作用明显。

3. 高效益性 农业科技园区在进行规划建设和布局时，要高效合理利用资源，紧密围绕经济效益这个中心点。现代农业科技园区在经营发展的过程中，始终应遵循规模化、产业化和集约化发展的原则，这就要求农业科技园区充分发挥其在资源方面和技术方面具有的优势，大大提高经济、社会和生态效益，将三者紧密结合，进一步加强现代农业科技园区的高效益性成长和可持续性成长。

4. 机制创新性 农业科技园区运作打破了传统的小农经济模式，政府引导、企业运作、社会参与、农民受益的运行机制被广泛采用。在资金筹措上，形成以若干经营主体投资为主导、社会融资为补充、政府投资为补助的多元化投资新机制。在经营管理上，建立了现代化企业制度，实现了企业化运作。

四、农业科技园区发展重点

我国幅员辽阔，自然资源与生态环境具有明显的地域差异，特别是农业发展具有显著的区域性特征。按照我国农业不同区域的资源条件、经济特点和农业产业化发展背景，面向市场，发挥优势，因地制宜，突出特色，确定农业科技园区的发展重点。

1. 引导园区优质农产品生产实现产品标准化和经营产业化 根据园区自然条件与经济特点，以开发市场占有率高、国际竞争力强的优质农产品为核心，应用现代农业科技成果，力求种养业“品种新、品质优、结构佳、投入低、效益高”，实现产品标准化和经营产业化，提高我国农产品的国际竞争力。

2. 引导园区农产品加工实现高效化和市场化 研究农产品保鲜、深加工及相关配套技术，开发具有民族传统、地域优势、高科技含量、高附加值的深加工产品，延长农业产业链，实现农产品的增值增效，切实解决农民增收问题。

3. 引导园区设施农业实现生产规模化和专业化　针对设施农业的发展特点与趋势，实现种苗工厂化、规模化生产，种养业规模化、专业化示范，农产品保鲜、储藏、加工、销售一体化经营等，提高设施农业技术水平和经济效益。

4. 引导园区农业科技企业实现集团化和国际化　农业科技企业既是科技投入的主体，也是农业产业化经营的龙头。在兼顾科技优势、区域战略布局、主导产业培育的基础上，逐步引导园区农业科技企业实现集团化和国际化，培育一批具有国际竞争力的产业集团。

第二节　农业科技园区发展现状

一、农业科技园区创建历程

我国农业科技园区最早由基层进行自主探索，2001 年之后进入国家规范化发展阶段，目前我国的国家级农业科技园和省级农业科技园等都在蓬勃发展。总体来看，我国农业科技园区发展大致经历了以下 5 个阶段。

（一）萌芽起步阶段（20 世纪 80 年代末至 1993 年）

我国农业科技园区的诞生受到了国内外工业园区建设浪潮和发达国家农业科技发展的影响。20 世纪 80 年代，科技园区在全球范围内广泛发展，我国建立的深圳、珠海、汕头、厦门 4 个经济特区取得了重大成功。1984—1991 年，我国先后建立 14 家国家级经济技术开发区和 28 家国家高新技术产业开发区。在科技园和开发区蓬勃兴起的情况下，一些专家学者呼吁建立农业科技园区，促进我国农业对外开放，引进先进的农业科技成果，加速农业现代化发展进程。例如，在 1985 年就有学者提出建立“农业科学经济开发园区”的设想。与此同时，发达国家的农业科技取得了巨大进展，荷兰、以色列、新加坡等国家通过农业科技园区的建设、推广、示范，有效促进了本国的农业科技发展。1986年新加坡农业食品和兽医管理局启动农业技术计划，通过建立农业科技园区，采用先进技术发展集约农业，有效缓解了其国内的粮食安全问题。1988年中国科学院地理研究所、南京土壤研究所分别提出了建立山东省禹城科技农业园和河南省封丘科技农业园的初步设想。1989年8月6日，在山东禹城召开了“中国科学院科技农业园研讨会”，会议探讨了建设科技农业园的必要性和可行性，讨论了科技农业园的概念、性质、内容、模式、结构及其功能。在改革开放的大环境和开发区建设的热潮中，各地的农业科技园区逐步建立起来，但是主要集中在东部沿海地区。据相关统计，到1992年,已建或在建的各种农业科技园区已接近20个。

（二）快速发展阶段（1994—2000年）

20世纪90年代，国际农产品竞争激烈，发达国家正积极拓展国外农业市场，中国入世需求也迫使中国开放农产品市场，积极参与到国际农业合作。1994年我国在北京建立中以示范农场，同年在上海建立孙桥现代农业示范区。其中，中以示范农场以展示以色列设施农业和节水技术为主体，孙桥现代农业示范区以引进荷兰全套高档设施和工厂化生产技术为主体。在中以示范农场、上海孙桥现代农业示范区等园区的示范带动下，各地农业科技园区陆续投入建设。到1997年，全国的农业高新技术开发区、农业科技园区和现代农业示范园总数达到405个。1997年国家科学技术委员会在北京、上海、杭州、沈阳和广州5个城市首批推进“工厂化高效农业示范工程”项目，以促进设施农业在全国普及，进一步加快了农业科技园区的发展进程。1997年发生了亚洲金融危机，工商资本流向农业领域为园区发展带来了活力。到2000年初，我国已建成各类农业科技园区接近400个，其中国家级园区1个，省级园区42个，地市级园区362个，县级园区3 000个。

（三）规范发展阶段（2001—2009年）

进入21世纪，中央出台了相关政策，建立农业科技园区管理制度，指导园区的建设和发展，农业科技园区进入了规范化阶段。一方面，园区的示范和带动作用得到国家认可，想通过建设农业科技园区，促进农业产业结构调整，加速农业科技成果转化，加快我国农业现代化进程；另一方面，随着各地园区快速发展，许多普遍存在的问题暴露出来。由于缺乏宏观层面的指导，许多园区存在技术盲目引进、运行机制不完善、产品竞争力缺乏等问题，需要出台相关政策进行规范指导。2000 年中央农村工作会议对各地农业园区发展实践给予肯定，2001 年全国农业科技大会提出将国家农业科技园区作为一项重大科技行动，并且纳入了《农业科技发展纲要（2001—2010）》。2001 年科技部等六部门制定发布《农业科技园区指南》与《农业科技园区管理办法（试行）》，分别于 2001 年和 2002 年启动两批共 36 个国家级园区试点建设工作。与此同时，许多省份相应启动了省级农业科技园区建设工作。2005 年，国务院开发区整顿，受此影响，农业科技园区发展放缓，此后一段时期没有批复新的国家级园区建设。2007 年，科技部等发布了《国家农业科技园区综合评价指标体系》。2009 年科技部根据《国家农业科技园区评价验收规范》，对试点建设的前两批国家级园区进行验收，并于 2010 年 1 月通过综合评议验收（专栏 3-1）。

专栏 3-1　农业科技园区调整发展阶段相关政策文件

《农业科技园区指南》（2001 年 7 月 6 日）
《农业科技园区管理办法（试行）》（2001 年 7 月 6 日）
《农业科技发展纲要》（2001—2010）
《国家中长期科学和技术发展规划纲要（2006—2020）》
《国家农业科技园区综合评价指标体系》（2007 年 6 月 5 日）

（四）全面发展阶段（2010—2016 年）

2010 年科技部等启动第三批国家农业科技园区申报工作，园区发展进入全面发展阶段。2012 年，科技部印发《“十二五”

农业与农村科技发展规划》，提出“一城两区百园”的总体发展思路，推进北京国家现代农业科技城、杨凌国家农业高新技术示范区和黄河三角洲国家现代农业科技示范区建设。2012 年中央 1 号文件提出“推进国家农业高新技术产业示范区和国家农业科技园区建设”的任务，此后连续 5 年，中央 1 号文件都提到国家园区建设，进一步推动了农业科技园区的发展，到 2015 年，国家农业科技园区先后经过 7 批申报，总数达到 246 个。我国农业科技园区的产业类型不断丰富，海洋渔业、生物制药、生物种业等新型产业不断兴起，农产品物流、金融、咨询等现代服务业不断涌现，各类园区风格迥异，特色鲜明。这一阶段，省级和地市级农业科技园区也得到快速发展。以山东省为例，到 2016 年，山东省建立了 1 个国家农业高新技术产业开发区、19 个国家农业科技园区、12 个省级农高区、111 个省级农业科技园区，形成了四级联动、梯次发展的农业科技园区体系，基本实现了涉农县（市、区）的全覆盖（专栏 3-2）。

专栏 3-2　农业科技园区全面发展阶段相关政策文件

《“十二五”农业与农村科技发展规划》（2012 年 3 月 15 日）

《国际创新驱动发展战略纲要》（2016 年 5 月 19 日）

《“十三五”国家科技创新规划》（2016 年 7 月 28 日）

《中共中央国务院关于深入推进农业供给侧改革　加快培育农业农村发展新动能的若干意见》（2016 年 12 月 31 日）

（五）提质升级阶段（2017 年至今）

2017 年中央 1 号文件提出“提升农业科技园区建设水平”“打造现代农业创新高地”，标志着农业科技园区进入新的历史发展阶段。随着国内外经济形势不断变化，许多园区需要进行转型升级，推进农业供给侧结构性改革、提升农业科技创新能力与农产品竞争力成为园区发展的重要途径。2017 年，科技部提出要做好提升农业科技园区建设水平工作，并对国家农业科技园区的发展进行总结。2018 年 1 月 22 日，科技部等部门发布《国家农业科技园区发展规划（2018—2025）》，提出发展高新技术产业、提升创新服务能力、促进园城镇村融合等要求。2018 年 10 月，科技部审批了第八批 32 家国家农业科技园区建设工作，园区总数达到了 278 个；2018 年 1 月 29 日国务院办公厅发布了《关于推进农业高新技术产业示范区建设发展的指导意见》，提出到 2025 年建设一批国家农业高新技术产业示范区，大力发展农业高新技术产业，推进农业科技创新，打造高新技术产业集群，成为农业科技园区发展的重要途径。2018—2020 年，第八批和第九批国家农业科技园区分别为 32 个和 25 个；截至 2020 年 12 月，经科技部批准建设（含试点）的国家级农业科技园区共 9 批 303 家。大力发展农业科技园成为推进农业科技创新，打造高新技术产业集群，促进科技成果转化，助力农业现代化的重要途径（专栏 3 - 3）。

专栏 3 - 3 提质升级阶段相关政策文件

《中共中央国务院关于实施乡村振兴战略的意见》（2018 年 1 月 2 日）

《国家乡村振兴战略规划（2018—2022）》（2018 年 9 月）

《山东省人民政府办公厅关于加快全省农业科技园区体系建设的实施意见》（2017 年 10 月 16 日）

《国务院办公厅关于推进农业高新技术产业示范区建设发展的指导意见》（2018 年 1 月 29 日）

《国家农业科技园区发展规划（2018—2025）》（2018 年 1 月 22 日）

《科技创新支持新旧动能转换的若干措施》（2018 年 3 月 28 日）

《科技部办公厅关于第八批国家农业科技园区建设的通知》（2018 年 12 月 7 日）

《国务院关于加快推进农业机械化和农机装备产业转型升级的指导意见》(2018 年 12 月 29 日)

《创新驱动乡村振兴发展专项规划（2018—2022）》(2019 年 1 月 14 日)

《关于促进乡村产业振兴的指导意见》(2019 年 6 月 28 日)

《中华人民共和国乡村振兴促进法》(2021 年 5 月 7 日)

二、农业科技园区建设体系

科技部根据“十三五”创新规划，重点新建一批国家级农业高新技术产业开发区（国家农高区），并优先从重视程度高、基础较好的省级农业高新技术产业开发区中选拔建设。2017 年中央农村工作会议、中央 1 号文件又对深化农业供给侧结构性改革、加快农业科技园区工作提出了明确要求，做出了工作部署。国家农业高新技术产业示范区是农业科技园区的一种高级形态，党中央、国务院高度重视农业高新技术产业示范区建设工作。2018 年 1 月 16 日，国务院办公厅印发《关于推进农业高新技术产业示范区建设发展的指导意见》，首次以农业高新技术产业为主题，从国家层面系统指导农业高新技术产业示范区建设发展。《意见》明确，到 2025 年将布局建设一批国家农业高新技术产业示范区；计划到 2025 年，国家布局不超过 30 家农业高新技术产业示范区，希望一个省能有一个示范区。2020 年 6 月 25 日，科技部等部门印发《国家农业科技园区管理办法》，对国家农业科技园区申报、审核、建设、管理、验收、监测、评价和评估等工作进行了详细解读。

截至 2022 年 12 月，我国拥有国家级农业高新技术示范区 9 个，国家农业科技园区 287 个，省级农业科技园区 1 264 个，省级农业高新技术产业开发区（示范区）26 个。目前，全国初步形成了部、省、市、县“四级联动”协同推进，国家农业高新技术产业示范区—国家农业科技园区—省级农业高新技术产业开发区—省级农业科技园“四级体系”层次分明，线上线下结合等机制创新为显著特征的农业科技园区建设模式。部分省份进一步健全农业科技园区建设体系，如安徽省马鞍山市，建设了市级农业科技园区，加强了农业科技园区的管理水平（表3-2、表3-3）。

表3-2　农业科技园区建设体系

级别	数量	代表性园区
国家农业高新技术产业示范区	9	陕西杨凌农业高新技术产业示范区、山东黄河三角洲农业高新技术产业示范区、山西晋中国家农业高新技术产业示范区、江苏省南京农业高新技术产业示范区
国家农业科技园区	287	北京昌平国家农业科技园区、山东寿光国家农业科技园区、山东威海国家科技园区、天津滨海国家农业科技园区
省级农业高新技术产业开发区（示范区）	26	河东省级农业高新技术产业示范区、蓬莱省级农业高新技术产业示范区、潍坊（寿光）省级农业高新技术产业示范区
省级农业科技园区	1 264	临海市茶产业农业科技园区、涪城桑蚕省级农业科技园区、诸城省级农业科技园区

表3-3　国家农业高新技术产业示范区名单

名称	主题	主导产业	获批时间
陕西杨凌农业高新技术产业示范区	干旱半干旱地区农业	生物医药、食品工业、农业装备制造	1997年7月
山东黄河三角洲农业高新技术产业示范区	盐碱地农业	特色种业、农业智能装备制造、大健康及功能性食品、农业科技服务	2015年10月
山西晋中国家农业高新技术产业示范区	有机旱作农业	农副食品加工	2019年11月
江苏南京农业高新技术产业示范区	绿色智慧农业	生物农业	2019年11月

（续）

名称	主题	主导产业	获批时间
吉林长春国家农业高新技术产业示范区	松嫩平原绿色循环农业	玉米	2022 年 4 月
黑龙江佳木斯国家农业高新技术产业示范区	黑土地现代农业	水稻	2022 年 4 月
河南周口国家农业高新技术产业示范区	黄淮平原高质高效农业	小麦	2022 年 4 月
内蒙古巴彦淖尔国家农业高新技术产业示范区	河套灌区生态农牧业	硬质小麦、肉羊	2022 年 4 月
新疆昌吉国家农业高新技术产业示范区	干旱荒漠绿洲农业	棉花	2022 年 4 月

三、农业科技园区建设运营模式

农业科技园区的建设运营模式可分为政府主导的管委会模式、企业主导的农业公司模式、科研单位主导的共建模式 3 种类型。

（一）政府主导的管委会模式

现阶段我国农业科技园区在运行模式上主要为政府主导型，政府通过成立园区管委会，负责园区的管理运行。园区管委会承担园区规划建设、产业发展、企业服务的多重职能。这种模式的园区在国家和地方政府的共同投资下，具有良好的开发条件，在土地流转、规划调整、组织协调等方面有较强的优势。因此，依靠政府背景，具有较强的吸引力，能很快地聚集科研机构、农业人才以及社会资本进入园区，孵化出大量的农业高科技企业、产品。这种形式有利于产、学、研结合，试验、示范、应用结合，研究、开发、生产结合，对加速农业高新技术研究和成果转化有重要意义（专栏 3-4）。

专栏 3-4　南京国家农业高新技术产业示范区

白马农高区总面积 145.86 平方公里，采取“管委会＋投资公司＋专家委员会”管理模式。园区管委会为上级政府派出机构，主要负责园区的发展规划、基础设施建设、招商引资、科技成果申报、先进实用技术引进、示范、创新、推广等工作。投资公司负责园区市政基础设施建设、土地成片开发、资产管理、旅游开发及管理。专家委员会为农园区建设发展提供专家建议和决策咨询。园区以“农业科技创新＋产业集群”为发展路径，规划了科技创新核心区、装备制造产业集聚区、综合服务区（配套设施)、生物农业产业集聚区、农产品加工产业集聚区五大功能区，已初步形成了以生物农业、食品加工为主导的现代农业产业体系。园区集聚了深加工产业、生物农业、高端智能装备等产业企业，2018 年实现总产值 230 亿元，高新技术产业产值占比达 52%。

（二）企业主导的农业公司模式

企业主导的农业公司模式占比与政府主导的管委会模式相比较低，这类模式主要是一家龙头企业或者几家企业合作组建新的农业公司，直接参与园区的规划、建设，独立开发，自负盈亏。园区的基础设施建设、土地租金以及经营管理均由企业自行负责。这种模式的显著特征是，整个科技园区是一个规范的农业企业，以法人身份运营园区，通过建设标准化基地，开发主导产业，吸引带动当地农户进行生产。这种模式的优点在于园区运营方式灵活，市场化程度较高（专栏 3-5)。

专栏 3-5　浙江杭州萧山国家农业科技园区

萧山国家农业科技园区 2002 年成立于杭州市萧山区，是由民营企业浙江传化集团投资 5 亿元人民币兴建的大型高科技农业示范园区，总占地面积5 000亩，园区采取政府扶持、部门支持、企业化运作、农民受益的运作机制，以浙江传化江南大地发展有限公司作为经营实体，打造“高产、优质、生态、高效”的现代农业产业体系。萧山国家农业科技园区积极实践区域农业产业的转型升级，走出了一条企业运作、工业反哺农业的现代农业发展之路，成为浙江省唯一一个由民营企业投资运营的国家级农业科技园区。

（三）科研单位主导的共建模式

科研单位主导的模式在我国农业科技园区中占比较小，这种园区模式主要是农业科研院所、农业大学等机构以项目为中心，依托强大的科研能力，以实验基地为基础，与地方政府共同投资兴建，建设科研、试验、推广基地，并通过与当地农户成立“专家＋基地＋农业合作社＋农户”模式，对高新技术、新品种进行推广，最后形成高新技术聚集地。这种模式的优点在于研发能力较强，不足则在于科研单位主导在资金筹集、市场推广等领域缺少经验（专栏3-6）。

专栏3-6　陕西杨凌国家农业科技园区

陕西杨凌国家农业科技园区是首个国家级农业高新技术产业示范区，具有深厚的农耕文化底蕴和雄厚的农科教资源优势。杨凌区内有两所大学、5个研究院所、3所中专，聚集了70多个学科、7 000多名农业科教人员。据杨凌国家农业高新技术产业示范区统计，2018年，园区累计推广新品种新技术2 700项，并在全国18个省（直辖市、自治区）建成农业科技示范推广基地318个，年示范推广面积602.07万公顷（9 031万亩），推广效益达到2.3×10^{10}元。自2005年以来，陕西杨凌国家农业高新技术产业示范区累计为100多个国家培训了农业官员和技术人员2 900多人。杨凌从一个偏僻小镇成长为知名的中国“农科城”，正是发挥了科研单位的引领作用。“杨凌农科”和“杨凌农高会”的两大品牌价值均超过800亿元，位居全国农业科技区域品牌价值前列。

第三节　农业科技园区规划技术要点

农业科技园区的建设发展规划既是创建申报各级农业科技园区的基本条件，也是园区发展的蓝图，对园区的建设具有指导意义。园区建设发展规划编制内容主要包括9个方面：

一、建设意义与必要性

这一部分主要从政策响应、创新发展、产业发展、区域发展4个角度分析园区建设的必要性。具体内容包括：园区建设对农业产业发展的推动作用，园区建设对区域经济发展的促进作用，园区发展对促进农民增收、实现共同富裕的作用，园区发展对乡村振兴的作用等。

二、现有基础和发展环境

主要是对园区各要素资源的分析，主要包括气候、水文等自然条件，区位交通条件，所处地区社会经济发展条件。主要包括园区发展的现状、园区的优势及劣势分析、园区面临的机遇挑战分析。通过对园区外部条件和内部条件的客观分析，最后通过SWOT模型制定园区的发展战略。

三、建设思路和目标定位

这一部分是整个规划的核心内容，是园区建设的总纲，是指导建设的核心指引。建设思路主要体现在主导产业的选择、发展方向的选择以及重点建设任务的部署。目标定位包括功能定位、总体目标和指标体系。

（一）建设思路

农业科技园区建设和发展应以实施创新驱动发展战略和乡村振兴战略为引领，以新发展理念为支撑，紧扣“农、高、科”建设发展要求，从两个方面提出发展思路：一是立足园区产业特色和发展优势，提出园区未来重点发展目标和方向。二是围绕产业链部署创新链，畅通人才链，推进农村一二三产业融合和产城镇村融合，促进园区向高端化、集聚化、融合化、绿色化方向发展，明确园区主导产业，落实园区发展定位和任务。

（二）功能定位

农业科技园区功能定位主要包括集聚国内外农业科技资源的高地、培育农业高新技术企业的孵化器、发展农业高新技术产业的新引擎、创新驱动区域主导产业高质量发展的主要阵地、引领现代农业发展的改革创新示范区、实施乡村振兴战略的重要平台、推动农业现代化的重要载体等几个方面。

（三）总体目标

园区发展总体目标包括产业基础、科技创新、对外开放、质量安全和核心区建设5个方面。产业基础包括园区龙头企业数量及产值、高新技术企业产值比重、产业总产值、农产品加工企业数量及产值等。科技创新包括规模以上企业研发投入占比、农业高新技术企业数量、省级以上科技创新平台、高层次科技创新人才等。对外开放包括国际交流与合作平台、产品出口创汇、举办博览会等。质量安全包括“三品一标”农产品认证、农产品抽检合格率、追溯体系覆盖率等。核心区建设包括核心区总投入、入驻涉农企业、带动当地农民人均年增收等（表3-4）。

表 3-4　园区具体发展指标一览表

目标类型	发展指标	单位	基准值	目标值
产业基础	龙头企业产值	亿元		
	龙头企业数量	个		
	高新技术产业产值占比	%		
	产业总产值	亿元		
	农产品加工企业	个		
	农产品加工业产值	亿元		
	良种繁育量	个		
	农产品年交易额	亿元		
	农业品种审定（登记）证书	个		
科技创新	规模以上企业研发投入占比	%		
	农业高新技术企业数量	个		
	省级以上科技创新平台	个		
	高层次科技创新人才	人		
	授权专利	项		
	制定行业、地方标准	项		
	科技研发投入	亿元		
	科技特派员	名		
	农业科技研发成果	项		
	农业品种审定（登记）证书	个		
对外开放	国际交流与合作平台	个		
	产品出口创汇	亿元		
	举办博览会	届		
质量安全	“三品一标”农产品认证	个		
	农产品抽检合格率	%		
	追溯体系覆盖率	%		

（续）

目标类型	发展指标	单位	基准值	目标值
核心区建设	核心区总投入	亿元		
	入驻涉农企业	个		
	带动当地农民人均年增收	元		
	休闲农业收入	亿元		

四、空间布局与功能规划

本部分主要内容即是谋划园区的空间格局，从物理范围的划定，到每个区域的核心功能确定。园区在功能布局规划上必须注重协调各功能区之间的关系，做到协调、共享、绿色。农业科技园区在空间结构、技术推广与扩散方面可以分为 3 个层次，即核心区、示范区、辐射区，其中以核心区为建设重点。

（一）核心区

核心区相对集中，地理界线清晰、规模适度、管理紧凑，是园区投入和建设的主体，集技术、人才、信息、产业孵化、成果推广、技术培训和社会化服务等诸功能于一体，是农业新技术开发、引进、转化及产业化的示范基地与技术辐射源，应形成有市场竞争力的主导产业及企业集团。核心区按功能一般可分为农业科研区、加工物流区和综合服务区。

1. 农业科研区 农业科研区是农业科技园区的生命力，是农业高质量发展的技术保证。它是以现有的农业院校和科研院所为基础，结合科研教育体制改革，适当扩大和调整用地，加强社会服务设施建设，整治和改善科研环境，从而形成的综合性科研、实验、教学和信息中心。在体制机制上，建立一套较为完备的企业人员进入和退出机制。在科技创新上，首先要加强园区人才制度建设，建立科技发展基金；其次要与实力较强的农业院校和科研院所合作，促进科技创新。重点展示园区内生物技术、节本高效栽培技术、现代设施农业技术、农产品加工技术和农业产业化成果，展示人工与自然相结合的环境改良成果，展示现代化乡村改造与建设成果，从而拉动和带动周边地区农业经济发展。

2. 加工物流区　立足市场需求，选择合适的加工品种与加工方式，确定适宜的加工能力，不断加强科技研发与创新，引进与推广先进的加工工艺与技术，扶持与壮大参与农产品加工各环节的经营主体，促进从传统产品向特色、系列产品转变，从短链条、粗利用、低附加值产品向长链条、综合利用、高附加值产品发展，积极开发功能性、专用性、方便性和休闲性加工产品，实现产品结构的不断优化。此外，园区配套商贸物流功能，配置精品展示，推动现代农产品加工业和电子商务协同发展，推动农产品加工物流业要素驱动向创新驱动、分散布局向集群发展转变，促进农产品加工业持续健康发展。

3. 综合服务区　综合服务区是农业科技园区的枢纽，是园区能否正常运转的关键，也是园区对外的直接窗口。因此，综合服务区的服务质量、服务设施、服务功能是否周全到位，直接涉及园区的技术和成果能否得以高效运用和展示。综合服务区用于安排行政管理机构、商业设施、会议展览中心和第三产业的各类设施。综合服务区的工作纷繁复杂，但创造良好的工作环境和生活环境是该服务区的最终目标。

（二）示范区

示范区是农业科技园区的主要载体、核心区的直接服务对象。示范区作为核心区的产业化带动基地，按照园区主导产业发展要求进行专业化、规模化生产。示范区是园区农产品的生产基地、农业科技成果的试验基地和转化基地，通过吸收核心区的新技术、新品种、新的农业管理手段和经营模式，进行农产品的标准化生产和规模化经营。

（三）辐射区

辐射区可以相邻，也可以间隔，为园区核心区主导产业涉及和影响到的广大农业生产与农村经济区域。园区的新技术、新品种通过核心区和示范区的扩散和牵引作用辐射到周边农户。园区的技术扩散与传播由核心区逐步向示范区和辐射区梯次推进。

五、主要任务

（一）产业体系建设任务

1. 主导产业选择　主导产业是指技术先进、产值大、效益高、自身保持较高的增长速度并对其他产业的发展具有较强的带动作用的产业部门。主导产业决定于园区主导功能，是园区在一定时期内整合当地农业产业资源优势形成的生产规模大、产业前景好、市场需求旺盛、经济效益显著、对相关产业具有较强拉动作用、能较大幅度增加当地农民收入和地方财政收入、具有继续开发潜力的产业。主导产业的形成及演化，受当地经济结构、市场取向、原有农业基础和资源优势等的影响，选择原则如下：

（1）产业优势原则　园区主导产业应具有资源、市场、技术等潜在优势和广阔的发展前景，通过培养和开发能够形成当地农村或城乡经济发展的支柱，成为本行业、本部门的龙头或新兴产业。

（2）资源优势原则　园区主导产业只有具备相对集中的自然资源、良好的农业基础和一定的经济社会发展条件，在一个地区内能够使相当部分乃至大多数农民致富，才能在园区经营中发挥主导作用，才能在同其他园区的竞争中取得良好效益。

（3）市场供求原则　园区主导产业的选择应遵循市场经济规律，突出当地的农业特色和优势，了解产品的潜在市场、需求、价格因素、风险大小等，提高园区主导产品的市场扩展能力。

2. 建立现代农业产业体系　构建“基础产业＋主导产业＋配套产业＋衍生产业”的现代农业产业体系（图 3-2），能够激活产业发展的新动能。基础产业一般为特色种植和养殖，对园区其他产业的发展起着制约和决定作用；主导产业是园区优势特色产业，处于主要的支配地位，综合效益较高，与其他产业关联度高，对园区发展驱动作用较大，具有较大的增长潜力；配套产业是园区主导产业发展的相关产业，为园区提供配套服务；衍生产业是园区新兴的产业，也是未来园区重点发展的产业。

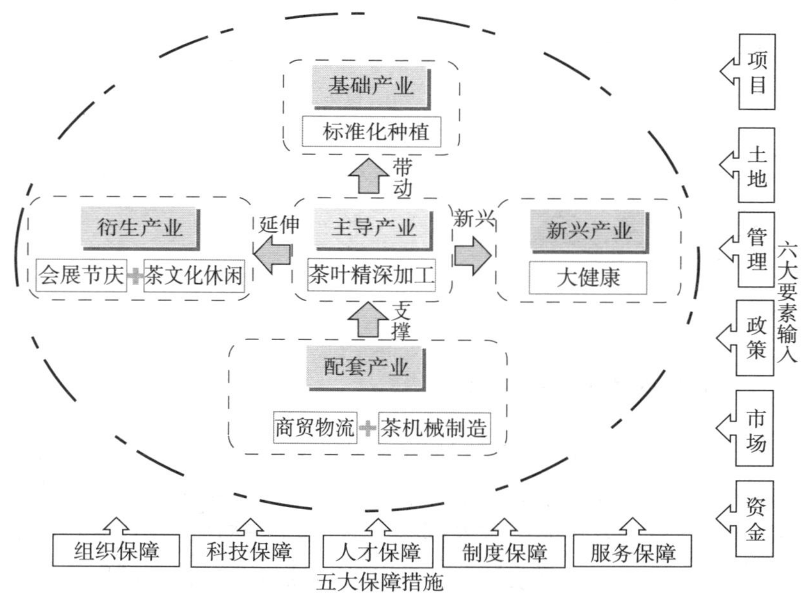

图 3-2 岚山省级农业高新技术产业开发区茶产业体系

3. 产业体系建设重点 推进产业兴旺是实施乡村振兴战略的首要任务，构建现代乡村产业体系是推进农业农村现代化的重要引擎。2021 年中央 1 号文件《关于全面推进乡村振兴加快农业农村现代化的意见》明确提出：构建现代乡村产业体系方面，依托乡村特色优势资源，打造农业全产业链，把产业链主体留在县城，让农民更多分享产业增值收益。

农业全产业链是农业研发、生产、加工、储运、销售、品牌、体验、消费、服务等环节和主体紧密关联、有效衔接、耦合配套、协同发展的有机整体。紧紧围绕“保供固安全、振兴畅循环”，推进延链、补链、壮链、优链，从抓生产到抓链条、从抓产品到抓产业、从抓环节到抓体系转变，推动一产往后延、二产两头连、三产走高端，补齐产业链短板，贯通产加销、融合农文旅，拓展乡村多种功能，拓展产业增值增效空间，促进全环节提升、全链条增值、全产业融合，提升乡村产业链供应链现代化水平（图 3-3）。

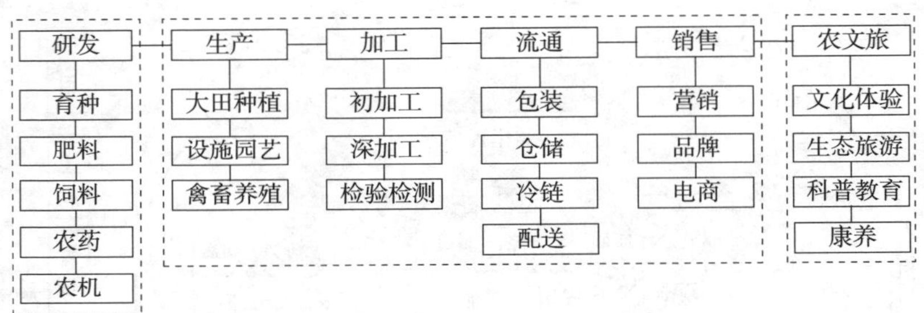

图 3-3　农业全产业链发展体系

（二）创新体系建设任务

农业科技园区是贯彻实施国家创新驱动发展战略，坚持创新驱动引领高质量发展，紧紧围绕园区现代农业提质增效、转型升级的重大需求，充分发挥园区技术创新与科技成果转化、农业科技企业孵化培育、科技创新创业服务等功能。构建农业科技园区创新体系是一个庞大的系统工程，主要包括农业科技研发体系、农业科技成果转化体系、农业技术推广体系、农业科技服务体系 4 个部分（图 3-4），不断提升园区整体的农业科技自主创新和转化应用能力，使创新成为园区转变经济发展方式的重要驱动力，形成层次分明、功能互补、特色鲜明、创新发展的农业科技园区创新体系，集聚创新人才资源，推动各类创新主体协同互动，产学研用深度融合，打造现代农业科技创新高地、人才高地。

农业科技创新投入决定了农业科技创新体系的资金来源，是农业科技创新体系的经济基础；农业科技创新需求是农业科技创新体

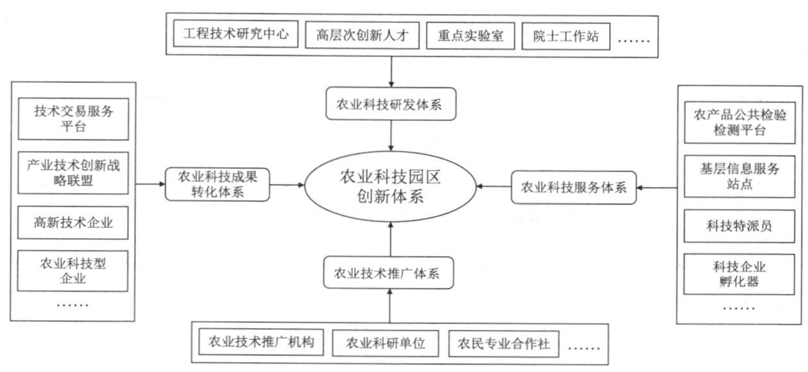

图 3-4　园区创新体系框架

系最主要的动力因素，其主体包括农户和农业企业；农业科技创新的组织制度是农业科技创新的核心，承担着创制科技产品的重任；农业科技创新推广是农业科技创新的输出，负责农业科技的供给。

1. 农业科技研发体系　一是加强农业科技研发平台建设。立足园区的资源禀赋，以现有的重点实验室、工程技术研究中心等研发平台为依托，在主导产业领域搭建科技创新平台，开展技术引进熟化、关键技术攻关，提升自主研发创新能力和科技储备能力，强化品牌建设，开发新产品、建立新标准，为园区创新发展提供强劲动力。二是推动产学研用深度融合。积极引导园区企业与中国科学院、中国农业科学院、中国农业大学等高校和科研院所建立长期稳定合作机制，推动产学研、农科教紧密结合。推进科研力量优化配置和资源共享、创新要素顺畅对接和创新资源高效配置，推动科研院所、高校、企业共同开展重点技术攻关和推广。三是引进培育高层次创新创业人才。依托地方引进人才政策，围绕主导产业引进一批有能力突破关键技术、带动产业转型的高层次创新人才，引进、培养优秀研究团队，加速园区创新创业人才集聚。通过资金支持、项目扶持等多种优惠政策，激发农业科技人才的创新活力，强化园区自主创新能力，推动园区人才链、技术链、产业链无缝对接。

2. 农业科技成果转化体系　一是强化技术交易服务平台建设。

积极搭建农业科技成果转化交易平台，为农业科技成果的及时转化应用提供便捷通道。围绕园区主导产业需求组织技术攻关，突出自主研发的新品种、新技术，着重解决产业发展技术难题，促进新技术、新成果转移转化。二是培育壮大高新技术企业等创新主体。围绕园区产业特色优势领域，培育壮大一批高新技术企业、科技型企业、农业科技园。支持企业加强研发管理、提升创新能力，引导企业加大科技投入力度，加强人才培养，做好技术储备，加速科技成果转化为现实生产力，发挥科技成果转化平台作用。三是搭建产业技术创新战略联盟。鼓励园区企业与涉农高校和科研院所联合建立产业技术创新战略联盟，保障科研与生产紧密衔接，实现创新成果的快速转化。在已组建的产业创新平台基础上，重点围绕主导产业，组建新的产业技术创新战略联盟，提高产业集中度和农业科技成果转化水平。

3. 农业技术推广体系　一是加快完善农技推广机构。整合优势农业科技资源，与中国科学院、中国农业科学院等科研院所和单位深入开展交流合作，引导其开展先进适用农业新品种、新技术示范推广服务，完善推广示范实体，推广优良新品种和成熟配套新技术。鼓励基层农技推广机构为新型农业经营主体提供全程化、精准化和个性化科技服务，使之成为园区农业技术推广的主体。二是大力开展先进技术推广应用。以发展主导产业为重点，示范推广优良新品种，推广应用先进适用栽培技术、病虫害绿色防控技术、精深加工技术等先进新技术，发展高附加值产品。三是加强农产品制种基地建设。立足特色农产品种质资源优势，大力发展制种业，强化农业科技创新成果的及时转化应用，加快物联网、大数据、5G、人工智能等信息技术手段在育种中的应用，逐步发展和壮大制种基地，集中连片推进优质专用品种繁育，打造特色种业品牌，同时，加强功能性品种选育推广，促进先进农业技术的规模化推广应用。

4. 农业科技服务体系　一是加强科技服务平台建设。加大基础设施和科技服务平台建设力度，搭建国家农业产业技术创新服务平台。积极探索“科技小院”“专家大院”“专家服务团”“科技特派员”等科技服务模式，统筹各类科技创新资源，搭建培训学习平台，开展丰富多样、形式灵活的技术培训。二是完善创新创业平台建设。充分发挥园区科技企业孵化器、创业孵化基地、“国家大众创业万众创新示范基地”等平台作用，搭建集创业实验、创业指导培训、创业综合服务、创业政策试验为一体的创业孵化平台，为创业人员创办企业提供生存与成长所需的共享服务和系统空间。发挥“众创空间”和“星创天地”作用，加快形成综合性、规模化、可持续的创新创业服务模式。三是强化信息服务能力建设。云服务充分发挥“互联网＋”特色智慧农业大数据平台的辐射带动示范功能，推动智慧农业大数据和数字农业应用推广示范基地建设，进一步完善农业科技园区智慧农业管理与服务示范平台服务功能，探索智慧农业、数字农业发展之路（专栏 3 - 7）。

专栏 3 - 7　天豫惠民国家级星创天地

天豫惠民国家级星创天地位于周口农高区内，由全国最大的甘薯全产业链龙头企业天豫薯业牵头建设。立足打造全省甘薯产业创业发展基地，建立了“企业运营＋团队服务＋导师引领＋中介服务＋融资参与”的创新创业服务体系，着力打造“科学育种＋标准化种植＋精深加工＋物流服务”的孵化链条。建有甘薯育苗基地 300 亩，良种繁育基地3 000亩，600 平方米的办公场所，累计吸纳入驻中小微企业、农民专业合作社和创业团队 33 家，其中新增入驻企业 24 家，正在培育成长期的入驻企业 6 家，已成功孵化毕业创业企业 5 家。

（三）重点项目建设任务

重点项目是园区根据主导产业发展目标和方向，支撑各功能区发展而开发建设的一批重点建设项目。园区核心区和示范区重点建设项目一般包括现代农业科技创新中心、农业双创孵化中心、农业大数据运营中心、农产品标准化生产基地、良种繁育基地、仓储物流中心、农产品精深加工基地等（专栏3-8）。

专栏3-8　西宁国家农业科技园区“十四五”时期重点建设项目

生物科技园核心区重点建设项目：青藏高原现代农业科技创新示范中心建设项目、国家中藏医药产业技术创新服务中心建设项目、现代化医药仓储物流中心建设项目、GMP车间改造项目、绿色有机农畜产品检测平台建设项目、发酵冬虫夏草菌粉制剂产品升级改造建设项目、牦牛乳制品高附加值生产项目。

大通设施农业科技园核心区重点建设项目：高原果蔬新品种试验示范基地建设项目、绿色蔬菜标准化生产基地建设项目、工厂化育苗及快繁中心建设项目、农产品配送中心建设项目、特色种植园建设项目、中藏药材良种繁育和绿色优质生产基地建设项目、废弃物资源化利用示范基地建设项目。

湟中城郊现代畜牧业科技园核心区重点建设项目：城郊现代畜牧业科研中心建设项目、城郊奶牛养殖及乳制品加工基地建设项目、城郊生猪养殖科技示范基地建设项目、国家级畜禽保种场建设项目、废弃物资源化利用示范基地建设项目、牦牛藏羊繁育基地建设项目、奶牛标准化养殖基地建设项目、中藏药材“定制药园”建设项目。

示范区重点建设项目：青藏高原现代农业科技创新中心建设项目、园区现代农业科技创新示范区创建项目、西宁市蔬菜科技园建设项目、西宁市蔬菜产业协同创新平台建设项目、西宁地方优势蔬菜种质资源库建设项目、农业科技园区旧温室提升改造项目、“菜篮子”蔬菜生产基地建设项目、云谷川食用菌产业综合示范园建设项目、优质饲草料生产基地建设项目、牦牛藏羊标准化养殖基地建设项目。

六、组织管理与运行机制

本部分内容主要包括园区的组织机构设置、园区管理体制以及园区的运行模式。运行模式包括资金筹措机制、土地流转机制、技术支撑机制、经营机制、风险保障机制等。

七、投资估算、资金筹措与效益分析

本部分主要包括投资估算、资金筹措和效益分析 3 个部分。投资估算包含工程费用、工程建设其他费用、预备金、流动资金、建设期利息。资金筹措即是总投资的资金来源，包括政府投资、银行贷款、企业资本金等。效益分析是根据未来一段时间财务收益，预测投资回报率。

八、建设进度与安排

本部分是明确园区建设时间，并将建设时间分年度体现相应内容，制定横道图明晰进度安排。

第一阶段为奠定基础、重点建设阶段。重点聚焦产业发展短板和链条构建，在巩固扩大标准化生产规模基础上，重点发展园区良种繁育、精深加工、智能装备制造、大健康产业和循环经济等短板环节，重点发展产业链前端研发和后端加工销售，构建主导产业全产业链，稳步推进主导产业智慧化发展。第二阶段为合力推进、全面提升阶段。实现主导产业全产业链建设，基本完成全部重点项目建设，建成产业创新创业示范区，智慧化生产示范区初步形成，绿色循环经济、产镇融合、科技引领作用大幅度提成，良种繁育、装备输出、技术服务、模式输出、品牌输出等功能进一步加强，建成以科技引领、特色鲜明的高新技术产业开发区。

九、配套政策与保障措施

本部分是为了保障园区顺利创建，制定在吸引企业投资、企业入驻、园区运营方面的配套政策，以及从组织、人力、资金等方面的保障措施。

（一）各级政府对园区的大力支持

要将园区建设纳入国家农业相关科技计划与地方科技发展计划，并作为农业基本建设的主要内容。园区内的高新技术企业，经国家与地方科技主管部门批准后，可享受国家与地方高新技术企业的有关优惠政策。优先支持园区农业技术的引进、消化、吸收和创新，要将园区的技术合作与交流作为国家重点科技合作计划和农业技术引进计划的重点。各级政府要制定符合地方实际的相关配套政策，努力为园区建设与发展营造良好的环境。

（二）建立多渠道、多层次、多元化的投融资机制

在不断增加中央和地方政府投入的同时，吸引社会各方面力量参与，特别是要积极争取金融部门的支持，逐步建立多渠道、多层次、多元化的投融资机制。积极鼓励各类企业，特别是科技型企业，进入园区投资建设。加强引导农户以土地、劳动力、资金等各种生产要素及以承包、入股等形式参与园区建设。通过国际科技合作，吸引国外资金，引进先进适用的技术与生产设施、经营管理方法和经验，加快园区建设。

（三）加强人才培养和队伍建设

要加强引进和培养园区建设急需的各类专业技术人才，尤其是懂管理、善经营的复合型人才。应通过建立新型的科技人才聘用制度，吸引国内外从事农业科研、教学和推广的优秀人才投身园区建设。应积极与农业科研院所、大专院校合作，推动产学研结合。要重视对农民的技术培训，培养一批农民技术骨干和农民企业家。

（四）加强园区科学管理和制度建设

按照《农业科技园区管理办法》，各级政府要结合本地实际情况，制定园区总体规划、实施方案、管理办法及相应的规章制度，

使园区建设有章可循。通过加强园区的科学管理与制度建设，形成有利于园区体制创新和科技创新的机制与环境。国家农业科技园区创建主要包括申报主体、规划方案、科技基础、管理体系等 7 个基本条件（专栏 3 - 9）。

专栏 3 - 9　国家农业科技园区创建 7 个基本条件

1	申报主体	园区申报单位原则上应为地市级及以上人民政府
2	规划方案	园区要有科学的规划，并已正式成为省级农业科技园区一年以上
3	符合上位规划	园区建设规划要符合国家及地方发展规划
4	四至明确	园区要有明确的地理界线和一定的建设规模
5	科技基础	园区要有科技开发能力、技术支撑条件、技术转化服务体系
6	服务平台	园区要有服务机构、职业农民培训场所、创业孵化器及公共服务平台
7	管理体系	园区要有健全的行政管理机构和服务管理体系

参　考　文　献

陈栋，甄双七，刘建峰，等 . 2006. 我国农业科技园区建设现状与发展对策 [J]. 广东农业科学 (12)：116-120.

褚保金，游小建 . 1999. 农业科技示范园区评价监测指标体系的探讨 [J]. 农业技术经济 (3)：23-26.

何仙珠 . 2006. 福建省农业科技园区运营管理的研究 [J]. 中国农业科技导报，4 (12)：26-28.

贾敬敦 . 2017. 建设“星创天地”，服务农业供给侧结构性改革 [J]. 中国农村科技 (10)：22-24.

蒋和平，崔凯 . 2010. 农业科技园带动社会主义新农村建设的原理分析 [J]. 科技与经济 (23)：61-65.

蒋和平 . 2004. 我国农业科技园区的特点和类型分析 [J]. 科技与经济 (17)：

38-44.

李秀彬 . 2010. 对于国家农业科技园区内空间布局过于分散问题的思考 [J]. 中国农业科技导报，12 (1)：56-59.

刘丽红，李瑾 . 2015. 我国农业科技园区创新能力评价指标及模型研究 [J]. 江苏农业科学 (43)：451-453.

卢凤君 . 2014. 农业科技园区：面向全产业链增值的集群服务 [J]. 中国农村科技 (11)：36-39.

潘启龙，刘合光 . 2013. 现代农业科技园区竞争力评价指标体系的研究 [J]. 地域研究与开发 (32)：5-11.

彭竞，孙承志 . 2017. 供给侧改革下的农业科技园区创新能力测评研究 [J]. 财经问题研究 (8)：84-89.

芮正云 . 2014. 我国农业科技园区功能定位及其效应研究——基于江苏白马国家农业科技园发展的认识与思考 [J]. 安徽农业大学学报 (社会科学版) (23)：11-16.

申秀清 . 2014. 中国农业科技园区创新机制研究 [D]. 呼和浩特：内蒙古农业大学 .

孙娟，罗广宁，肖田野 . 2016. 科技支撑粤东西北传统产业升级的现状、路径和对策研究 [J]. 广东科技 (25)：71-73.

汪丽，张鸿雁，乔富强，等 . 2015. 农业科技园发展存在的主要问题及对策机制研究——以北京农学院大学科技园建设与发展为例 [J]. 教育教学论坛 (48)：177-179.

王树进 . 2003. 我国农业科技园区需要研究解决的几个问题 [J]. 农业技术经济 (1)：45-48.

吴海燕，李庆，魏玲玲，等 . 2014. 农业科技园区发展的环境创新研究——以江西省为例 [J]. 农业科技管理 (6)：64-66.

吴圣，吴永常，陈学渊 . 2019. 我国农业科技园区发展：阶段演变、面临问题和路径探讨 [J]. 中国农业科技导报，21 (12)：1-7.

夏岩磊，李丹 . 2017. 基于层次分析法的农业科技园创新能力评价——以安徽为例 [J]. 皖西学院学报 (33)：54-60.

杨其长 . 2001. 我国农业科技示范园区的功能定位、技术背景与战略对策研究 [J]. 中国农业科技导报，3 (3)：14-17.

杨秋林 . 2003. 关于建立我国农业科技园区质量与效益评价指标体系的设想 [J]. 中国农业综合开发 (2)：16-19.

赵建亚，徐会中，俞文伟，等 . 2012. 现代农业科技园区发展面临的主要问题及其对策 [J]. 安徽科技 (3)：27-29.

钟瑛 . 2001. 农业高新技术企业及其可持续发展［J］. 中国农村观察（3）：45-51.

周华强，邹弈星，刘长柱，等 . 2018. 农业科技园区评价指标体系创新研究：功能视角［J］. 科技进步与对策，35（6）：140-148.

朱学新，张玉军 . 2013. 农业科技园区与区域经济社会发展互动研究——以江苏省农业科技园区为例［J］. 农业经济问题（9）：72-76.

HALE WOOD M，CHIU RUGWI T，SACKVILLE HAMILTON R，et al. 2018. Plant genetic resources for food and agriculture：Opportunities and challenges emerging from the science and information technology revolution［J］. New Phytologist（217）：1407-1419.

SONG L，LI X. 2015. The smart technology application study of the leisure agriculture parks［J］. International journal of smart home（9）：163-168.

第四章

现代农业产业园发展与规划

建设现代农业产业园是党中央、国务院作出的重要决策部署，是新时代推动乡村产业振兴的重要抓手，是推动农业高质量发展、促进城乡融合发展、加快农业农村现代化的重要载体。近年来，国家高度重视现代农业产业园建设，要求加快建设国家、省、市、县现代农业产业园。本章从农业产业园概念、特点、创建历程、存在问题与对策及规划技术要点等方面入手，阐述现代农业产业园的发展现状与建设规划重点，以期为推动现代农业产业园建设提供参考。

第一节　现代农业产业园内涵及特征

一、现代农业产业园内涵

现代农业产业园是指围绕当地农业主导产业或优势特色产业，以规模化种养基地为基础，开展“生产＋加工＋科技＋营销”全产业链开发建设，实现绿色发展和产业深度融合，经地方政府批准设立的地理界限明确、区域范围合理、建设水平区域领先的现代高效农业发展区。现代农业产业园能够把优势特色产业做大做强，延伸产业链条，提升产业整体效益，促进现代技术与装备集成和农业“新六产”融合发展，为引领农业供给侧结构性改革搭建新平台，为培育农业农村经济发展新动能创造新经验，为探索农民持续增收机制开辟新途径，为推进农业现代化建设提供新载体。

二、现代农业产业园特征

1. 现代生产要素集聚 现代农业产业园集聚了市场、资本、技术、信息、人才等现代化生产要素。以科技为先导，转变传统农业的“低产”属性，推进农科教、产学研共同发展，催生了特色农业、景观农业、科技农业、都市农业等新型产业形态。

2. 主导产业优势明显 现代农业产业园发展的核心是具有一定规模的1～2个优势主导产业。主导产业的创新能力强、经济效益显著、品牌优势明显，同时具有较强的产业关联效应和辐射扩散作用，是区域经济发展的支柱和主导。

3. 一二三产业融合发展 现代农业产业园有助于推进产加销、贸工农一体化发展，构建由主导产业、基础产业、配套产业、衍生产业等构成的农业全产业链，转变传统农业单一产业结构为一二三产融合发展，扩展现代农业产业园区的多功能性，充分挖掘农业的生态、休闲和文化价值，从而进一步推动产业链升级，推动农业产业链、供应链、价值链的重构及演化升级，实现农民增收致富。

4. 农民利益联结紧密 农民受益是现代农业产业园建设的落脚点。现代农业产业园发展了“公司＋合作社＋农户（家庭农场）”“公司＋农户”等多种形式、联系紧密的利益联结机制，初步形成了以主导产业生产经营为主的农业产业化联合体，让农民更多的分享农产品加工和流通环节带来的增值收益。同时，政府、金融机构以及科研院校在政策、技术、金融等方面加强支持农民、合作社以及相关企业，促进形成各级单位与合作社、农民的紧密利益联结，全面促进农业发展。

第二节 现代农业产业园发展现状

一、现代农业产业园现状分析

（一）国家级现代农业产业园创建历程

2016年12月31日，《中共中央、国务院关于深入推进农业供

给侧结构性改革　加快培育农业农村发展新动能的若干意见》（2017 年中央 1 号文件）由中共中央、国务院发布，明确提出要建设“三区三园一体”。其中，“三区”就是粮食生产功能区、重要农产品保护区和特色农产品优势区；“三园”指的是现代农业产业园、科技园、创业园；“一体”是指田园综合体。现代农业产业园作为“三区、三园、一体”的重要组成部分，在推动现代农业发展方面发挥着重要作用。

2017 年 3 月 22 日，国务院在石家庄召开了全国春季农业生产暨现代农业产业园建设工作会议，王洋副总理对现代农业产业园建设作出专门部署，强调要积极推进现代农业产业园建设，推动农业提质增效，探索农民分享二三产业增值收益的机制。

2017 年 3 月 29 日，农业农村部、财政部认真贯彻党中央、国务院决策部署，经过认真调研和反复研究，联合印发《关于开展国家现代农业产业园创建工作通知》（农计发〔2017〕40 号），提出要按照“打造高起点，高标准的现代农业发展先行区”的要求，以姓农、务农、为农和兴农为根本宗旨，突出规模种养、加工转换、品牌营销等全产业链开发，创新农民分享二三产业增值收益机制，围绕做大做强主导产业、促进现代要素聚集，推进适度规模经营，推进一二三产业融合等目标任务，强化政策支持保障，优化管理服务与指导，扎实推进国家现代农业产业园创建工作。经县（市、区）申请、审计推荐、实地考察、现场答辩等公开竞争选拔，农业农村、财政部于 2017 年 6 月和 9 月先后分两批共 41 个现代农业产业园创建国家现代农业产业园。

2018 年 5 月 7 日，农业农村部、财政部联合印发《关于 2018 年开展国家现代农业产业园创建工作的通知》（农计发〔2018〕11 号），明确提出：通过创建，建成一批产业特色鲜明、要素高度聚集、设施装备先进、生产方式绿色、一二三产融合、辐射带动有力的国家现代农业产业园，形成乡村发展新动力、农民增收新机制、乡村产业融合发展新格局，带动各地现代农业产业园建设，构建各具特色的乡村产业体系，推进乡村产业振兴。《通知》的出台标志着第三批国家现代农业产业园创建遴选工作正式启动。2018 年 6 月 22 日，正式批准 21 家。

根据中央农村工作会议、2019 年中央 1 号文件关于推进现代农业产业园建设的部署要求，农业农村部、财政部印发《关于开展 2019 年国家现代农业产业园创建工作的通知》，提出“各地要综合考虑农业资源禀赋、特色产业发展、一二三产业融合、带动农民增收机制等因素，统筹推进国家现代农业产业园建设”。2019 年“重点支持创建优质粮油、现代种业、健康养殖（牛羊、水产）、中药材等产业园，优先支持符合条件的贫困县、粮食生产功能区、重要农产品生产保护区、特色农产品优势区、国家现代农业示范区等申请创建”。

2019 年 6 月 27 日农业农村部、财政部正式批准北京市密云区等 45 个现代农业产业园备案并创建国家现代农业产业园，江苏省邳州市等 7 个省级现代农业产业园纳入国家现代农业产业园创建管理体系。

2020 年 5 月 7 日，为贯彻落实中央农村工作会议、中央 1 号文件部署要求，加快建设国家、省、市、县现代农业产业园。农业农村部、财政部印发《农业农村部办公厅、财政部办公厅关于开展 2020 年国家现代农业产业园创建工作的通知》，提出“2020 年重点支持创建优质粮油、健康养殖、现代种业产业园，鼓励结合产业发展需要创建中药材产业园”。2020 年 4 月 27 日农业农村部、财政部正式批准北京市平谷区等 31 个现代农业产业园创建国家现代农业产业园，江苏省苏州市吴江区等 8 个省级现代农业产业园纳入国家现代农业产业园创建管理体系。

2022 年 4 月 27 日，农业农村部、财政部印发《关于公布 2022 年农业产业融合发展项目创建名单的通知》，批准天津市武清区等 50 个现代农业产业园。

2017 年以来，农业农村部、财政部已批准创建 188 个国家级现代农业产业园，各地共创建 1 000 多个省级现代农业产业园和一大批市县级现代农业产业园。从地理分布上，东部地区 64 家、中部地区 55 家、西部地区 69 家，分别占总数 34.0%、29.3%和 36.7%。总体上东中西部地区数量相差不大，在空间布局上较为平衡（图 4 - 1、图 4 - 2、表 4 - 1）。

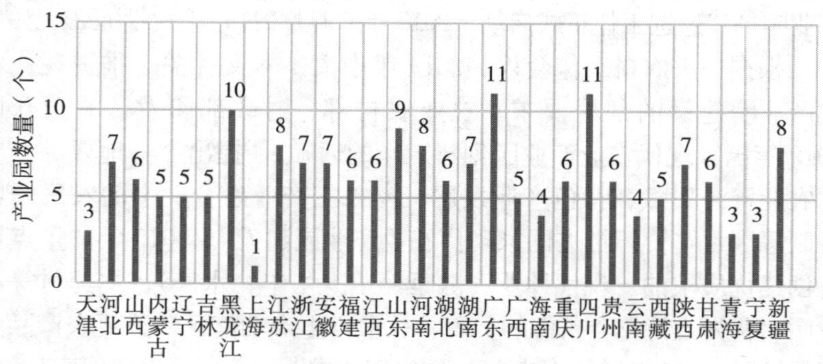

图 4-1 各省份国家现代农业产业园数量分布

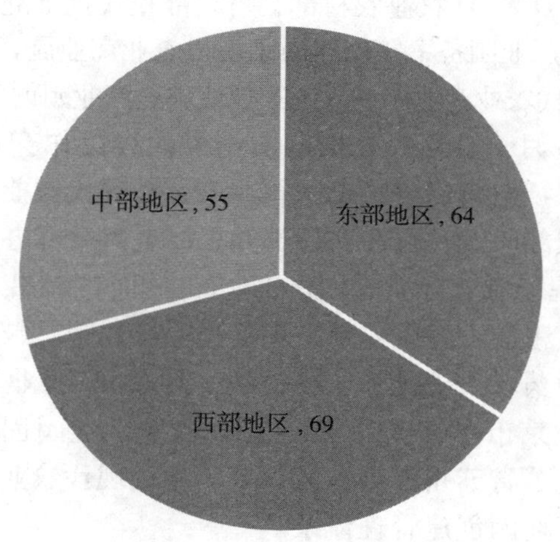

图 4-2 全国中西部现代农业产业园数量分布

表 4-1 现代农业产业园相关政策与规范一览表

序号	政策文件
1	2016 年 8 月 29 日，农业部印发《“十三五”全国农业农村信息化发展规划》
2	2016 年 12 月 31 日，中共中央、国务院印发《关于深入推进农业供给侧结构性改革 加快培育农业农村发展新动能的若干意见》
3	2016 年 11 月 14 日，农业农村部印发《全国农产品加工业与农村一二三产业融合发展规划（2016—2020 年）》

（续）

序号	政策文件
4	2017 年 4 月 28 日，财政部、农业部印发《农业生产发展资金管理办法》
5	2017 年 8 月 15 日，农业农村部印发《种养结合循环农业示范工程建设规划（2017—2020）》
6	2017 年 9 月 8 日，国务院办公厅印发《加快推进农业供给侧结构性改革 大力发展粮食产业经济的意见》
7	2018 年 9 月 30 日，农业农村部办公厅印发《乡村振兴科技支撑行动实施方案》
8	2019 年 2 月，中共中央办公厅、国务院办公厅印发《关于促进小农户和现代农业发展有机衔接的意见》
9	2017 年 3 月，农业农村部、财政部发布《2017 年重点强农惠农政策》

（二）现代农业产业园建设存在问题

我国现代农业产业园发展取得了显著成效。但是，当前现代农业产业园在建设过程中还存在一二三产业融合度不高、龙头企业辐射能力弱、科技创新要素集聚不足、利益联结机制不强等问题，制约现代农业产业的健康有序发展。

1. 一二三产业融合度不高 现代农业产业园应立足农业资源优势，通过丰富精深加工、贸易流通、休闲旅游等新产业新业态，不断延伸产业链条，推进一二三产业融合发展。然而，部分园区仍存在产业链条短、三产融合有待深化等问题。一是以规模种养殖为主，初级产品多，深加工不足，加工转化率低，未形成农产品加工集群；二是未充分挖掘农业生态价值、休闲价值、文化价值，导致农业生产功能的拓展不足，产业融合度不高；三是对农业标准化的认识不足，导致标准化推广实施难度大，品牌数量少，品牌效益不显著，品牌价值和影响力有待进一步提升。

2. 龙头企业辐射能力弱 龙头企业是现代农业产业园经济发展的引擎。部分地区龙头企业数量少，园区引进、培育企业能力弱，缺乏强有力的龙头企业，造成现代农业产业园的辐射能力与带动能力不足，无法吸引周围农户积极地参加到园区的建设与发展中来，进而影响园区的整体规模和经济效益，难以满足现代农业产业园区的发展需求。

3. 科技创新要素集聚不足 科技创新能力是现代农业产业园发展的内生动力。我国现代农业产业园创建过程中存在部分园区现代生产要素集聚能力不强，整体科技水平不高的问题，主要表现在以下几个方面：一是农业科技创新体系不健全，新品种、新技术等研发推广成效不明显，造成农产品深加工种类少、农产品附加值较低等；二是科技人才短缺，与农业研究机构、高等院校等合作不深入，自主研发能力有待进一步提高；三是科研资金投入力度不足，影响科研实验平台搭建、农业试验基地建设等；四是园区生产人员素质有待提高。由于农民受教育水平低、本土技术员缺乏、技术培训不足等，导致园区先进农业技术推广难度大，农业生产科技含量不足。

4. 利益联结机制不强 现代农业产业园要以“姓农、务农、为农和兴农”为根本宗旨，带动当地农户就业增收。但目前部分园区入驻的企业联农带农激励机制不合理，没有充分利用好合作制、股份制、订单农业等多种方式，与基地农户、农民合作社“保底+分红”等利益联结关系不完善，不能保障农民分享产业增值收益，使得园区农民利益受到一定影响。同时现代农业产业园在建设过程中出现了劳动力供需匹配错位、经营效率低下、只圈地不发展等损害当地农户利益的现象，因此，如何创新利益联结机制，保障农户权益，真正实现“收益共享、风险共担”成为现代农业产业园建设的关键问题。

5. 政策机制不健全 作为新兴农业发展模式的现代农业产业园，政府缺乏完善的法规政策来扶持或规划其发展，致使园区建设之初遇到诸如征用土地、审批手续等方面的困难，并出现了园区建设、发展不规范的问题，而本身机制的不健全也导致园区今后发展得不到保障，甚至出现烂尾现象，严重浪费了各种资源。

二、现代农业产业园类型

（一）种植类

包括粮油作物、蔬菜、食用菌、林果、花卉、中草药等。这类现代农业产业园的发展主要通过建设绿色标准化种植基地，推进种植结构的调整与优化；强化精深加工企业引进和培育，注重从初加工向精深加工发展，增加产品附加值，丰富产品类型，打造地域品牌，提高竞争力；改善现代农业产业园的环境，增加绿色生态农产品的供给，提高绿色优质农产品产量；大力发展观光农业、体验农业等，培育新兴业态，拓展农业功能等方式来提升园区的综合竞争力（专栏 4-1）。

专栏 4-1　现代农业产业园——种植类

栖霞市现代农业产业园，按照“两片四园”的空间布局，通过建设苹果特色优势生产示范基地，打造现代化苹果种植管理技术及新品种研发推广示范引领区；通过提升苹果深加工及流通设施及装备水平，形成加工及物流现代科技引领集成基地，打造苹果全产业链、全价值链生产要素集聚区；通过建设苹果一二三产业融合发展先导区，打造一二三产业相互渗透、交叉重组的融合发展区；通过建设新型经营主体创业创新孵化区，打造农民与各类返乡下乡人员创意创制启航区。结合“两基地两区”功能定位，推动农业科技与农村绿色发展新理念，打造现代农业示范核心区。

（二）养殖类

包括畜禽养殖、水产养殖等。此种类型的现代农业产业园构建以健康畜禽产业为核心的现代农业产业体系，以规模化、标准化养殖基地为基础，发展形成集良种繁育、健康养殖、饲料加工、畜禽屠宰、健康食品加工、冷链物流、副产品综合利用等于一体的现代畜禽全产业链集群，提升质量效益和市场竞争力。同时大力发展生态养殖，示范推广畜禽粪污资源化利用高效模式，减少农业面源污染，实现园区绿色发展（专栏 4-2）。

专栏 4-2　现代农业产业园——养殖类

> 安徽省宣城市宣州区现代农业产业园，以家禽为主导产业，从起初的单一肉鸡养殖，发展成为集种禽、苗禽、蛋禽、肉禽、禽产品和饲料加工、休闲食品加工、羽绒等副产品综合利用于一体的现代家禽产业集群，呈现产加销一体、贸工农互促的发展格局。2019 年，园区总产值达 87.4 亿元，其中家禽产业产值 66.8 亿元，占比达 76.4%，成为当地乃至全省农业现代化的样板区。

（三）种养结合类

包括种植片区和养殖片区。该类型现代农业产业园以产业基础和资源禀赋为依托，合理布局功能区和重点项目。建立完善农业绿色、低碳、循环发展的长效机制，重点推进农牧结合、农渔结合等循环融合业态，促进资源利用节约、集约、高效。应用高效低毒农药和兽药，采取绿色防控、节水灌溉、有机肥替代、生物农药等技术，生产绿色有机农产品，打造现代化高效绿色循环农业（专栏 4-3）。

专栏 4-3　现代农业产业园——种养结合类

> 浙江省慈溪市现代农业产业园，已形成连片规模化的优质粮食、精品水果、出口蔬菜三大主导产业，并相应配套规模化畜禽养殖，形成了种养结合的生态循环格局。同时园区设有管委会，进行统一管理，吸引了正大集团、中集集团、爱科集团等世界 500 强企业和国内知名农牧企业落户该产业园。

此外，产业园的片区功能清晰，形成了包括水稻种植、蔬菜种植、奶牛养殖、蛋鸡养殖、水产养殖等多方位的现代农业发展模式。

第三节　农业产业园规划技术要点

一、发展思路与基本原则

（一）发展思路

现代农业产业园规划的发展思路包括：一是立足当地农业发展现状，结合本县（市、区）现代农业发展需求，提出园区发展的基本原则及重点方向。二是提出园区发展的优势主导产业及一二三产融合体系，提出功能布局、重点项目、产业集群等发展重点。三是提出园区发展对农村经济发展、农民增收致富的推动作用，并提出未来3～5年总体目标与发展定位。

（二）基本原则

现代农业产业园是农业产业经济发展的主体，其规划设计需要遵守一定的规划原则，从而推动产业园合理布局规划、带动产业园可持续高效发展。基于全国及各省现代农业发展现状，在分析园区产业体系的基础上，充分考虑农业产业园发展重点及方向，确定本园区规划的基本原则。基本原则服务于发展目标，简明扼要，针对性强，为现代农业产业园规划奠定坚实基础。

突出特色：立足本地区资源条件，发展特色鲜明、优势突出、市场竞争力强的主导产业，产业特色优势明显，在全省乃至全国具有较强的影响力。

三产融合：注重“生产＋加工＋科技＋营销”全产业链开发，培育新兴业态新产品，发展多业态复合型融合发展模式，推动农村一二三产业深度融合，形成产业链相加、价值链相乘、供应链相通的全产业链发展格局。

绿色发展：坚持绿色农业发展理念，积极打造资源节约、环境友好、生态保育、可持续发展型农业。通过技术革新生产绿色健康农产品，推进质量可追溯体系建设，严格把控农产品质量，打造优质产品品牌。

科技引领：强化“农业科技创新＋产业集群”发展路径，加强高科技龙头企业培育，与科研院校、高科技龙头企业开展紧密合作，搭建科研平台，共建产学研合作基地，推进高标准生产基地建设、新品种新技术推广示范等，转变发展方式，提高园区发展内生动力（专栏 4-4）。

专栏 4-4　江西省信丰县现代农业产业园

1. 政府引导，市场主导。统筹兼顾，因地施策，强化政府规划引领、机制创新、政策支持和配套服务，发挥优势产业、优势企业的关联带动作用，推进龙头企业加强标准化建设，实施产品技术扩散，提高产业协作配套水平，充分发挥市场主体在产业发展、投资建设、产品营销等方面的主导作用，形成多种有效的建设模式。

2. 以农为本，创新发展。立足资源禀赋，突出发展优势主导产业，拓展产业链，提升价值链，挖掘农业多种功能，推进一二三产深度融合。

3. 多方参与，农民受益。坚持城乡统筹，倡导开门办园、“有边界，无围墙”，发挥农业产业化龙头企业带动作用，注重吸引多元主体、全社会力量参与产业园建设。坚持为农、贴农、惠农，完善利益联结机制，助推精准扶贫，带动农民就业增收，帮助贫困户脱贫致富，让农民分享产业园发展成果。

4. 绿色发展，生态友好。通过优势产业集中布局、集聚发展，发展绿色产业，出台绿色政策，推广绿色模式，推行农业节水，建立绿色、低碳、循环发展长效机制，率先实现“一控两减三基本”，做到污水废气排放达标、垃圾有效处理，推动资源节约利用、综合利用、循环利用，转变农业发展方式。

二、功能定位

（一）现代农业产业园功能

现代农业产业园具有产业集聚、技术集成、创新创业、就业增收等多项功能。

产业集聚：现代农业产业园是产业集聚的载体。现代农业产业园改变传统的分散经营模式，向产业化、规模化发展方向发展。通过实施品牌战略，不断提高农产品的质量和市场竞争力，通过龙头企业带动，不断凝聚农业产业化发展的驱动力，促进产业升级，不断吸纳农民成为产业工人。

技术集成：现代农业产业园是现代农业技术装备集成的载体，技术集成应用水平较高。通过建设一批标准化、专业化、规模化的生产示范基地，形成新技术和新成果展示的重要窗口，促进园区及周边地区新技术新装备的推广应用，提升园区的科研和技术推广力量，显著提高园区经济效益和总体实力。

创新创业：现代农业产业园是新主体“双创”的载体。通过推进适度规模经营，鼓励、引导、扶持家庭农场、农民合作社、龙头企业等各类新型主体入园创业，吸引返乡人员、毕业大学生和外乡能人等到园区创业，为新型经营主体创业创新营造良好的孵化环境。

就业增收：带动农民增收致富是现代农业产业园建设的落脚点。秉持姓农、务农、为农、兴农的宗旨，坚持农业主导地位，不断强化利益联结机制，创新联农带农方式。构建“企业＋农户”“合作社＋农户”的产业化经营模式，让农民通过股份合作、土地流转等方式，更多分享产业链增值收益，成为产业园建设的参与者、受益者。

（二）产业园发展定位

现代农业产业园的功能定位规划，首先明确园区发展的背景及基础条件，其次确定园区的主导产业、发展阶段和战略模式，最后确定发展目标和承担的功能。

现代农业产业园功能定位的主要依据有：园区的区位，基础条件及优势与劣势，园区发展的政策背景，园区发展的阶段和产业现状，园区发展对区域发展的带动作用等（专栏4-5）。

专栏4-5　山东省栖霞市现代农业产业园

按照现代农业产业园建设要求，立足栖霞市苹果发展基础，挖掘规模种植、加工转化、品牌营销、技术创新等发展内涵，推动苹果一二三产业融合发展，突出技术集成、产业融合及核心辐射等主体功能，实现对农业结构调整、绿色发展、农村改革的引领作用，明确产业园“两基地两区”的功能定位。

1. 苹果特色优势生产示范基地。建设标准化、规模化、品牌化、绿色化苹果种植基地，大力发展绿色有机苹果生产。培育园区内苹果加工物流企业，促进农资、种植管理等相关联企业发展，形成大产业集群。通过推广种植苹果新优品种、推进高标准种植基地建设、推行现代种植模式、实施品牌建设工程来发展苹果产业，建设苹果特色优势生产示范基地。

2. 苹果加工物流现代科技引领集成基地。研发或推广应用新技术、新体系、新工艺及新装备，探索科技成果熟化应用有效机制，培养育种、种植、田间管理、病虫害防治、贮藏保鲜、精深加工等领域专业技术人员。通过提升加工装备聚集水平、实施专业技术人才带动战略、提高农业科技与成果转化水平、提升园区农业信息化水平来聚集生产要素，打造苹果生产加工现代科技引领集成基地。

3. 苹果一二三产业融合发展先导区。以苹果规模化种植基地为依托，构建生产、加工、收储、物流、销售于一体的苹果全产业链。深入挖掘苹果产业生产、生态、生活、休闲及文化价值，推动产业链、供应链和价值链的重组与升级。通过打造苹果全产业链深度融合、促进苹果加工提高产品附加值、“互联网+苹果”助推苹果产业发展、“互联网+文旅”助推文化旅游发展来促进产业融合，打造一二三产业相互渗透、交叉重组的融合发展区。

4. 新型经营主体创业创新孵化区。积极培育和规范蓬勃发展的电子商务直销与现代物流相结合的新业态，做好做强鲜果拍卖与金融贸易、物流储运等多元融合的营销新模式，搭建一批创业见习、创客服务平台，使园区成为当地农民与各类返乡下乡人员创业创新、微小企业孵化成长的启航地，成为栖霞乃至烟台苹果优势产业持续创新发展的新动能新引擎。通过深入推进土地流转、加快培育新型经营主体、着力打造“双创”服务平台来支持适度规模经营，构建苹果产业多种新型经营主体创业创新孵化区。

三、产业体系规划

1. 现代农业产业体系构建　现代农业产业体系分类方式主要有两种：

第一种是根据《国民经济行业分类》（GB/T 4754—2017）来分类。第一产业主要指农业、林业、畜牧业和渔业等；第二产业主要指农产品加工制造；第三产业是指除第一、第二产业以外的与现代农业相关的产业，主要包括商贸物流、信息服务、休闲旅游、金融服务等。

第二种是根据产业发展在园区建设中的作用关联来分类。现代农业产业体系由主导产业、基础产业、配套产业、衍生产业等构成。以主导产业为核心，聚集现代生产要素，围绕产前、产中、产后各环节，构建育种、生产、收储、加工、物流、销售等各环节相互贯通的农业全产业链。拓展农业多种功能，发展休闲农业、金融服务业、农产品电子商务等新兴产业，全面完善现代农业产业体系（图 4-3）。

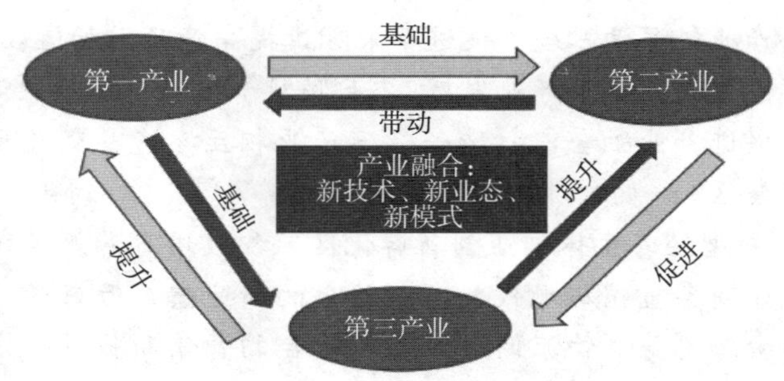

图 4-3　园区现代农业产业体系关联模式

2. 主导产业选择与培育　现代农业产业园的主导产业选择要以特色优势明显、在全省具有较强竞争优势的产业为主，具体要求满足以下条件：主导产业集中度高、上下游连接紧密，产业间关联度强，原则上数量为 1～2 个，产值占产业园总产值的比重达 50%以上，凸显当地优势农业资源，适应当地经济发展水平；主导产业符合“生产＋加工＋科技”的发展要求，通过培育逐步形成种养规模化、加工集群化、科技集成化、营销品牌化的全产业链开发格局；主导产业逐渐发展成为本县（市、区）特色优势产业和支柱产业，在本省（直辖市、自治区）乃至全国具有较强的竞争优势。

3. 明确产业发展方向及重点任务　基于不同的产业发展基础及定位，明确各类型产业发展方向及重点任务。比如：

种养殖业：新建、改扩建标准化良种繁育基地；加强标准化生产基地建设，提高基础设施建设水平；推广设施农业高效种植技术，示范优良农产品新品种及高效种养殖模式；推进绿色生产，大力发展种养结合循环农业。

加工业：引进与培育一批加工龙头企业，打造产业集群；引进先进加工与生产技术，开发系列高附加值精深加工产品，打造高端产品；加强农产品质量安全监管，推进品牌建设。

商贸物流：加强农产品商贸与流通服务基础设施建设；配套建设电子商务中心、冷链物流中心、检验检测中心、信息服务中心等设施，建设投融资、农产品检测、电商、大数据信息管理等平台，促进"互联网＋现代农业"的一体化融合发展。

休闲农业：加强主导产业与文化、旅游、创意、健康产业的融合发展，改善休闲农业基础设施条件，开发一批休闲旅游项目和旅游线路，加强宣传推介力度，打造特色品牌（专栏4-6）。

专栏4-6 山东省金乡县现代农业产业园

山东省金乡县现代农业产业园，立足产业园"生产＋加工＋科技"的基本建设定位，以推进基地支撑、产业融合、链条延伸、产品升级为主导方向，构建以优质大蒜产业为基础的"种植＋加工＋物流＋科技＋文化＋服务"大蒜产业簇群，具体包括绿色优质大蒜种植业、大蒜系列产品加工业、现代农产品物流业、农业休闲旅游业和战略性新兴产业。

绿色优质大蒜种植业：以提升生产机械化、设施自动化、管理智能化为重点，集成农艺、农技、设施设备高度融合的种植栽培技术，示范和推广一批标准化节本增效配套技术，建立健全质量控制、质量检测和监督管理体系，从种植源头确保品种结构合理化、生产规程标准化、商品品质优质化，建设一批规模化、标准化特色优质大蒜生产原料基地。

大蒜系列产品加工业：大力发展大蒜精深加工，不断扩大大蒜、蒜米、蒜片、蒜粉、蒜粒、大蒜油、大蒜素粉（粒）等大蒜系列加工产品生产能力。同时，适应市场消费结构升级趋势，开发以大蒜为主的功能性食品和药食同源产品，打通蒜产品高端设计、品牌、展销服务等环节，打造高端产品、知名品牌，引导大蒜产业向更高层次迈进。

现代农产品物流业：依托金乡大蒜国际交易市场，立足于一站式大蒜生产、交易市场功能，打造依托鲁西南、辐射鲁苏豫皖、淮海经济区最大且最具规模的大蒜产品集散地，为区域大蒜生产、加工经营主体提供多功能、全业态、一站式服务、公开公正的交易平台，建成高效、快捷、健全的物流配送体系。

农业休闲旅游业：结合大蒜特色产业发展，因势利导挖掘产业园不同农村地区的农耕文化和传统民俗等优势，开发农业多种功能，加强农业与旅游、文化创意等产业的深度融合，培育休闲农业、旅游农业、文化农业、创意农业等新型农业业态，探索打造集都市休闲农业、田园风光、美丽乡村等有机融合的“农业主题公园”。

战略性新兴产业：以市场流通服务为重点，大力发展生产性服务业和供应链金融产业；加快以大蒜为主导品种的生物科技和医药科技应用开发，提前铺垫高端生物医药科技产业；鼓励新型经营主体建设网上运营平台，积极拓展与顺丰优选、阿里巴巴、京东商城、本来生活网等知名农产品电商的深度合作，发展农村电商产业。

四、园区布局与重点项目

坚持园区布局与功能定位相统一的原则，瞄准多功能开发，进行功能区布局。详细了解并掌握现代农业产业园所在区域自然环境情况、经济情况以及基础设施条件，是进行科学合理功能布局规划的前提。现代农业产业园以农业产业及相关产业为主，其布局以大规模生产基地、加工基地、物流产区、现代营销等基地或厂区的多样组合为主，没有固定的布局模式。现代农业产业园一般可分为4个功能区：生产区、加工区、现代服务区和休闲娱乐区。

1. 生产区 基于已有种植业基础、土地资源类型及分布状况，合理布局园区的生产区。生产区面积较大，集生产、技术、人才、信息等功能为一体，以良种繁育、标准化种植及示范等为主，是主要产品的生产区和先进种植技术推广示范区。重点进行优质种质资源收集、高产优质品种改良与选育、新品种推广示范，规模化种植、标准化生产示范、高效栽培技术示范和推广等。

2. 加工区　在分析本地区加工企业数量、类型、产能等基础上，制定企业引进及培育规划，科学布局加工区。加工区是对生产区的农业产品进行粗加工和精深加工的基地，以主导产业的全产业链研发和资源化利用技术应用为主要功能，对加工技术和创新创业水平要求较高。重点进行各类产品的批量生产以及新产品研发，是园区最主要的经济效益产生区及农民就业区。

3. 现代服务区　现代服务区是园区的科技服务、创业孵化、电商物流、金融服务等集中区。一般规划布局创新创业中心、电商物流基地等。创新创业中心重点建设综合服务中心、科技研发中心、质量检测与追溯中心、合作交流中心、培训与创业中心等。电商物流区重点建设农产品交易市场、电子交易大厅、冷藏仓储区等，推进农产品物流体系建设，打造农产品流通网络。

4. 休闲娱乐区　依托本地区旅游资源和农业资源，配套完善游客服务设施，合理安排休闲旅游项目，建成休闲旅游点，打造具有采摘娱乐、观光休闲，以及文化教育、特产销售等协同发展的特色旅游生态系统。通过节庆活动、自媒体推广、交流会等，打造旅游热线和精品旅游品牌，实现园区一二三产融合。重点建设主题公园、果蔬采摘园、生态旅游项目、都市嘉年华项目等（专栏4-7）。

专栏4-7　黑龙江省五常市现代农业产业园

黑龙江省五常市现代农业产业园为2017年国家首批现代农业产业园，是以水稻产业为主的示范园。园区总体布局为“一区、一带、一园”，即一百万亩国家级现代农业示范区、二十万亩示范带、两万亩核心园。

一百万亩国家级现代农业示范区：建设以实现水稻优质、高产、高效为目标，重点建设智能化催芽、标准化育苗大棚、标准化模式栽培、全程机械化生产、绿色生物防控，逐步推进渠系硬化、中低产田改造和水源工程建设，提高水稻产量、品质和效益。

二十万亩示范带：以科技应用、成果展示为目标，在示范区建设基础上，突出现代科技设施装备等生产要素的综合集成，推进方条田改造、渠系硬化、道路整修、村屯美化，建设环境优美、设施配套、管理先进的示范带，突出打造新技术示范、优质高产攻关、立体开发、循环经济、稻乡文化旅游5项节点。

两万亩核心园：主要建设景观环路、物联网管理中心、品种展示及对比试验、水稻高科技灌溉节水节地展示、立体生态水稻农业展示、水稻特色种植展示、水稻新技术推广等项目建设，打造集高标准农田、物联网信息化、暗灌暗排技术集成于一体的现代农业示范龙头。

五、农民利益联结机制

发展现代农业产业园是实现乡村振兴目标的重要措施，通过强化利益联结机制、创新联农带农方式等，让农民更多分享产业链增值收益，成为现代农业产业园建设的参与者、受益者。各产业园探索形成“公司＋合作社＋基地＋农户”“公司＋农户”等多种利益联结机制。

一方面，园区引导企业和农民、合作社通过双向入股方式实现利益联结，鼓励合作社、家庭农场、种养大户和农户以土地、劳务、资金等入股企业，支持企业以资金、技术、品牌等入股专业合作社。探索完善利润分配机制，创新分配方式，明确资本参与利润分配比例上限，维护农民利益。积极引导产业园涉农企业与农户实现“风险共担、利益共享”，让广大农户更多分享加工和流通环节的增值收益，促进农民增收。

另一方面，政府、金融机构以及科研院校在政策支持、技术支持、金融支持等方面向农民、合作社倾斜，同时向与农民建立紧密利益联结机制的公司企业倾斜，促进形成各级单位与合作社、农民的紧密利益联结，全面促进农业发展。同时也可根据产业园重点建设项目的经营主体及经营类型，探索新形势下产业园区企业与农户合作的新模式（专栏4-8）。

专栏4-8　典型园区农民利益联结模式

山东省潍坊市寒亭区现代农业产业园，以“潍县萝卜”和“寒亭西瓜”两个国家地理标志产品为依托，大力推行“合作社＋农户”“企业＋基地＋农户”“协议收购保民收益”等联农带农模式。目前已有60％的农户加入合作社，2018年产业园内农民人均可支配收入达2.8万元。

重庆市涪陵区现代农业产业园，采取“龙头企业＋合作社＋村集体经济组织＋基地＋农户”，建立“一个保护价、两份保证金、一条利益链”的利益联结机制，构建“产业连体、股份连心”的利益共同体，实现了保底分红、二次分红、务工收入的多元化收益。

云南省普洱市思茅区现代农业产业园，以发展有机茶为突破口，打造“普洱思茅有机茶”公共品牌，支持龙头企业积极推行“公司＋村委会＋合作社＋农户”“农民入股＋保底分红”等利益联结机制，充分调动了农民参与产业园建设的积极性和主动性。2018年实现654户建档立卡贫困户利益联结全覆盖，园内农民人均可支配收入达到14 750元，超过当地平均水平30％以上。

六、园区运营机制规划

组织管理机制：完善园区组织管理机构，一是成立现代农业产业园领导小组。主要开展产业园发展顶层设计，指导决策方向目标，做好与各级有关部门协调对接，统筹协调产业园创建工作，负责整体推进。二是成立产业园管理委员会。主要负责园区管理、资金政策、科技人员引进、经营主体管理、各部门协调沟通等综合服务事宜。

土地保障机制：一是科学统筹土地规划，将产业园建设纳入本县（区、市）国土空间开发规划。二是积极做好土地流转和土地整理。三是落实国务院有关现代农业、农产品加工业、休闲农业等农业设施用地政策。四是引导土地经营权参与园区建设，村集体、新型经营主体及农户采用土地经营权入股、现金入股、技术入股等多种方式参与产业园建设。五是盘活利用空闲农房及宅基地，改造建设民宿民俗、创意办公、休闲农业、乡村旅游等农业农村体验活动场所。

科技创新支撑机制：一是积极引智，建立产业园专家委员会，为产业园提供决策咨询和技术经济咨询。二是加强产业园与高校、科研机构之间的合作，建设协同创新平台，保证园区具备先进科技水平和农业生产技术。三是加大科技投入力度，提高科技研发水平和成果转化率。四是完善人才引进和培育政策，建立创新创业服务扶持平台，鼓励大学生、返乡农民工、复员转业军人等到产业园创业就业，在创业资助、项目研发资助、成果转化资助、政策配套资助等方面加大支持力度。

品牌建设机制：一是建立品牌运营中心，深入推进品牌创新工程，加强品牌培育，在企业融资、政府采购、品牌“走出去”等方面扶持园区品牌发展。二是出台扶持政策，鼓励企业创建一批特色优质产品品牌。三是推进质量可追溯体系建设，提升园区加工产品的质量，做强做响区域公共品牌、企业信誉品牌和优质产品品牌。

资金保障机制：一是积极争取国家、省市各级政府财政资金支持，充分整合各类涉农资金用于园区项目投资建设，完善财政资金扶持政策。二是创新新型融资模式，成立现代农业产业园开发投资公司，健全金融中介服务组织体系。三是加大招商引资力度，优化投资环境，落实各类招商引资政策。四是完善税收优惠政策。

参 考 文 献

陈丽娜，孙国兴．2019. 天津现代农业产业园建设现状与对策研究［J］. 河北农业科学，23（6）：9-12，105.

崔永伟．2021. 国家现代农业产业园竞争力研究［J］. 农业经济（2）：16-18.

郭芳芳．2018. 浅析发展现代农业产业园建设面临的问题及政策建议［J］. 河北农业（7）：57-59.

胡江波．2018. 现代农业产业园规划设计方法及实践研究［J］. 农业开发与装备（2）：72，93.

黄家健，张以山．2020. 海南现代农业产业园发展现状及对策研究［J］. 热带农业科学，40（5）：107-113.

李和平，张晓晓．2019. 农户视角下现代农业产业园利益联结机制探析［J］. 农村经济（7）：119-126.

刘清华．2020. 辽宁省现代农业产业园建设现状及对策［J］. 农业科技与装备（3）：65-66.

孙碧荣．2014. 现代农业产业园科技创新的规划实践［J］. 电子测试（5）：134-135.

王梁．2018. 现代蔬菜产业发展规划理论与实践［M］. 北京：中国农业出版社．

许朗，戎耀武，王树进．2020. 现代农业产业园与农业科技园的规划要点比较研究［J］. 农业与技术，40（3）：164-167.

许萍，郑金龙，孟蕊，等．2018. 国家现代农业产业园发展特点及展望［J］. 农业展望，14（8）：25-28.

叶一霏．2020. 现代农业产业园规划设计与打造要点［J］. 世界热带农业信息（9）：41-42.

第五章

休闲农业园区发展与规划

社会经济快速发展加速了城市化进程，导致了长期生活在快节奏城市中的人们生活方式和休闲方式的转变，而以农业资源为基础、以农耕生活为体验的休闲农业园区逐渐成为人们休闲旅游选择的新趋势。休闲农业园区作为一种新型的园区发展形态，融合了农、林、牧、副、渔产业与农村文化生活，它以自然资源为依托，将丰富的农业资源与旅游资源有机地结合，通过发展观光休闲农业，大大提高农业的经济效益，提高农民收益。本章首先阐释了休闲农业园区的概念与特点，其次阐明了休闲农业园区的发展现状和发展趋势，最后提出了休闲农业园区的规划技术要点，以期为休闲农业园区的规划提出指引与帮助。

第一节　休闲农业园区的概念与特点

一、休闲农业园区概念

我国休闲农业出现在 20 世纪 90 年代，是伴随着城市化水平和都市生活水平不断提高而发展起来的一种新型的休闲旅游模式，休闲农业园区是休闲农业发展到一定阶段的产物，政府以“农业结构调整、农业增效、农民增收、农村稳定”为目标，提出了现代农业产业发展思路，希望促进传统农业向现代农业的转变。目前业界对于休闲农业园区并没有一个明确统一的定义，但普遍认为休闲农业园区是以农业为基础和核心，农业与旅游业相结合，集观光采摘、科技示范、休闲度假、农业教育于一体的特殊农业形态。

休闲农业园区是一种新型的园区形态，一种特殊的公园形式，是按照公园的经营模式，以农业生产场所为依托，集合农业种植与生产、农民生活场景、农产品消费、农业观光旅游等内容为一体，实现了经济效益、社会效益、环境效益相统一的综合性园区。休闲农业园区是休闲农业集约发展的载体，在对已有的农业资源进行整合的基础上，不断进行优化、拓展、提升，并形成一种区域化的布局与管理，是我国农业发展与乡村休闲旅游的新途径，也是一种农业旅游的高端形态，在提高农业资源的利用率、拓展农业发展的新途径方面起到重要的作用。

本书中将休闲农业园区定义为：以农业资源为依托、农村生活场景为载体、农村地域文化为特色、休闲旅游为主题，涵盖农业一产、二产、三产融合发展新模式，通过采用公园经营发展理念实现城市与农村融合发展的一种新型现代农业发展形态，实现深度挖掘农业资源潜力、调整农业结构、改善农业环境、增加农民收入的多重目的（图 5-1）。

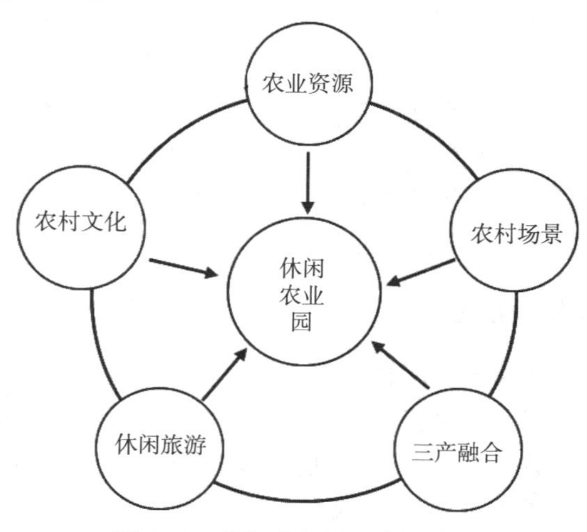

图 5-1　休闲农业园区内涵分析

二、休闲农业园区特点

（一）休闲娱乐性

休闲农业园区是以农业为基础，以休闲旅游为目的，以服务为手段，以城市游客为主要人群，满足人们在农事文化体验、农业观光娱乐、农产品体验采摘、餐饮住宿等方面的功能需求。休闲农业园区规划建设时，在重视对已有农业资源开发利用的同时，注重园区的休闲娱乐性。休闲农业园区主要游客群体是周边城市中的居民，通常利用周末、节假日前来休闲娱乐、亲近自然、放松心情。因此，在休闲农业园区规划设计时要重视休闲娱乐性项目的设计与安排，通过不同功能项目的设置充分激发游客参与的兴趣与热情，提高游客参与度，满足游客放松身心、娱乐心情的需求。

（二）互动体验性

随着人们生活水平及休闲需求的提高与变化，休闲旅游已经从单纯的走马观花式观光游览转变为重视互动性与体验性。休闲农业园区通过设置不同类型的休闲活动项目，重视游客与农业生产过程（种植、采摘、饲养、制作、垂钓等）的互动与体验，让游客通过体验乡村民俗、农耕文化、节庆活动等带来丰富的感官体验与视觉盛宴，提高游客的参与性与积极性。游客在深度参与、互动与体验的过程中提升休闲的价值感，达到放松身心、缓解压力的效果，这也是休闲农业园区运营发展的重要支撑点。

（三）功能综合性

休闲农业园区的发展结合农业与旅游业，是一种综合性很强的园区类型，在产业上涵盖了一产种养殖、二产加工、三产服务 3 种产业类型，形成一二三产相互融合联动发展的新型产业模式；在范围上集中体现了农业生产、农民生活以及农村生态建设；功能方面，休闲农业园区集中体现了“农业＋休闲旅游”的模式，包含了休闲、观光、体验、研学、康养、住宿、展示等多种功能；生态景观方面休闲农业园区包含了生态化的田园风光、园林化的农业景观，体现出人与自然和谐发展的模式。在园区类型划分上，不同的划分标准下又有不同的园区类型（图 5-2）。

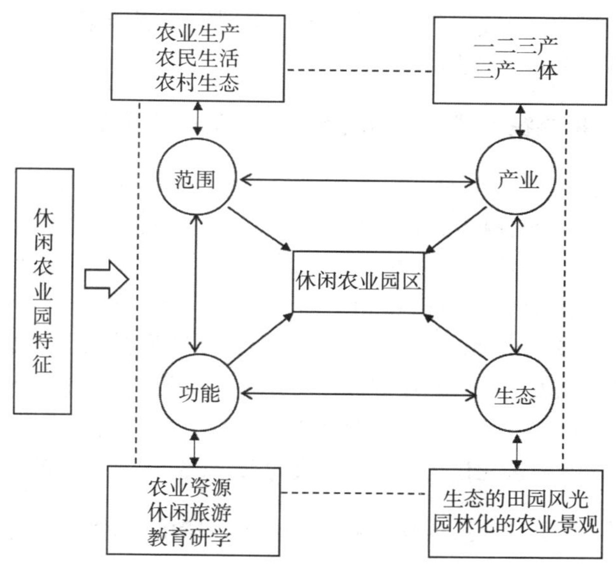

图 5-2　休闲农业园区特点示意

三、休闲农业园区发展意义

（一）调整农业产业结构的重要途径

休闲农业园区逐渐成为一种新型产业形态和消费形态，作为休闲农业发展的一个方向、载体，对传统农业的发展、旅游资源的拓展，具有十分重要的意义。传统单纯以粮食生产为目的农业产业发展已经不适应新时代农业发展的要求，而休闲农业园区的发展，通过整合并充分利用现有的农业资源，进行科学合理的规划农业发展项目，并融合了农业一产、二产、三产的发展，有利于调整优化农业产业结构，转变农业经济发展方式，形成农业规模化经营、标准化生产。同时，由于休闲农业园区具有涉及范围广、产业链完善、带动示范作用强、影响力大等特点，除了能带动农业种植的发展外，同时能延伸带动农产品加工、商贸物流、农产品运输、餐饮旅游等相关产业的发展。总体上，休闲农业园区的建设，在调整优化农业产业结构，促进农业转型升级，实现农业资源集约化发展方面发挥着举足轻重的作用。

（二）拓展农民就业、增加农民收入的主要渠道

休闲农业园区作为一种囊括 3 个产业的农业发展模式，改变了原有传统单一的种植模式，并逐步成为挖掘整合农村资源要素、推动农村一二三产业融合发展、增加农民整体收入的有利推手。在利用农民手中拥有的生产资料、生活资料的基础上，通过合理调整农业产业结构、科学合理配置农业产业资源，开展乡村旅游、农耕体验、餐饮服务等相关项目，不仅有助于吸纳农村劳动力资源，开拓农民就业新渠道，增加农民收入，同时拓展了农业发展空间、提升了农业经济和扩展了农业多元化功能，逐步成为农村经济发展中新的增长点。

（三）实现农业现代化、推动乡村振兴战略的重要载体

休闲农业园区涵盖了农业生产、农业旅游、农产品消费，是一种新型农业发展模式。一方面有助于将农村的自然资源、人文资源与公园发展模式相结合，发挥资源的综合利用价值；另一方面将农业与旅游业进行深度融合发展，同时带动其他相关产业的发展。休闲农业园区的发展将分散的农户和零散的农业生产进行整合，促进农民合作组织与社会投资之间的合作共盈，从而形成新的产业集群，带动农民增收致富，助推农业现代化发展，从而有利于助推乡村振兴战略的实施。

（四）实现城乡融合发展的重要依托

休闲农业园区是实现城市与乡村、城市居民与农村居民、休闲业与农业联系与发展的桥梁与纽带，是一种开放的、复合的新型产

业。一方面，发展休闲农业园区能为城市居民提供亲近自然、走进农村、了解农村、体验农村田园风光的机会；另一方面也能给农业资源带来新的发展机遇，为农村、农民、农业的发展带来人流、物流、信息流、资金流。同时，随着城市居民到农村观光、休闲、旅游，也能将城市文明、生活理念与方式带入到农村，影响和改变农民原有的生活观念和生活方式。因此，发展休闲农业园区，有利于缩小城乡之间的差距，形成城乡互动发展，最终实现城乡之间融合发展。

第二节　休闲农业园区的发展现状

一、休闲农业园区发展历程

休闲农业园区、农业公园最早集中在欧洲、北美、日本等地区和国家，发展比较成熟，有着悠久的发展历史和文化积淀。我国观光休闲类农业的发展起源于 20 世纪 80 年代，虽然起步晚，但经过 30 多年的发展，已经逐步从单一的农业旅游方式逐渐演变为多领域、多渠道、多元化的集休闲、旅游、观光、康养、度假等多功能于一体的现代农业发展新形态和旅游发展新业态。

我国休闲农业的发展，可以概括总结为以下 4 个阶段：萌芽阶段、起步阶段、快速发展阶段和高质量发展阶段。

（一）萌芽阶段（1980—1990）

改革开放以后，我国农业发展进入了一个新的阶段，农业产业结构逐渐发生改变，农业生产力不断提高，全国各地也开始举办与农业相关的休闲类活动。其中比较有名的是北京举办的西瓜节、桃花节等农业节庆活动，吸引了城市周围的人们前来参与、体验休闲农业活动。在这一时期，休闲农业呈现出点状分布的特点，但在功能布局、园区特色、产业发展等方面还存在很多不足。

（二）起步阶段（1990—2000）

随着城市化进程不断加快，人们生活水平不断提高，生活观念和消费观念也在逐渐改变，处在城市周围农村地区的农业资源和农业景观也逐渐成为城市居民休闲游览的重要内容。于是，城市周边的农村以及农户利用独特的农村自然风光和特色农产品资源，发展农业休闲旅游项目，在这一阶段逐渐形成了农事活动体验、农产品采摘、品尝农家乐等形式的农业休闲活动。

（三）快速发展阶段（2000—2010）

随着国家对“三农”问题的重视，农业发展步入快速发展阶段，各类休闲农业园区、休闲农庄、农家乐如雨后春笋般出现。在这一阶段，中国休闲农业迅速发展、异彩纷呈。与此同时，农业休闲的种类方式也多种多样，由原来的注重农事体验、农产品采摘的形式逐渐发展为农业休闲娱乐、旅游观光、康养度假、科普教育等多形式多功能的农业休闲方式。

（四）高质量发展阶段（2016 年至今）

“十二五”规划以来，我国休闲农业取得了长足发展，呈现出“发展加快、布局优化、质量提升、领域拓展”的良好态势，已经成为我国经济社会发展的新亮点。从 2016 年到 2019 年，中央 1 号文件连续 3 年提出了发展创意型农业，使创意农业成为繁荣农村经济、富裕农民的新型支柱产业。休闲农业的发展满足基本功能需求的同时，更加注重创意与科技元素。在这一阶段，休闲农业以科技为先导、以创意为核心，不断突出农业的科技与创意、主题与特色，休闲农业逐渐转向创意农业发展、高质量发展阶段。

二、休闲农业园区发展类型

休闲农业园区类型的划分受其所在地的地域特征、经济条件、民俗风情、区域环境等综合因素的影响，导致休闲农业园区无论在发展模式、建设内容还是表现形式方面都有很大差异性，因此也很难有一个统一的固定分类标准。目前，我国对休闲农业园区的分类多从休闲农业园区所处的地域特性、开发内容、资源属性、主要功能等方面进行分类。本书对休闲农业园区的分类主要从地域模式、经营主体、产业类型、功能类型、资源属性五大方面进行分类（表5-1、专栏5-1）。

表5-1　休闲农业园区类型一览表

分类依据	主要类型	特点
地域模式	依托城市型	依托在地理位置、资源特色、产业发展、政策引领等方面具有优势的城市
	依托景区型	依托某一景区资源，结合自身优势资源开发建设
	依托传统农业型	农业资源优势明显、农村生活场景丰富、民俗文化多姿多彩
经营主体	农民	以种养殖大户为主体，园区规模较小、功能设置相对单一
	村集体	村委牵头，农民自愿参与，通过土地流转、规模化标准化生产，建设以一产为主的休闲园
	私人企业	企业投资，在园区投资、功能、配套、运营等方面都比较完善
	政府	形成政府牵头，企业＋园区管理委员会的运行模式，园区规模、产业、运营保障等方面都很健全
	科研院所、大学、事业单位	园区为非盈利性质，注重对新品种引进、培育、推广、示范，同时兼有休闲观光功能
产业类型	种植园	以一产种植为主，具有现代化农业种植、展示、试验、科普、观光等功能
	牧业园	集农牧业种养、农牧产品加工、农牧业科普展示、农事活动体验等特色
	渔业园	以水产养殖、科普、展示、休闲观光、垂钓等为主题特色
	副业园	以地方工艺特色为依托，以工艺品制造展示、参与体验为主题

（续）

分类依据	主要类型	特点
功能类型	观赏型	以游览观赏为主，重视视觉上的感官体验
	参与型	以参与农业活动、体验农耕乐趣为特色
	度假型	利用不同农业资源、景观资源形成以观光度假为主题的园区特色
	科普型	以农业资源为依托进行科普、教育、展示
	节庆会展型	以农业生产工具、农村风俗文化、手工艺品等的参观展示为主；借助已有资源优势，通过打造农业、农俗、农事、节气文化等相关主题活动，吸引游客
	康养型	借助农村田园风光，以康养需求为导向，开发康养休闲项目
资源属性	资源特色型	依托地域特色资源（自然环境、农业、地质地貌、气候、动植被资源等）
	文化特色型	依托区域文化资源（农耕文化、民俗风情、古迹遗迹、名人事迹等）

专栏 5-1　马泉创意农业休闲园

马泉创意农业休闲园位于山东省临沂市沂南县铜井镇马泉山，国家4A级景区，是一个集林果生产研发、农业科技试验示范、生态旅游养生等多种功能于一体的创意休闲农业园区，主要以樱桃种植为资源特色型休闲农业园区。园区发展坚持创意农业理念，采用先进农业生产种植技术，实现科技与农业之间深度结合，成为现代农业的典范。目前园内建有民俗展览馆、农耕文化展览馆、休闲采摘园 3 个重点项目；种植大樱桃、甜柿、核桃等果品 10 万余株；建成温室10 000平方米，栽植名、优、特桂花树1 000余棵，珍稀古树 160 余棵；放养日本锦鲤 2 万余尾，养殖孔雀、天鹅等多种名贵观赏动物。另设木屋别墅、慢时光咖啡屋等配套服务设施。

三、休闲农业园区存在问题与对策

（一）存在问题

1. 规划设计方面　当前我国很多休闲农业园区的规划建设，缺少前期立项调研，在没有充分调研当地农业特色、市场需求、游客类型、游客消费能力等内容的基础上盲目跟风建设，部分休闲农业园区的建设因缺乏实际支撑而走上落败，最终导致了各种资源的浪费。

另外，休闲农业园区的建设大多是以企业和农民自发建设为主，导致休闲农业园区往往在缺乏科学论证、统一整体规划的情况下开工建设，建设过程中遇见问题后再进行规划设计。此外，在缺少系统专业规划的情况下，盲目投资建设的休闲农业园区存在市场定位不准确、功能设施不配套、产业结构单一、简单效仿、粗放经营等问题，最终导致休闲农业园区不能长足有效的存在并发展。

2. 品牌营造方面　很多休闲农业园区规划设计前期，盲目跟风、简单效仿，对地域文化资源挖掘力度不够，导致很多休闲农业园区无论是在发展模式、布局形式，还是项目设置方面立意不鲜明、特色不突出、品牌不明确，遍地雷同现象严重。大多数休闲农业园区处在较低级的开发建设阶段，缺少精品休闲农业园区，不能充分满足游客深层次的休闲体验、观光游览的需求。

休闲农业园区品牌建设往往落后于园区规划建设，通常在园区建设完成后在运营阶段考虑园区特色与品牌建设工作。在品牌营造过程中同样存在特色不突出、盲目抄袭效仿现象，甚至很多休闲农业园区没有自己品牌，在市场发展中定位不明确、特色不突出，随波逐流。

3. 运营管理方面　休闲农业园区是伴随着当地经济发展过程中自发形成的一种农业发展新模式，缺乏规范有序的休闲农业市场监管，存在经营管理不规范、机制建设不健全、发展无序、建设混乱、质量参差不齐等多种问题；同时休闲农业园区在运营发展过程中由于缺乏科学的经营管理手段和专业的技术人员，导致很多休闲农业园区经营水平低下、服务设施落后、园区功能模式单一，外加受旅游淡旺季的影响，很大一部分园区存在效益低下、难以维持营运的状况。

（二）相关对策

休闲农业园区在规划建设过程中，要以农业供给侧结构性改革为指引，结合项目实际情况，准确把握园区建设功能定位，挖掘休闲农业园区特色，树立品牌意识，突出园区特点，满足消费群体的需求，保证休闲农业园区合理、健康、有序的发展。

1. 统筹规划设计，提升规划建设水平 首先，在休闲农业园区建设方面，要做到规划先行，要强化规划意识，做到起点要高、内涵要深、主题鲜明、特色突出、分区明确等。加强规划的设计统筹引导，将休闲农业园区的规划设计纳入区域总体规划范围，并符合国家休闲农业、现代农业发展的总体策略。明确园区发展的目标和任务，把握功能定位以及主题特色，保证休闲农业园区规划设计有清晰明确的脉络骨架。

其次，休闲农业园区规划建设前期要开展充足的市场调查研究，找准市场定位，明确主要消费群体，确定农产品类型、产业发展模式等主要内容，有针对性地进行规划建设，满足游客吃、住、行、游、购、娱、学等综合性游览需求，提升游览的适宜性与价值性，提升园区综合竞争力。

2. 基于资源优势，形成特色品牌建设 休闲农业园区的规划建设，要立足于本地的实际情况，基于园区已有资源禀赋和地域文化特征，在整合优化资源的基础上充分挖掘地域内自然文化资源、人文景观资源以及农业资源要素，总结出园区发展的资源特色，提炼出园区发展的文化符号，并运用到园区整体规划设计与形象展示中，形成独特的文化品牌效应，打造精品化、独特性的休闲农业园区，使其成为休闲园区的样板示范区、景点展示区。

品牌建设在休闲农业园区规划设计阶段就要综合统筹考虑，并作为其中一个核心环节进行。在园区建设、品牌塑造方面要注重品质追求，做足文化建设，凝练主题，彰显特色，建设特色鲜明、品牌明确的休闲农业园区，发挥品牌联动效应，进一步促进城乡融合发展。

3. 规范发展市场，健全管理体制　建立健全一套关于休闲农业园区发展的政策法规，涉及用地、工商管理、税收、安全等方面，形成一套健全合理、切实可行的全国休闲农业园区行业标准，保证登记注册、总体规划、农业生产、旅游管理、食品安全、环境保护等方面具有明确的检查监督机制。

建立完善的休闲农业园区经营管理体系，成立休闲农业园区组织管理机构，引导休闲农业园区科学规划、自主创新、提升实力、规范经营，形成强有力的核心竞争力。同时，要加强基础设施建设，构建功能齐全、服务优良、特色突出的园区服务设施体系，不断提升服务质量，满足不同游客的游览需求，为吸引更多游客到来打好基础。

第三节　休闲农业园区规划技术要点

一、发展思路

休闲农业园区规划总体指导思想要以乡村振兴为契机，以区域内农业资源为依托，以提升区域产业资源与生态保护为核心，以市场需求为导向，以农产品生产与消费为载体，以满足人民休闲娱乐为目的，塑造出田园精美、主题突出、功能多样、特色鲜明、产业明确、配套齐全的园区发展模式。休闲农业园区是一种高度综合的园区类型，包含景观生态学、人文地理学、乡村社会学、环境行为学、建筑学、美学等专业学科。在总体指导思想的引导下，园区规划设计要考虑对农村景观资源的挖掘与利用，要注重对园区生态环境的保护与开发，综合利用园区所在地自然地理环境、水文地貌条件、气候资源、植被资源、建筑物构筑物等，进行合理有序的规划（专栏 5-2）。

专栏 5-2 老猫窝茶语文化生态园

老猫窝茶语文化生态园位于山东省临沂市沂水县院东头镇，园区规划思路以乡村振兴为契机，充分发挥企业主导优势，以玲珑有机山茶为主导产业，塑造精美田园景观，大力发展休闲农业，拉伸产业链条，揉入休闲康养功能，带动三产深度融合；通过合作社带动周边村民共同致富，实现院东头镇乡村产业振兴，助推院东头镇乡村旅游升级发展，打造临沂市乡村振兴沂蒙高地的“沂水典型”。

二、规划原则

休闲农业园区规划总体上要遵循两大原则：宏观层面，要符合所在区域内农业农村发展政策、旅游发展策略，实现促进农村资源利用、农业经济发展及改善生态环境的作用；微观层面，园区主题要突出、特色要鲜明、内容形式要丰富，满足游客休闲、游览、观光等方面的需求。具体原则有以下几方面：

（一）生态优先与绿色发展原则

休闲农业园区的规划建设应始终坚持生态优先与绿色发展的原则，要以保护区域内原有生态系统与生物链稳定、促进区域资源绿色发展为前提，在尊重已有自然要素及人文要素的同时，以较少人工干预进行适度开发建设，打造环境友好型、资源节约型的休闲园区，实现园区生态、绿色、健康可持续发展。

（二）因势利导与因地制宜原则

休闲农业园区规划要因地制宜地考虑园区所在区域的自然环境、地形地貌、人文历史、交通区位、产业基础等实际情况，避免低水平的重复建设，提高园区规划建设的综合水平及竞争力。同时，因势利导、因地制宜地进行园区规划建设也是降低建设成本、提高建设效率的最重要措施与途径，也体现了建设的经济适用性。

（三）明确主题与突出特色原则

休闲农业园区的发展主题及特色性是园区的立足之本，也是其保持长久不衰的重要支撑。因此，休闲农业园区规划要充分考虑园区所在区域的地域、文化、资源等特征，明确园区发展主题与特色所在。通过利用并挖掘已有资源特色，确定出园区发展优势，选好发展的突破口，通过合理设置特色项目并借助已有文化、遗迹、景点等资源要素，增强园区发展的核心竞争力。

（四）以农为本与农旅结合原则

休闲农业园区规划要在充分尊重农业产业功能的基础上，合理开发利用农业旅游资源和土地资源，以农业旅游休闲项目、农业配套商业项目、农业旅游地产项目为载体，拓展农业旅游功能，建成整体服务品质较高的农业旅游休闲聚集区，创优品牌形象，提升园区吸引力与知名度。

三、目标定位

通过把握园区建设发展机遇以及正确评估现状条件，确定休闲农业园区发展的战略定位和发展目标。明确园区自然资源与人文资源特征，突出园区发展的主题特色产业，明确园区发展方向、主要功能、发展模式、愿景目标等；同时园区发展目标也要对接国家、省以及地方发展的总体要求，结合城乡融合发展，提出分期建设目标（专栏5-3）。

专栏5-3　沂蒙花语谷休闲农业园

沂蒙花语谷位于山东省临沂市沂水县沂城街道全美官庄村，规划总面积2 169亩。依据项目具有的资源优势、市场需求、发展特色等，将园区总体发展定位为“生态宜居宜业，山水林田交融的沂蒙花鸟主题旅游胜地”；形象定位为“山水田园居，休闲康养地”；具体功能定位为绿色农业生产、田园养生度假、农业创新创业、农耕文化体验的样板示范区。

四、功能分区

休闲农业园区属于综合性园区，具有多样性功能，在进行功能分区规划时要综合考虑园区主题定位、发展特色、产业特征、消费群体、市场需求等多方因素，合理组织各功能系统进行总体规划布局。既要突出不同分区的主题特点，同时也要考虑到不同分区之间的联系，做到各功能分区之间相互补充、联动发展，共同组成一个完善的功能空间布局系统。

不同主题的休闲农业园区功能分区设计也不尽相同，但通常情况下休闲农业园区规划设计需要包含以下四大功能区：综合管理服务区、农业生产示范区、休闲观光体验区和科普教育研学区。在包含这些基本分区的同时，结合园区实际发展需要再增加相应的功能分区。

(1) 综合管理服务区　综合管理服务区以游客信息服务、登记住宿、休闲娱乐、园区管理、产品展销、停车服务等功能为主，通常设在园区主入口区域，是园区整体运营管理服务的核心区域。

(2) 农业生产示范区　农业生产示范区通常包含农业大田景观展示、农产品生产加工、智慧农业科普展示等主要功能，为游客提供农业景观观光游览、农产品加工制作过程展示、农作物生长习性科普、农业管理技术培训等内容，是园区农业发展的重要载体。

(3) 休闲观光体验区　休闲观光体验区主要功能是满足游客的休闲体验、观光游览需求，通过设置休闲景观节点、亲子活动体验空间、儿童活动空间、农事参与活动场地等内容，实现游客与节点项目之间的深度体验与互动，达到放松身体、愉悦心情的目的。

（4）科普教育研学区 科普教育研学区以为游客提供农业科学知识、农耕历史文化、生态环保理念科普、农事体验活动为主要功能，充分利用农业种植业、养殖业、农产品加工业、农业生态环境及乡村民俗文化等资源来规划建设科普教育研学基地，以通俗易懂和趣味参与的方式普及自然科学、农业生产和生态环境知识（专栏 5-4）。

专栏 5-4 花田谷休闲农业园

花田谷休闲农业园位于江西省宜春市上高县蒙山镇，规划用地面积 472 亩。规划依托项目区良好的生态环境及养生资源，结合上高县地区丰富的文化，根据“美丽乡村”的设计理念，以生态环境为支撑，以观光旅游为发展引擎，以花卉、苗木为发展核心，乡土田园农业规划设计院规划打造一个集花海观光、农事体验、科普教育、养生度假、婚庆体验、运动休闲、科技示范七大功能于一体的现代农业观光休闲园。主要划分为综合接待服务中心、休闲度假体验区、花卉迷宫体验区、七彩花卉体验区、湿地花园体验区、葡萄观光体验区、火龙果自采体验区七大功能分区。

五、节点布局

休闲节点是休闲农业园区主题功能实施与展示的载体，也是各功能分区之间相互串联的纽带。在对节点进行规划时，要依据功能分区，结合总体景观结构，合理进行节点布局，做到节点主次分明、分布均衡。在节点的打造与环境营造方面，要融入地方文化资源、农业资源以及乡土植被资源，凸显园区特色。此外，节点设计要考虑不同年龄段群体需求，合理安排儿童、青少年、成年、老年人的节点空间，满足不同层次游客休闲娱乐的需要，重视游客的游览体验，提升游览的舒适性（专栏 5-5）。

专栏5-5 兰陵国家农业公园

兰陵国家农业公园位于山东省临沂市兰陵县代村，是国家AAAA级旅游景区，规划占地面积2万亩，现已开发建设1万亩，是山东省唯一被命名为国家农业公园，是规模最大的生态农业旅游庄园。

园区将传统农业与现代农业相结合，同时融入人文历史、农耕文明，生动展示了兰陵作为“中国蔬菜之乡”“山东南菜园”的美丽画卷。首先建设了10万平方米5个大型智能温室和数百个冬暖式大棚，打造了“四季如春，常来常新”和“一园揽四季，一日跨千年”主题现代农耕文化奇观。

总体规划为10个功能分区，分别是：农耕文化及科技成果展示区、现代农业示范区、花卉苗木展示区、现代种苗培育推广区、农耕采摘体验区、水产养殖示范区、微滴灌溉示范区、民风民俗体验区、休闲养生度假区和商贸服务区。园区内重点设置了农展馆、农耕文化广场、华夏菜园、锦绣兰陵、农科蔬苑、湿地公园、热带雨林馆、沂蒙山农耕博物馆、竹林水岸、新天地游乐场等重点项目。先后改造提升了5万平方米智能温室，已经对外开放，中国知青园和光伏发电也将投入建设。

六、基础设施

休闲农业园区基础设施设计主要包含道路系统、给水工程、排水工程、电力系统、电信工程及服务设施6个方面。

（1）道路系统　园区道路规划要结合地形地貌、功能分区、节点设计进行合理地系统规划。以顺应地形、自然弯曲的道路为主，结合本地石材、碎石材料，形成园林式的道路规划系统。

（2）给水工程　给水工程规划遵循优水优用、低水低用的分质供水原则，要明确给水水源地，在水利条件良好的区域布置给水管线；合理划分给水分区，给水管道采用地下敷网的形式，合理设置给水干管与支管的分布，并标明取水位置及管径大小。

（3）排水工程　园区排水工程主要包含雨水及污水工程规划两方面，采用雨水与污水分流体制，明确划分雨水与污水排水区，汇水分区尽可能与周边的河湖、沟塘、市政排水管道相结合，形成便捷有效的园区排水工程系统，实现统一收集、统一处理。雨污水、排水管道的敷设应充分结合现状条件和自然地势，做到高水高排、低水低排，尽量减少污水提升量。

（4）电力系统　园区电力系统规划要明确与园区外高压电网接通的具体位置，确定园区内变压站点、电流、电压以及电路的长度和总体布局。线路敷设应尽量减少交叉、跨越，避免对弱电产生干扰，电力线路尽量沿路地下埋设。

（5）电信工程　园区电信线路采用光缆传输和接线箱两种方式，电信线路敷设方式为地下通信电缆，沿主次干路敷设电信管道，电信管道应考虑对接周边地区的电信需求。

（6）服务设施　园区服务设施一般包含园区的出入口、停车场、管理服务中心、餐饮点、休憩点、洗手间、垃圾箱等基础性服务设施。这些设施的布置原则是位置合理、设计明确、方便寻找，每种设施要满足基本的服务半径需求，同时根据人流数量多少进行适当的增加或减少。

七、景观环境

休闲农业园区中景观环境设计要综合考虑自然环境及人文景观两大方面因素。自然环境要素主要包含区域内大气、水、土壤、生物、地形地貌等；人文环境要素主要包含物质文化资源及非物质文化资源两个方面。物质文化资源主要指建筑、道路、基础设施等，非物质文化要素是民俗风情、文化传统、礼仪道德等要素。休闲农业园区景观环境设计总体上应遵循区域内自然环境要素，顺应区域环境发展规律，同时对人文景观要素进行合理开发、利用、建设、传承，使园区景观环境建设符合地域特色，具体如下：

①对景观环境进行总体规划时，既要尊重场地已有的自然环境

特征、地形地貌、植被树种等基础要素，做到顺势而为，又要注重突出地方特色，注重乡土文化的体现与延续。

②注重挖掘场地内的文化景观资源，将风土人情、农事活动、农具使用与展示、民俗文化、古迹名胜等作为园区景观设计的人文要素，融入到园区景观环境的打造与设计中，在提升园区景观文化内涵的同时也起到传承并发扬地方文化的作用，为游客留下深刻的印象。

③重视园区内植物配置设计及整体绿化空间的营造，多选用当地乡土树种。不同功能分区选用不同的骨干树种，合理搭配乔木、灌木、地被以及观花、观果、观叶植被，形成主题突出、季节变化鲜明的植被绿化效果。

参 考 文 献

邓青霞 . 2018. 基于“三产融合”理念下的休闲农业园区规划建设［J］. 住宅与房地产（30）：209.

付华，吴雁华，穆建怡 . 2007. 中国休闲农业的特点、模式与发展对策［J］. 中国农学通报（12）：442-446.

官方毓 . 2018. 现代休闲农业园区规划设计研究［D］. 银川：宁夏大学 .

郭绯绯 . 2018. 观光农业园景观设计研究［J］. 乡村科技（21）：52-53.

韩旭，李赛峰 . 2018. 我国休闲农业园区规划理论相关问题探讨［J］. 现代园艺（13）：30-31.

李萌，柴多梅，白春明，等 . 2016. 基于农村一二三产业融合理念的农业园区规划——以中牟国家农业公园为例［J］. 绿色科技（24）：149-151.

马跃 . 2017. 地域视角下的休闲农业园区规划设计研究［D］. 长春：吉林农业大学 .

乔木 . 2018. 休闲农业园区规划设计探讨［D］. 合肥：安徽农业大学 .

乔迁 . 2018. 泰山乡村旅游休闲农业园区规划设计研究［J］. 城市建设理论研究（电子版）（29）：20-21.

宋兵 . 2021. 浅谈现代都市农业园区规划设计［J］. 现代园艺，44（9）：108-110.

王君 . 2021. 地域文化视域下的休闲农业园区景观设计［J］. 建筑经济，42

（4）：149-150.
易舒，唐贤巩 . 2019. 体验视角下休闲农业园区规划设计研究［J］. 乡村科技（4）：64-65.
尹子豪，胡涛，万紫薇，等 . 2019. 乡村振兴背景下的休闲农业产业园规划设计研究［J］. 江西农业（18）：75-76.
张蕾 . 2017. 体验经济下的休闲农业园区开发建设研究［D］. 北京：北京建筑大学 .
周维 . 2015. 国家农业公园发展模式初探［J］. 旅游纵览（下半月）（12）：45，47.

第六章

田园综合体发展与规划

田园综合体是集现代农业、休闲旅游、田园社区于一体的乡村创新综合发展模式，并于2017年2月5日，作为乡村新型产业发展的亮点措施被写进中央1号文件。田园综合体在产业构成上被定义为是集循环农业、创意农业、农事体验于一体的农业综合发展模式。借助创意思维逻辑和发展理念，有效地将科技、人文和文化要素融入农业生产，进而整合资源拓展农业功能，达到既能满足游客的观光体验，又能受益于原住居民，吸引外来游客的目的。本章从田园综合体的内涵、特征、发展历程、发展模式，以及田园综合体的规划要点等方面入手，以期为推动田园综合体发展与规划提供参考。

第一节　田园综合体的内涵及特征

一、田园综合体的内涵

“田园”一词，包括三层含义：①田地和园圃（fields and garden）的简称；②泛指农村，从所在地的角度，田园就是乡村（countryside）；③从意象角度讲，描绘风光自然的乡村时用“田园”（pastoral），尤其采用理想化和习俗化的方法，即中国传统文化中所讲的“田园意象”。

综合体（complex）源于城市综合体（urban complex）。当人口聚集、用地紧张到一定程度时，首先会在城市聚集体的核心部分出现城市综合体这样一种综合形态，它是城市发展到一定阶段的产物，是一种新的商业空间形式，强调商业、服务与休闲等多功能集聚。而后续出现的商业综合体、旅游综合体、农业综合体等概念，都是从城市综合体衍生和借鉴而来。

“田园综合体”最早由张诚（2012）在《田园综合体模式研究》一文中提出。基于对城乡二元问题的认识，他将田园综合体阐述为“农业＋文旅＋地产的综合发展模式”。他认为解决城乡二元问题的物质差异要靠发展产业，现有可行的产业包括农业和旅游业，而农业增加值有限，旅游业应该成为驱动性产业；同时通过旅游解决文化差异，把城市人和乡村人在空间上混合起来，这样三者可对应现代农业、文旅产业和田园地产。这与近年来国家层面所提的田园综合体在形式上有一定相似性，但导向上则存在根本差异：一方面，这是一种大型资本主导的商业开发模式，和田园综合体所倡导的以农民合作社为载体不同；另一方面地产开发的介入对这一模式的性质和发展方向可能会产生根本性的影响。

国家层面上的田园综合体最早出现于2017年中央1号文件中，表述为“支持有条件的乡村建设以农民合作社为主要载体，让农民充分参与和受益，集循环农业、创意农业、农事体验于一体的田园综合体”，这是中国政策文件首次阐述田园综合体的概念。虽然文件的主题主要是关于农业供给侧结构性改革，并未完整阐述田园综合体的概念内涵，但随后的“宜居宜业的特色村镇”解释中又说明了田园综合体是特色村镇的一种类型，它同其他特色村镇一样首先应该具备“农业文化旅游三位一体、生产生活生态同步改善、一二三产深度融合”的共性。

综上所述，可将田园综合体理解为一种新的乡村空间形态。从业态来看，它是集循环农业、创意农业、农事体验、文旅休闲于一体的一、二、三产业融合的新型业态；从功能来看，它以农业产业集聚为主导，同时具备乡村旅游等多项功能；从田园意象来看，它描绘了一幅恬淡浪漫的田园图景，是乡村性、地方性和创造性的体现。

二、田园综合体的特征

“田园综合体”是中国关于乡村发展的新发展理念与模式，它具有以下几个特征。

1. 突出农民主体地位 田园综合体最基本的价值取向是以农民最高利益为出发点，通过以现代农业为基础发展新业态、新环境与新社区，充分带动三产融合发展，同时突出农民主体地位，鼓励社区充分参与、增收致富，改善生活环境，培育乡村自身的造血机制，强化乡村发展的内生动力，真正实现乡村振兴。田园综合体通过顶层设计经济平衡的制度安排，推动产业振兴，改善生态环境，促进传统文化的自觉与自醒，让农民获取充分收益与尊严，从而留在乡村、发展乡村。由此，乡村的兴旺开始促进农民工回流，实现就地就近就业，推动新型城镇化的发展，实现城乡统筹均衡发展。构建田园综合体，可以保障农民的话语权、主体性和收益性。田园综合体可借助外力发展，但其出发点应该是与当地农民可持续的互助共赢，并要警惕外来资本对乡村资源掠夺式的开发，进而导致生态环境的透支破坏、乡村风俗和乡土遗存的过度改变、社区居民利益的边缘化。

2. 农业产业主导 田园综合体不同于其他乡村发展模式的重要特点是坚持农业的基础地位，无论是粮食生产区以点带面的田园综合体，还是经济作物产区小而精开展种养的田园综合体，农产品生产加工创造价值仍然是田园综合体发展的持久动力。循环农业、创意农业及休闲农业落脚点都在农业，一二三产业的链条延伸应该围绕农业生产展开，既提升农业附加值，也把流量导入农产品产销。虽然文化、旅游可在田园式的乡村空间中开展，但不能代替农田的生产属性，这是有别于农业旅游、乡村旅游的判断指标。

3. 以合作社为主要载体 农民合作社是田园综合体的主要产业承载者，是提供服务、组织资源、分配利益、协调各方的关键环节。在农民合作社为主要载体的基础上，探索务实高效的管理结构和其他个体参与的多样形式，是田园综合体的组织形式特征。田园综合体的发展主体不仅包括农民合作社，还涉及政府、企业资本、专家学者等，他们都对田园综合体的建设、运行至关重要。但是，田园综合体在发展过程中，应尽可能避免企业主导，因为企业容易把自身的资本收益放在优先地位，不顾农民利益和社会、生态效益，且农民个体分散发展受制于小农思想和资本技术局限，无法实现现代农业升级、产业链全面拓展、三产充分融合。因此，将农民合作社作为主要载体，既是保障田园综合体实现正确价值取向，又是创新农业产业模式的制度设计。

第二节　田园综合体的发展现状

一、田园综合体的发展历程

2017 年 2 月 5 号的中央 1 号文件首次从国家层面提出田园综合体概念，并将其视为推进农业供给侧结构性改革的重要抓手。随后，国家与地方出台了诸多政策与规范，助推了各级田园综合体的快速发展（表 6-1）。

表 6-1　国家关于田园综合体发展的政策与规范

时间	政策（规范）	机构	关键词
2017.02	《中共中央、国务院关于深入推进农业供给侧结构性改革　加快培育农业农村发展新动能的若干意见》	中共中央国务院	农业供给侧结构性改革
2017.05	《关于开展田园综合体建设试点工作的通知》	财政部	田园综合体试点
2017.06	《关于做好 2017 年田园综合体试点工作的意见》	财政部	田园综合体试点
2017.07	《关于开展田园综合体建设试点工作的补充通知》	国家农业综合开发办公室	田园综合体建设试点
2021.05	《关于进一步做好国家级田园综合体建设试点工作的通知》	财政部	田园综合体建设试点

2017 年第一批国家级田园综合体试点项目共 11 个，涉及山

东、广西、四川、重庆、河北、山西、福建、海南、陕西 9 个省份，其中海南拥有 2 家国家级田园综合体（表 6-2）。从已公布的国家级田园综合体试点来看，各省情况不一、各有特点，总体上体现出“综合开发”的特征，其范围、规模比传统的涉农园区更广，要求成片开发、整体开发，投资力度较大，从 4 亿到 17 亿元不等，需要撬动社会资本，统筹建设发展。从规模上来看，面积最大约 10 万亩，最小约 3 万亩。农业产业主要以园艺作物（蔬菜、花卉、林果）为主，少部分以小麦和水稻为主。从地域空间看，第一批国家级田园综合体试点项目大多集中在自然资源禀赋较好的省份。

表 6-2　第一批国家级田园综合体试点建设情况一览表

序号	省份	项目名称	主导产业	空间结构	重点项目
1	广西	南宁市西乡塘区“美丽南方”田园综合体	休闲都市农业	一轴两翼三带八区	沿 005 县道的园区交通和发展主轴；南翼侧重发展创意农业、农事体验、精品农业，北翼重点发展特色高效农业、生态康养农业；精品农业体验带、生态乡村体验带、自然风光体验带；创意农事体验区、智慧农业展示区、高效农业集中区、特色养殖集聚区、加工物流集散区、循环农业示范区、传统村落保护区、生态农业康养区
2	四川	成都市都江堰田园综合体	粮油蔬菜产业	四园三区一中心	综合服务中心；灌区农耕文化体验区、农产品加工物流区、川西林盘康养区；红心猕猴桃出口示范园、多彩玫瑰双创示范园、绿色蔬菜示范园、优质粮油综合种养示范园
3	重庆	忠县三峡橘乡·田园综合体	果品、花卉	一镇三廊四区	柑橘特色小镇；橘乡人家风情廊道、环青龙湖慢行廊道、田园马拉松廊道；智慧柑橘示范区、柑橘文化博览区、橘乡荷海休闲区、三峡花卉植物园区

（续）

序号	省份	项目名称	主导产业	空间结构	重点项目
4	云南	保山市隆阳区田园综合体	蔬菜、花卉、果品	五区一村落	花卉产业区、水果产业区、蔬菜产业区、华大智慧农业科技示范区、优质粮食生产区；12 个田园特色村庄
5	河北	迁西县“花乡果巷”田园综合体	花卉、果品	一镇四区十园	花乡果巷特色小镇；百果山林休闲体验区、浅山伴水健康养生区、记忆乡居村社服务区、生态环境涵养区；梨花坡富贵牡丹产业园、五海猕猴桃庄园、黄岩百果庄园、松山峪森林公园、莲花院颐养园、神农杂粮基地、CSA 乡村公社、游客集散中心、玉泉农庄、乡村社区旅游廊道
6	山西	临汾市襄汾县田园综合体	近郊创意休闲农业	一带一园一庄三区	汾河湿地生态带；文化创意产业园；尧京葡萄酒庄；温泉休闲度假区、创意农业体验区、美丽宜居先行区
7	山东	临沂市沂南县朱家林田园综合体	粮食、蔬菜、果品	二带二园三区	珍珠油杏经济产业带；有机小米经济产业带；创意农业园、农事体验园；田园社区、创意孵化培训区、农村电商仓储物流区
8	陕西	铜川市耀州区田园综合体	果品、蔬菜	一带两心两园五区	百果长廊景观带；现代农业高科技孵化中心、管理服务中心；苹果文化主题公园、台塬风情庄园；特色果品标准化种植区、农产品加工物流区、体验农业区（智慧农庄）、田园小镇示范区、渭北民俗文化体验区
9	福建	武夷山市五夫镇田园综合体	粮食、茶、莲、竹	一心一轴五区	五福文化旅游中心；生态景观农业融合轴；翁墩、田尾、五夫、溪尾、典村耕地内的“茶莲产业区”

（续）

序号	省份	项目名称	主导产业	空间结构	重点项目
10	海南	海口市田园综合体	蔬菜	一带三园三中心九区	“美丽乡村”带；创新园、创业园、产业园；加工配送中心、综合服务中心、配套服务中心；共享农庄示范区、露天蔬菜种植区、水生蔬菜种植区、大棚蔬菜种植区、蔬菜种苗繁育区、百花田洋区、互联网果蔬区、循环农业示范区、农乐体验区
11	海南	海南共享农庄（农垦—保国）田园综合体	都市农业	三区五农庄	休闲旅游公共服务区、高端定制田园生活区、热带农业休闲体验区；沧海庄、云容庄、万卷庄、锦瑟庄和悠然庄

二、田园综合体的发展模式

国家级田园综合体试点项目主要包括农业产业主导型和农旅休闲侧重型两类。其中，农业产业基础较好的地区，如河北迁西县“花乡果巷”、四川都江堰粮油蔬菜产业田园综合体等，以农业生产、产业深加工为核心功能，主要功能定位为保障基础农业、发展特色农业，同时兼具农业休闲、乡村旅游等多重功能；而旅游资源较好或旅游市场较成熟的地区，则以田园意象的空间再塑为基础，将农业产业作为吸引旅游的平台或载体，以田园风光和乡村度假为重点，满足城乡居民的田园观光、农事体验等需求，如山东的“朱家林”、广东的“岭南大地”、浙江的“田园鲁家”等。根据田园综合体开发现状，从资源基底和空间布局的角度，可将田园综合体发展模式归纳为以下 3 种。

1. 优势农业主导模式　目前该模式是田园综合体最主要的发展模式之一，也是田园综合体核心精神的体现。即围绕区域条件、地方特色、产业优势等发展基础，以产业链条为发展轴，从前端的育苗到中端的种植，再到后端的深加工等环节入手，推进规模化、集约化、标准化生产，打造优势特色农业产业园，培育发展一批与农民建立紧密利益联结机制的新型农业经营主体，展示现代农业生产的示范引导效应，带动形成以农业为核心的田园生产、加工综合体开发模式。如国家试点创建的广西“美丽南方”以蔬菜等产业为主导，河北“花乡果巷”以梨、葡萄等果业为核心，四川“都江堰项目”则以红心猕猴桃产业为主导，浙江“花香漓渚”以高端花木产业为核心（专栏 6-1）。

专栏 6-1　广西美丽南方田园综合体

美丽南方田园综合体规划区位于南宁市西乡塘区石埠半岛，规划面积 69.57 平方公里，其中耕地面积 6.18 万亩。园区总体定位以美丽南方丰富的农业资源、产业基础、特色村落、传统文化为依托，以农业综合开发项目为抓手，完善生产、产业、经营、生态、服务和运行六大功能体系，实现生产生活生态“三步同生”、一二三产业“三产融合”、农业文化旅游“三位一体”，总体规划设计为“一轴两翼三带八区”。

园区坚持“以农为本”，主导产业规划为种植业、养殖业，种植方面有优质水稻9 000余亩，叶菜类、番茄、香葱等蔬菜7 000余亩，蜜柚、葡萄、草莓、火龙果等特色水果3 000余亩，玫瑰、百合、格桑花等花卉1 500余亩。养殖方面，有罗非鱼、龟鳖等特色水产和禽畜。

园区通过农业基础设施、特色产业发展、农村人居环境整治和乡村治理体系等一系列建设工作，促进一二三产融合发展。独具特色的农耕文化和美丽田园等构成元素吸引广大市民游客纷沓而至，以旅游带动餐饮、休闲农家乐，增加了当地农民就业机会，让农民充分参与和受益，扩大了当地农产品销售范围，提高了当地农民的收入。

2. 文化创意带动模式　该模式是以文化创意为核心，着重地方特色文化的挖掘、梳理与提升，培育文化创意产业链，拉动三产融合发展。即依托当地乡村民俗和特色传统文化，以特色创意为核心，文化创意企业的入驻为发展动力，开发创意农业、精品民宿、民艺体验、创意工坊、艺术展览等特色文化产品，吸引青年创客返乡，共建创客基地，进行文化输出，打造集乡土文化旅游、生态旅游和农事体验、康养度假、特色研学等功能为核心的创意型综合体。如国家试点项目的山东“朱家林”，目前已建成并投入使用的乡村生活美学馆、精品民宿、再生之塔、创客中心等核心项目，吸引了山东燕筑、北京观筑、山东智造、水墨华清等30多家文创机构入驻；四川明月国际陶艺村，依托3 000亩茶园，发展以陶艺为核心的乡村旅游创客示范基地，吸引文化艺术类人才入驻，配套建设书院、茶吧、客栈、民宿等文化和生活服务设施，带动区域乡村振兴（专栏6-2）。

专栏6-2　沂南朱家林田园综合体

朱家林田园综合体项目规划总面积28.7平方公里，核心区12平方公里，园区以“创新、三美、共享”为发展理念和总体定位，遵循“保护生态、培植产业、因势利导、共建共享”的原则，以农民专业合作社、农业创客为主体，以创意农业、休闲农业、文创产业为核心，规划布局“一核（两辅）两带五区”。核心区以构建美丽乡村产业生态链、旅游生态链等产业链条为主线，重点打造以生态建筑、乡土文创等永续环保项目为核心的乡建学院、青年创客中心等。

园区着力构建配套完善的生产体系、三产融合的产业体系、多元参与的经营体系、绿色发展的生态体系、完备快捷的服务体系和高效顺畅的运行体系六大支撑体系。招引了山东燕筑生态旅游公司、北京观筑景观设计院、山东山村梦工作室、曲阜师范大学山水田园（综合体）创研中心、临沂大学美丽乡村规划设计研究所、山东天人景观设计院、朴门创意农场、山东水墨华清旅游规划设计有限公司、北京眉凌文化创作基地（沂蒙书院）、山东枯木生花民宿管理有限公司、邵博士自然农法、杏林医馆等30多家公司和研究机构文化创意项目落户。

园区按照“旅游、文创、生态建筑”的模式，在原有院落基础上采取产业植入式创意改造，吸引文创人员下乡、返乡人员创业、在乡人员就业。目前，朱家林村村民实现不出家门就地就业，部分村民通过民宿改造、开办农家乐等形式从事旅游接待服务，直接实现盈利，带动周边村民经济收入增加。在第二届全国乡村旅游提升和旅游扶贫推进工作会议上，朱家林青年创客中心获评“第二批中国乡村旅游创客示范基地”，朱家林创意小镇获批山东省第二批特色小镇。

3. 资源禀赋依托模式　该模式依托区域内优质的自然资源禀赋，通过自然资源的功能性引领，确定“旅游+”的功能，开发以休闲度假、田园康养、创意农业、农事体验等为核心的田园景观和休闲集聚。该模式在对资源的利用模式方面更接近旅游目的地建设，利用地域优势自然资源，强化旅游与农业的融合发展，通过旅游的乘数效应带动乡村地域的快速发展。如国家试点的山西临汾项目即以汾河湿地生态资源为核心，规划“一带一园一庄三区”；汉中市洋县“魅力龙亭”项目则通过朱鹮湿地休闲旅游为引领，规划建成以新型农业经营为主体的田园综合体（专栏6-3）。

专栏6-3　临汾市襄汾县田园综合体

临汾市襄汾县田园综合体位于汾河以东，北起襄汾县与尧都区交界，南至县城建成区，以燕村荷花园为核心，面积1万余亩，规划布局“一带一园一庄三区”。“一带”即汾河湿地生态带；“一园”即文化创意产业园；“一庄”即尧京葡萄酒庄；“三区”即温泉休闲度假区、创意农业体验区、美丽宜居先行区。

襄汾素有“棉麦之乡”的美称，自然条件优越，农业基础良好，产业基础雄厚，拥有集创意农业、循环农业、农事体验等要素基础，并且襄汾坚持“旅游＋”理念，以产业融合为途径，把山水、田园文化的韵味汇入企业发展之中，形成了“旅游＋现代农业”、“旅游＋特色文化”、“旅游＋休闲服务”等发展业态，建立了旅游与农业、工业、服务业融合发展的体制机制，成功打造了尧京葡萄酒庄、林乡四季庄园等龙头企业，实现了一、二、三产业融合的多元化发展格局。

襄汾立足县域特色优势，把握市场脉搏，创新发展机制，以全域旅游为契机，大力发展休闲度假、创意农业、农耕体验等休闲农业和乡村旅游，引导群众从事餐饮、住宿等旅游服务，形成“农业＋文旅＋产业”的多元化融合发展格局，为经济增长、农民增收提供了巨大动能。

综上所述，田园综合体是建立在国家宏观指引、各地实践探索基础之上的新型乡村发展理念，没有统一的发展模式，在建设标准方面，除了山东省依托朱家林项目推出了田园综合体地方建设标准外，还没有形成完全统一的建设标准。总体来讲，田园综合体开发中应注重优势农业依托、因地制宜、突出特色、综合开发。

三、田园综合体发展存在的问题

（一）产业内部动能不足

田园综合体主要以优势农业为主导产业，但由于农业基础的薄弱性，导致部分田园综合体可持续性的产业带动能力不足。一是产业技术短缺。体现在如何依托现代农业科学技术支撑，将信息化、机械化等新技术革新与农业融合，打好“技术组合拳”是田园综合体的一大难题；二是内生动力不足。农民只能以劳动力的形式参与田园综合体的建设，还不能分享其三次产业融合所带来的价值链收益，极大地降低了农民的积极性；三是产业融合度不足。农业自身产业链拉伸不足，主要集中于中端，前端与后端相对薄弱，导致以农业为主导的产业融合水平有待提升。如休闲农业一般以观光和采摘为主要形式，与文化、康养、体育、研学、培训等产业融合度低，导致产业聚合带动能力较弱。特别是国家停止资助后，田园综合体更是面临着如何通过自身造血机制可持续发展的压力。

（二）社会服务供给不足

农业生产系统全过程需要专业化的社会服务作为支撑，依靠现代生产要素，包括城市资金、技术、信息、人才、管理等因子来有效保障农业经营主体积极探索规模化和集约化经营发展路径。目前，田园综合体相关的社会服务供给不足成为其发展的制约因素，主要表现为相关配套设施不成熟，软件服务水平仍需提升，各类附加产品市场化程度不高，城镇消费群体有待进一步开发等。

（三）文化特色挖掘不足

田园综合体虽然以农业为主，但由于根植于乡村区域，自然需要挖掘、整理与提升当地特色传统文化。但有些田园综合体在建设中忽视了历史传承与创新，开发中过度强化了城市文化，从而导致乡村文化的涵化或异化，进而失去了乡村独特文化特色。甚至在实践探索中，处在不同地域的田园综合体，缺乏对自身自然地理条件的充分认知，未充分考虑当地农业产业、地域文化、民族文化的差异，出现了简单模仿，导致同质化现象严重。各地区的自然资源禀赋不同，田园综合体在开发模式、主体参与模式、产业融合和发展动力上都应该因地制宜科学规划，合理确定符合自身发展特点和规律的方案和模式。

第三节　田园综合体的规划技术要点

一、发展思路

深入推进农业供给侧结构性改革，适应农村发展阶段性需要，遵循农村发展规律和市场自然经济规律，围绕农业增效、农民增收、农村增绿，支持有条件的乡村加强基础设施、产业支撑、公共服务、环境风貌建设，实现农村生产生活生态“三生同步”、一二三产业“三产融合”、农业文化旅游“三位一体”，积极探索推进农村经济社会全面发展的新模式、新业态、新路径，逐步建成以农民合作社为主要载体，让农民充分参与和受益，集循环农业、创意农业、农事体验于一体的田园综合体。

二、规划建设理念

田园综合体是实现中国农村现代化、新型城镇化、社会经济全面发展的一种可持续发展模式，也是一个打造诗意栖居理想地的时代课题。它是在原有的生态农业和休闲旅游基础上延伸和发展起来的“农业＋文创＋新农村”综合模式。在建设田园综合体之前，要充分挖掘当地农村独特的价值和资源，确定农村发展的主要方向，将农村拥有的农业基础以及旅游资源等进行有效的融合。开展田园综合体总体规划需要坚持以下理念。

1. “为农”理念　坚持姓农为农，广泛受益，突出“为农”理念。规划与建设田园综合体要以保护耕地为前提，提升农业综合生产能力，在保障粮食安全的基础上，发展现代农业，促进产业融合，提高农业综合效益和竞争力。要使农民全程参与田园综合体建设过程，强化涉农企业、合作社和农民之间的紧密型利益联结机制，带动农民从三产融合和三生统筹中广泛受益。

2. “融合”理念　坚持产业引领，三产融合，突出“融合”理念。田园综合体体现的是各种资源要素的融合，核心是一二三产业融合。一个完整的田园综合体应该包含农、林、牧、渔、加工、制造、餐饮、仓储、金融、旅游、康养等各行业的三产融合体和城乡复合体。要通过一二三产业的深度融合，带动田园综合体资源聚合、功能整合和要素融合，使得城与乡、农与工、生产生活生态、传统与现代在田园综合体中相得益彰。

3. “生态”理念　坚持宜居宜业，三产统筹，突出“生态”理念。生态是田园综合体的根本立足点。要把生态的理念贯穿到田园综合体的内涵和外延之中，要保持农村田园生态风光，保护好青山绿水，留住乡愁，实现生态可持续发展。要建设循环农业模式，在生产生活层面构建起完整的生态循环链条，使田园综合体成为按照自然规律运行的绿色发展模式。将生态绿色理念牢牢根植在田园综合体之中，始终保持生产、生活、生态统筹发展，成为宜居宜业的生态家园。

4. “创新”理念　坚持因地制宜，特色创意，突出“创新”理念。田园综合体是一种建立在各地实际探索雏形基础之上的新型发展理念，没有统一建设模式，也没有一个固定的规划设计，要坚持因地制宜、突出特色，注重保护和发扬原汁原味的特色，而非移植复制和同质化竞争。要立足当地实际，在政策扶持、资金投入、土地保障、管理机制上探索创新举措，鼓励创意农业、特色农业，积极发展新业态新模式，激发田园综合体建设活力。

5. “持续”理念　坚持内生动力和可持续发展，突出“持续”理念。建设田园综合体不是人工打造的盆景，而是具有多元功能、强大生命力的农业发展综合体，要围绕推进农业供给侧结构性改革，以市场需求为导向，集聚要素资源，激发内生动力，更好满足城乡居民需要，健全运行体系，激发发展活力，为农业农村农民探索出一套可推广、可复制、可持续的全新生产生活模式。

三、空间布局

田园综合体建设有利于提高农村的经济发展水平，提高农民的生活水平，有利于农业农村的现代化发展，提高农村资源的利用效率，推动三产融合，解决农村的生产、生活、生态和社会组织关系等综合问题。从田园综合体应具备的功能区域看，主要包含产业、生活、景观、休闲、服务等区域，每一区域承担不同的职能，各区域之间融合互动，形成紧密相连、相互配合的有机综合体，一个完整的田园综合体一般包含以下 5 个部分。

农业产业区，主要是从事种植养殖等农业生产活动和农产品加工制造、储藏保鲜、市场流通的区域，是确立综合体根本定位，为综合体发展和运行提供产业支撑和发展动力的核心区域。

生活居住区，在农村原有居住区基础之上，在产业、生态、休闲和旅游等要素带动引领下，构建起以农业为基础、以休闲为支撑的综合聚集平台，形成当地农民社区化居住生活、产业工人聚集居住生活、外来休闲旅游居住生活三类人口相对集中的居住生活区域。

文化景观区，以农村文明为背景，以农村田园景观、现代农业设施、农业生产活动和优质特色农产品为基础，开发特色主题观光区域，通过田园风光和生态宜居，增强综合体的吸引力。

休闲聚集区，是为满足城乡居民各种休闲需求而设置的综合休闲产品体系，包括游览、赏景、登山、玩水等休闲活动和体验项目等，使城乡居民能够深入农村特色的生活空间，体验乡村田园活动，享受休闲体验乐趣。

综合服务区，指为综合体各项功能和组织运行提供服务和保障的功能区域，不仅包括服务农业生产领域的金融、技术、物流、电商等，还涉及服务居民生活领域的医疗、教育、商业、康养、培训等功能。这些功能区域之间不是机械叠加，是功能融合和要素聚集，以功能区域衔接互动为主体，使综合体成为城乡一体化发展背景下的新型城镇化生产生活区。

四、产业规划

田园综合体是集现代农业、休闲旅游、田园社区为一体的特色小镇和乡村综合发展模式，是在城乡一体化发展格局下，顺应农业供给侧结构性改革、新型产业发展，实现中国乡村振兴、新型城镇化、社会经济全面发展的一种可持续性模式。产业成为田园综合体发展的核心动力，规划要以保护耕地为前提，提升农业综合生产能力，在保障粮食安全的基础上，发展现代农业，促进产业融合。

田园综合体是以农业为主体，集合循环农业、创意农业、农事体验、休闲度假为一体的产业综合体。田园综合体的产业特质是集合多种现代化农业产业形态的递进式产业体系，可分为核心产业、支撑产业、配套产业和衍生产业 4 个产业。核心产业是指以特色农产品和园区为载体的农业生产和农业休闲活动，通过产业链的拉伸与拓宽，体现强大的规模效应和集约效应，带动三产融合发展。支撑产业是指直接支持休闲农产品的研发、加工、推介和促销的企业群及金融、媒体等企业。配套产业则是为创意农业提供良好的环境和氛围的企业群，如旅游、餐饮、酒吧、娱乐、培训等等。衍生产业则是指投资于特色农产品和文化创意成果的其他产业集群（图6-1）。

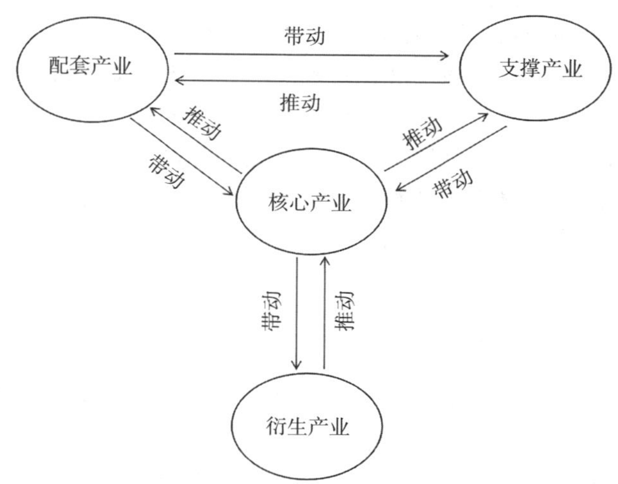

图 6-1 田园综合体产业体系规划

五、生态景观规划

田园景观在景观生态学领域被定义为农村地域空间内由不同土地单位组成的复合综合体，是由村落、草地、农田、水体、道路等景观元素系统组合而成的乡村田园景观生态系统。田园景观不仅是一种风景，更是生活，是具有乡土特色的地域景观。田园景观规划是对农村生态资源的再开发、再利用。从需求角度出发，对农村田园资源进行设计与规划，既要注重协调好经济发展与生态保护的关系，也要满足旅游者的审美需求，因此在规划过程中需遵循创新性原则、生态性原则、主题性原则、实用性原则。

创新性原则是指田园景观规划要结合现有的旅游资源进行创新和优化，做到科学布局，以吸引更多的游客前来旅游，以多样性的景观元素满足旅游者的多元化需要。生态性原则是指田园景观规划要注重生态景观规划的原始性，不能为了景观设计而影响本地的生态环境，影响乡村的正常生活，更不能为了追求游玩而牺牲环境。主题性原则是指田园景观一般在现状条件之上进一步开发而成，所以规划设计必须从实际情况出发，根据本地现状条件、自然地理环境，充分挖掘当地历史、文化等资源，营造出有地方特色的田园景观。实用性原则是指田园景观作为包含文化景观、经济景观和自然景观在内的环境综合性整体，它更是复杂的自然过程和人类活动在大地上的烙印，其实用性和经济价值不可忽略。因此，田园景观规划设计时要充分考量村民利益，切合村民生活，把村民经济收益和生活质量放在前位。

六、田园社区规划

田园社区是指生活方式现代化且具有文化内涵的乡村社区，是实现乡村振兴战略的一种实践探索模式，"现代化"是中国乡村发展至今必然要经历的过程，为村民创造现代化的生产、生活环境，提高村民的生活品质，与乡村振兴战略目标中的"产业兴旺、生态宜居、生活富裕"相一致。

田园社区具有生态环境良好、田园风貌突出、空间布局合理、产业结构完善、文化特色鲜明等特征。田园社区规划的核心内容包括乡村旅游、农业生产、产业发展、生活居住和综合服务等几个方面。通过以农业为主体的一二三产全产业链深度融合，不断做强农村集体经济，提升村民共同参与度，改善农民的生产生活条件，使农民创业增收，从而实现乡村产业的全面发展与乡村的全面振兴。

田园社区规划主要分为现代农业型、农旅结合型、民俗体验型、养生健康型、综合服务型等类型（表 6 - 3）。

表 6 - 3　田园社区规划类型一览表

类型	主要内容
现代农业型	主要规划在农业基础条件好、距离城市较近的近郊型村庄。其主要内容是依托现代农业科学技术，大力推广设施农业、生态农业，同时积极提升设施观光农业，打造集绿色生产、科技体验于一体的近郊城市后花园，在为城市提供优质农产品的同时，促进乡村的快速发展
农旅结合型	主要规划在农业景观资源突出的村庄，大力发展乡村旅游业，不仅可以观赏农村自然的田园风光，而且还能深入体验农村的生活，如农耕文化体验、日常生活体验等
民俗体验型	主要针对有地理特色、传统文明等的村落进行规划，通过加强民俗节庆活动与乡村旅游的结合，引导大众去体验村庄的生活、礼仪、传统文明活动、节庆活动等，既可以传承和发扬传统文化，又能催生乡村旅游业的发展，带动乡村的发展
养生健康型	依托自然环境条件优异、适宜养生养老的村庄进行规划，但是在规划建设的同时，应处理好发展和保护的问题，以环境保护为前提，对所有开发项目必须进行相关的环境影响评价，在环境承受范围内进行规划建设
综合服务型	主要是针对自然环境特色不突出，但是交通便利、基础服务设施良好的村庄，进行规划提升，保障田园社区各功能区正常运行，为可持续发展提供服务和支撑，包括医疗、教育、商业 、卫生、培训等内容

参考文献

财政部．关于开展田园综合体建设试点工作的通知（财办〔2017〕29 号）[Z].

胡向东，王晨，王鑫，等．2018. 国家农业综合开发田园综合体试点项目分析 [J]. 农业经济问题（2）：86-93.

李青海．2017. 田园综合体建设的路径选择 [J]. 经济论坛（9）：93-95.

林亦平，陶林．2020. 乡村振兴战略视域下田园综合体的“综合”功能研究——基于首批田园综合体试点建设项目分析 [J]. 南京农业大学学报（社会科学版），20（1）：109-116.

刘建芳，王伟新，肖建中，等. 2018. 田园综合体商业模式创新的国际经验及启示［J］. 世界农业（9）：34-38，106.

刘凌云，陶德凯，杨晨. 2018. 田园综合体规划协同路径研究［J］. 规划师，34（8）：12-17.

刘婷. 2019. 田园综合体发展模式与机制研究［J］. 齐齐哈尔大学学报（哲学社会科学版）（10）：13-17.

卢贵敏. 2017. 田园综合体试点：理念、模式与推进思路［J］. 地方财政研究（7）：8-13.

庞玮，白凯. 2018. 田园综合体的内涵与建设模式［J］. 陕西师范大学学报（自然科学版）（6）：21-27.

吴敏，张智惠. 2017. 园综合体共生发展模式研究［J］. 合肥工业大学报（社会科学版）（6）：115-119.

姚杰，程哲炀，陈子滢，等. 2019. 我国田园综合体文献研究进展［J］. 湖北林业科技（4）：42-46.

张会曦，梁普兴，李湘妮，等. 2018. 田园综合体发展模式探析［J］. 现代农业科技（23）：241-243.

张玉强，张雷. 2019. 乡村振兴内源式发展的动力机制研究［J］. 东北大学学报（社会科学版）（5）：497-504.

周敏. 2018. 新型城乡关系下田园综合体价值内涵与运行机制［J］. 规划师，34（8）：5-11.

AE Douglas. 1994. Symabiotic interactions［M］. London：Oxford University Press.

BROHAMN. 1996. New directions in tourism for third world develoment［J］. Annals of Tourism Research（1）：48-50.

CLOUT H D. 1974. Rural Geography：an introductory survey［J］. Geographical Journal（1）：138-139.

Kees D R，Paolo F，Karlheinz K. 2018. Specialization and economies of scale or diversification and economies of scope? Assessing different agricultural development pathways［J］. Journal of Rural Studies（59）：222-231.

LANE B. 1994. What is rural tourism?［J］. Journal of Sustainable Tourism（12）：7-21.

第七章
绵阳国家农业科技园区总体规划

第一节　规划简介

四川绵阳国家农业科技园区于 2015 年 12 月经科技部批准建设，2019 年顺利通过验收。园区按照核心区—示范区—辐射区 3 个层次进行空间布局，核心区包括涪城核心区和三台核心区。涪城核心区总体功能布局为“一轴、一带、两心、六区”，三台核心区总体功能布局为“一心、一带、三区”，示范区为核心区外的涪城区其他乡镇、三台县其他乡镇，以及游仙区、安州区、梓潼县、江油市、盐亭县等区域。依托园区优越的自然生态、交通区位条件和特色产业发展基础，发挥中国科技城创新先行示范效应，以科技创新为战略支撑，坚持品牌化、精品化、特色化导向，以农业创意化、农业智慧化和农业信息化为手段，集聚创新发展要素，积极发展特色种业、精品蚕桑、优质麦冬、健康生猪等产业集群，推进农业全产业链发展和创新链构建，形成西南山地丘陵现代农业融合互动发展新格局，助推西南山地丘陵现代农业高质量发展。

本规划分为总体规划纲要、基础条件分析与评价、发展主体与目标定位、产业体系规划、创新体系规划、园区空间布局与功能定位、重点项目建设规划、建设时序与进度安排、投资估算与效益分析、组织构架与运行机制创新、配套政策与保障措施 11 个部分。

第二节　规划内容摘要

一、发展原则与主题

（一）指导思想

以习近平新时代中国特色社会主义思想为指导，深入贯彻党的十九大和十九届二中、三中、四中、五中会议精神，牢固树立新发展理念，以建设国家科技创新先行示范区为引领，实施创新驱动发展和乡村振兴战略，以积极融入成渝双城经济圈和农业供给侧结构性改革为主线，以创新资源集聚、运营机制创新、跨界融合发展、协同开放合作为发展理念，紧扣“农、高、科”建设发展要求，以科技支撑现代农业高质量发展为目标，加快发展蚕桑、麦冬、种业和生猪四大主导产业，加强优势资源集合和高能级创新平台建设，加强创新链和产业链“两链”对接，提升价值链，分享利益链，推进农村一二三产业融合和产城镇村融合，打造全国特色农产品优质种源供应基地、西南地区农业创新创业中心、四川省产城融合发展样板区、四川省休闲康养体验示范区。

（二）发展原则

——科技支撑，创新驱动。充分发挥科技先行、创新驱动功能，挖掘潜力，内生增长，深化产学研合作，创新体制模式，凸显集约高优。加快麦冬、蚕桑、生猪、芦笋等产业技术公共服务平台建设，为园区产业提供技术创新共性服务，为种业、蚕桑、麦冬和生猪等产业集群发展提供产品检测、生产中试、技术转移、成果转化、人才培训、政策辅导、科技融资等公共服务。

——生态优先，绿色发展。深入落实国土空间规划“三区”发展格局，严守三条红线，保护和优化园区生态发展环境。加强农业节水增效，推进农田节水灌溉，推广畜牧渔业节水方式。按照“农业废弃物—有机肥—农业”模式，促进资源的循环利用，发展循环经济，推动园区产业绿色可持续发展。

——问题导向，聚焦特色。围绕产业链、价值链、创新链和供应链的“四链重构”和四大特色产业的集群化发展，研究确定补链强链的重点领域和主攻方向，推进强链补链各项工作，不断提升四大特色产业的高质量发展竞争力。

——三产融合，产城一体。依托建设三大农业主题公园的重大机遇，着重突破品牌打造、良种研发、精深加工3个重点，形成良种繁育、标准化种植、精深加工、教育培训、农业体验、观光旅游于一体的全产业链产业体系。推进核心区产品深加工区、展览馆、主题公园及生活配套服务区等板块建设，构建一二三产业融合发展的特色农业综合体，助力乡村振兴，农民增收。

——双轮驱动，融通发展。以科技创新和体制机制改革为手段，推动形成产学研用联动、大中小企业融合的协同创新体系，凸显创新在经济发展中的引领作用。分别从促进产学研用和大中小企业实现协同创新，推动创新资源要素的开放、共享和流动，提升科技成果转化的质量和水平3个维度发力，释放创新潜力，实现创新驱动创业、创新驱动发展、创新驱动升级。探索“管委会+公司”为基本模式的体制改革路径，发挥园区创新主平台作用，培育一批高新技术企业，打造西南地区农业科技创新高地。

（三）发展主题

依托园区优越的自然生态、交通区位条件和特色产业发展基础，发挥中国科技城创新先行示范效应，以科技创新为战略支撑，坚持品牌化、精品化、特色化为导向，以农业创意化、农业智慧化和农业信息化为手段，集聚创新发展要素，积极发展特色种业、精品蚕桑、优质麦冬、健康生猪等产业集群，推进农业全产业链发展和创新链构建，形成西南山地丘陵现代农业融合互动发展新格局，助推西南山地丘陵现代农业高质量发展。

（四）发展定位

——全国特色农产品优质种源供应基地。组建蚕桑、芦笋、杂交水稻、麦冬、生猪等自主创新育种技术团队，以调整品种结构、提高良种繁育技术水平为目标，建设一批标准化良种繁育基地；加强蚕桑、芦笋、水稻、生猪标准化生产基地建设，打造全国优质种源与特色农产品供应基地。

——西南地区农业创新创业中心。以建设一批产业技术研究院、工程技术中心等科研机构为依托，以集聚科技创新资源、培育发展特色产业、支撑产业高质量发展为宗旨，围绕产业链部署创新链，围绕创新链部署人才链，构建创新生态系统，开展绵阳市特色农业全产业链技术研究和集成攻关，建成需求引导、多元共建、统分结合、体系开放、接轨国际、全国领先的西南地区特色农业产业创新创业共同体，辐射带动四川省现代农业产业特色化、集群化、现代化、品牌化发展。

——四川省产城融合发展样板区。全面落实产城融合发展理念，按照生产空间集约高效、生活空间宜居适度、生态空间互联互通的原则，科学规划核心区空间发展布局；推进国家农业科技园区、循环经济产业园区、康养经济聚集园区和农业主题公园“四区共建”、“三生融合”和特色产业集聚，加强基础设施建设，提升公共服务水平，打造主导产业特色鲜明、公共服务功能完善、发展模式绿色低碳、智慧生态宜居宜业的产城深度融合发展样板区。

——四川省休闲康养体验示范区。依托香草特色小镇，推进“千鹤桑田”蚕桑文化、“湖光山色”稻虾亲水湿地、“蔬香绿野”芦笋大健康三大农业主题公园建设，举办多元化展会活动，挖掘生态农业项目、高新农业技术项目的观光、科普教育功能，探索“旅游＋”“生态＋”等模式，开发独具特色的农业观光产品、乡村美食、乡村民俗、乡村体验、乡村娱乐和康体养生休闲等旅游产品，带动农业发展，促进农民增收。

（五）发展目标

通过五年建设，打造以蚕桑、麦冬、种业和生猪为主导的四大产业集群，形成特色鲜明、产城融合、发展模式先进、示范作用显著的园区发展新格局，强化创新链，支撑产业链，激活人才链，提升价值链，分享利益链，努力推动园区成为全国特色农产品优质种源供应基地、西南地区农业科技创新创业中心、四川省产城融合发展样板区、四川省康养休闲示范基地，示范引领西南山地丘陵现代农业高质量发展。

二、园区空间布局与功能定位

（一）总体布局与功能定位

以绵阳全市之力推进绵阳国家农业科技园区建设，按照科技凝聚、层级辐射、跨越发展的建设思路，园区分为核心区—示范区—辐射区 3 个层级，三区之间通过科技对接、模式对接、品牌对接和服务对接来实现联接。

园区的总体布局为："双核两带三片七园"（图 7 - 1）。

双核：涪城核心区（蚕桑产业、蔬菜产业）、三台核心区（生猪产业、麦冬产业）。

两带：沿京昆高速公路的循环农业示范带；沿成渝高速公路的都市休闲农业示范带。

三片：中部平原河谷近郊都市农业科技示范片；东南丘陵种养循环农业科技示范片；西北山地生态农业科技示范片。

七园：游仙分园（蔬菜种业）；安州分园（中药材产业）；梓潼分园（蜜柚产业、水稻种业）；平武分园（中药材产业）；盐亭分园（畜禽产业）；北川分园（茶叶产业）；江油分园（生猪产业）。

其中，涪城核心区涉及涪城区杨家镇和丰谷镇，规划面积 61.11 平方公里，其中城镇建设用地 237.45 公顷。三台核心区涉及芦溪镇和永明镇，规划面积 62.10 平方公里。核心区主要承担行

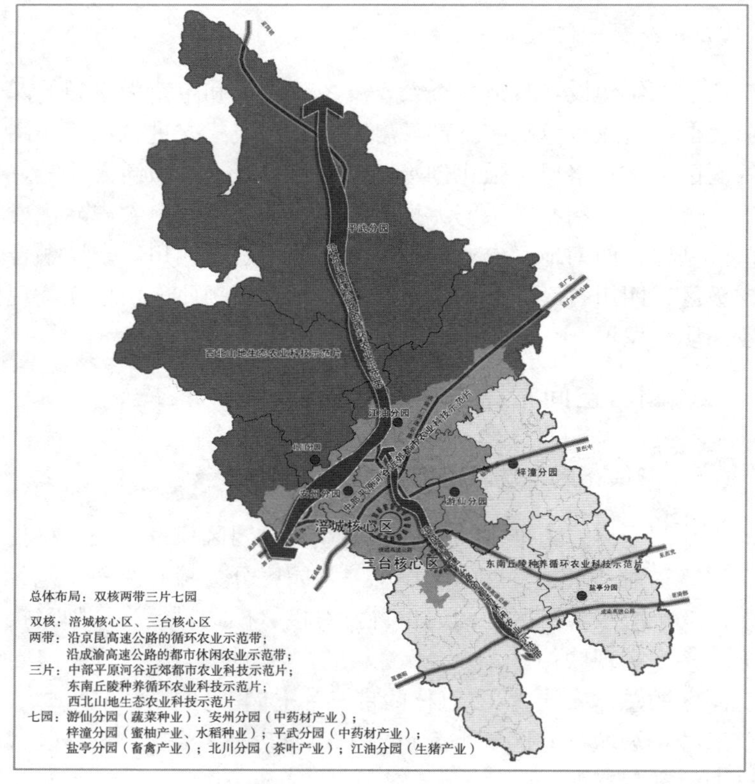

图 7-1　园区总体布局

政管理与服务、农业高新技术研发中试、成果转化、示范推广以及科技型蚕桑企业的孵化培育；新型职业农民创新创业，蚕桑产业技术培训；都市农业、康养产业模式创新与示范，蚕桑配套产业的培育等功能，是涪城区主导产业的孵化基地和辐射源，是整个国家农业科技园区建设的重点区域。

示范区为核心区外的涪城区其他乡镇、三台县其他乡镇，以及游仙区、安州区、梓潼县、江油市、盐亭县等区域。示范区是园区主导产业的生产加工基地和科技成果的示范推广基地，示范区吸收核心区的新技术、新装备、新品种和新模式等成果。通过重点涉农项目的招商引资及“龙头企业＋科技＋专业协会（合作社）＋基地＋农户”的经营模式，开展示范区农产品的标准化生产和示范，孵化新的产业，扶持壮大龙头企业，是核心区农业新技术、新品种和先进管理模式的应用场所。

辐射区为北川县、平武县（图 7－2）。

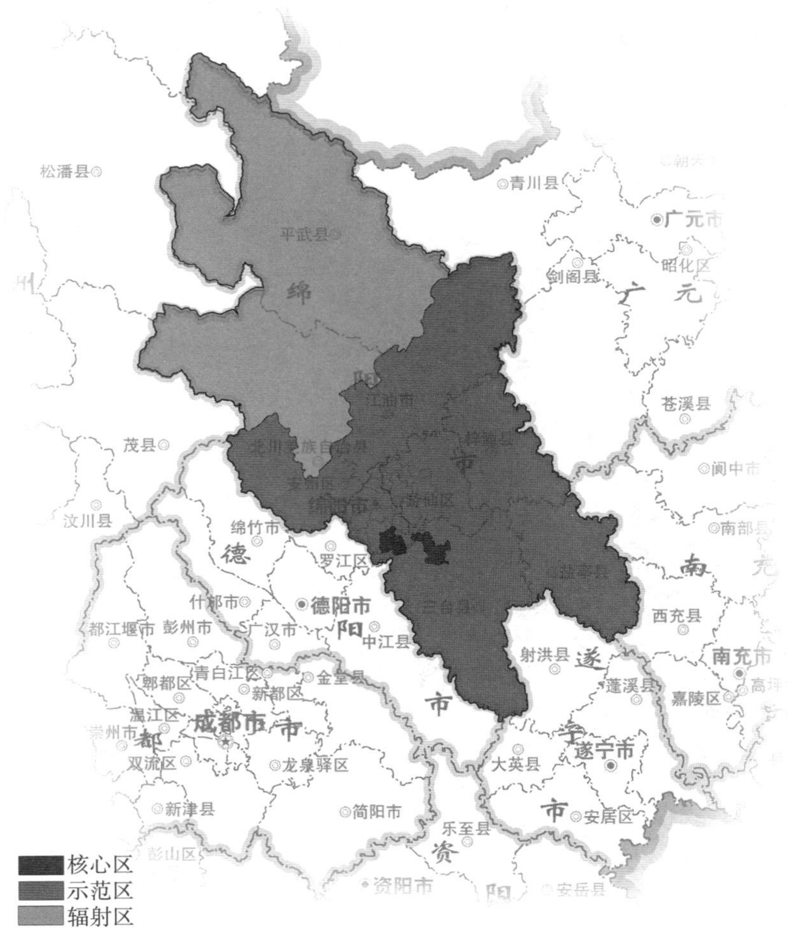

图 7－2　园区辐射区示意

（二）涪城核心区空间布局

涪城核心区位于杨家镇和丰谷镇，总体布局为“一轴、一带、两心、六区”，其中“一轴”指产城融合发展轴，“一带”指特色产业展示带，“两心”指乡村振兴社会化服务中心、农产品加工仓储展销中心，“六区”指中国绵阳国际康养小镇建设区、特色种养科技示范区、香草特色小镇建设区、都市农业科技展示区、绿色循环农业示范区、优质蔬菜高效种植区（图7-3）。

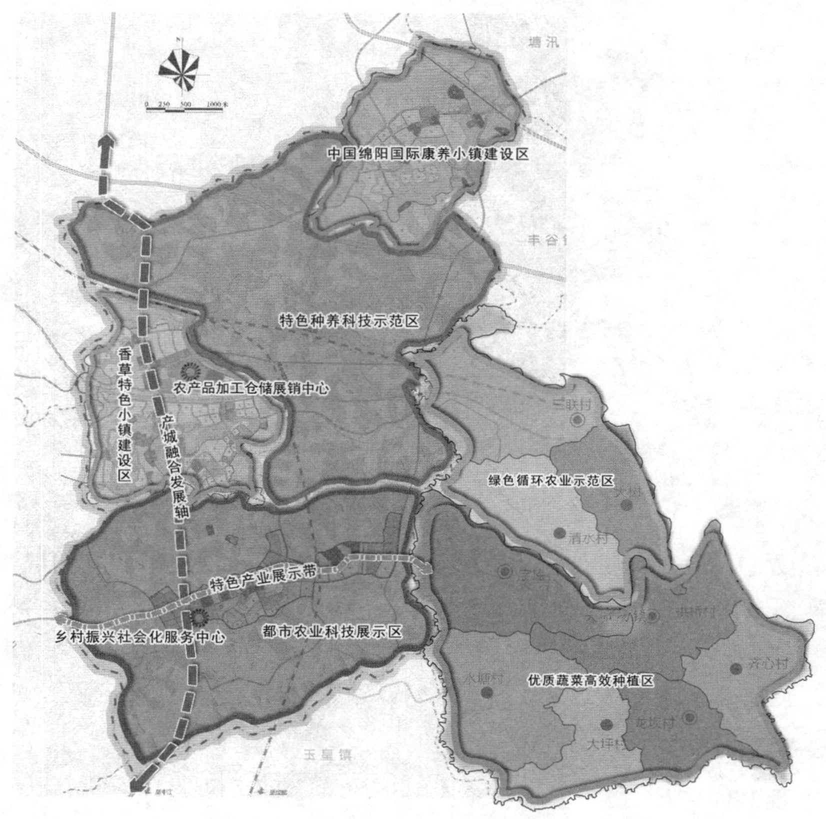

图7-3　涪城核心区功能分区

（三）三台核心区空间布局

三台核心区位于芦溪镇，总体布局为“一心、一带、三区”，其中“一心”指综合服务与创新创业孵化中心，“一带”指印象涪江产业融合发展示范带，“三区”指道地麦冬高标准种植区、生猪“育繁推一体化”创新发展区和农产品加工与仓储物流区（图7-4）。

图7-4　三台核心区功能分区

三、产业体系规划

（一）园区产业体系构建

园区紧扣四川省“10＋3”、绵阳市“6＋10”产业发展战略规划，牢固树立“创新、协调、绿色、开放、共享”发展理念，重点培育“4+2+N”现代农业产业体系，培育产业发展的新动能。将蚕桑产业、麦冬产业、现代种业、生猪产业等作为主导产业；围绕产业链、补链、延链发展2个衍生产业——都市农业、商贸物流；通过延伸发展有机肥制造、会展经济等产业，促进产业跨界融合、业态融合，构建现代农业产业体系，推进园区高质量发展（图7-5）。

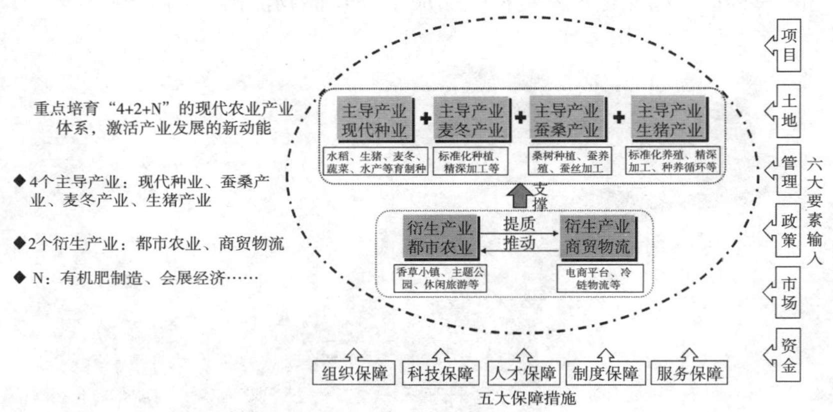

图7-5 园区现代农业产业体系

（二）园区主导产业——蚕桑产业

1. 发展思路 依托园区蚕桑优势特色主导产业，构建优质蚕桑全产业链体系，以蚕桑为基础，以蚕丝加工为重点，以丝绸生产为终端，建成一批蚕桑养殖的规模化生产基地。增强基地“五化”生产水平，推广高效复合型种植模式，推广“蚕桑+N”生产经营模式。完善“公司+基地+农户+高等院校科研院所”的产业化运营模式，积极拓展域外优质原料生产基地。

2. 发展重点 提升标准化精品蚕桑基地建设，加强蚕桑全产业链生产示范基地建设，带动循环经济发展。培育和引进一批蚕丝高端精深加工企业，构建高新技术产业集群。推广运用农产品精深加工新设备、新技术、新工艺，提高园区农产品精深加工水平。建设蚕丝被、丝绸、蚕桑、蛹虫草等精深加工项目，培育一批高附加值、高科技含量、高市场潜力的高端产业，强化产业研发创新力度，不断延伸精深加工环节，实现农产品加工由初级加工向高附加值精深加工转变，由传统加工工艺向高端加工技术转变，提高产品附加值和技术含量，提高主导产业核心竞争力和国际影响力。

（三）园区主导产业——麦冬产业

1. 发展思路　依托“涪城麦冬”产业基础，发展绿色种植、精深加工、康养旅游等延长产业链，培育麦冬龙头企业，保护涪城麦冬品牌，调整优化产业结构、产品结构、品质结构，促进种养规模化、加工集群化、科技集成化、营销品牌化的全产业链开发的格局建设。打造“涪城麦冬”产业科技研发基地，增强麦冬科技研发能力，积极研发推广适用于麦冬产业的高效实用机具，提升麦冬产业机械化水平，实现创新资源的高效利用。

2. 发展重点　提升标准化麦冬 GAP 基地建设，加强精深加工产品研发和市场推广。建设麦冬饮料、食品、中药饮片、保健品、日化产品等精深加工项目。打造麦冬产业科技研发基地，提高麦冬生产综合机械化水平。加大麦冬产业科研投入，建设麦冬暨中药材检验与研究中心、高新技术企业孵化中心、四川麦冬产业技术研究院以及专家院士工作站等产学研联合创新平台，探索科技成果转化促进和利益分配机制，提高自主创新能力。加强麦冬品牌宣传推介，提升麦冬产品品牌效应。

（四）园区主导产业——现代种业

1. 发展思路　重点推进具有育种能力、市场占有率较高、经营规模较大的“育繁推一体化”种子企业做优做强，充分发挥粮油、果蔬、蚕桑、中药材、生猪、水产等品种选育优势，支持种业企业培育具有自主知识产权和重大应用前景的优良品种。按照“内强品质、外塑品牌”要求，以品牌整合资源，培育形成“高精尖”“名特优”种业产品，扩大“绵阳水稻种子”品牌影响力，支持游仙蔬菜种业园区建设（川菜种业硅谷），着力构建“绵阳造”区域种业品牌体系。

2. 发展重点 开展重要新材料创制、新品种选育、育种联合攻关。加强标准化水稻制种基地建设，加强核辐射育种基地建设。改善制种基地基础设施，提升监管服务水平，强化新品种试验示范。加强良种繁育基地建设，健全完善良种繁育体系。引进国内外优良品种，加强新品种选育，培育具有本土特色和自主知识产权的优良品种。建设种质资源圃，开展种质资源鉴定、评价和利用。加大对地方种质资源的保护力度，开展地方优良品种选育和杂交改良。持续加强农作物、生猪、水产等种质资源的调查摸底工作，掌握其品类及数量、性状及价值等情况，建立种质资源共享平台，建立以科研院所和高等院校为主体的种业种质资源保护库，支持有条件的企业建立种质资源圃（场），扩大良种繁育规模，提高良种使用和普及。

（五）园区主导产业——生猪产业

1. 发展思路 以建设生猪全产业链创新示范基地为目标，重点推进生猪产业基地的标准化、生态化、景观化、智慧化四化建设，全面提升生猪产品深加工能力和层次，拓展生猪产业多种功能和新型业态，促进生猪产业养殖、加工、物流、研发、示范、服务等相互融合和全产业链开发，创新农民增收利益联结机制，培育农业农村经济发展新动能。

2. 发展重点 加强生猪标准化养殖场建设。按照标准化规模养殖场品种优良化、养殖设施化、生产规范化、防疫制度化、粪污无害化、监管常态化“五化”建设要求推进生猪标准化规模养殖场的建设和发展，支持已经投产养殖场进行设施设备的升级改造，逐步规范养殖行为，不断提高标准化养殖比重。推广生猪种养循环模式，延伸生猪产品精深加工环节。加大生猪产业扶持力度，优化生猪产业发展环境，培育市场占有率较高、经营规模较大、产业链较为齐全的养殖、加工一体化的生猪产业集群。加强生猪产品品牌培育，实施生猪产品品牌提升行动，设立品牌培育孵化专项资金，扩大铁骑力士、明兴科技等生猪龙头企业的品牌影响力，培育一批如“天府肉猪”“川藏黑猪”“枫叶牧场”“黑味美”等区域特色明显、市场知名度高、发展潜力大、带动能力强的知名生猪制品品牌。

（六）园区衍生产业——都市农业

1. 发展思路　依托香草特色小镇，以及“千鹤桑田”蚕桑文化、“湖光山色”稻虾亲水湿地、“蔬香绿野”芦笋大健康三大农业主题公园，芙蓉花溪项目和花卉产业发展等，举办多元化展会活动，挖掘生态农业项目、高新农业技术项目的观光、科普教育功能，大力推动都市农业融合发展。探索“旅游＋”“生态＋”等模式，充分挖掘巴蜀文化内涵，开发独具特色的农业观光产品、乡村美食、乡村民俗、乡村体验、乡村娱乐和康体养生休闲等农游项目。挖掘生态农业项目、高新农业技术项目的观光、科普教育功能，加强生态环境、接待服务设施以及生态文化品位建设，发展农家游、农庄游和农园休闲旅游。

2. 发展要点　建设休闲农业体验采摘基地，推进文创产品加工制造，开展多元化主题节庆活动，提升杨关大道都市休闲农业观赏带。加强公共环境、基础设施建设的整体规划及投入力度，配套建设游客中心、生态游步道、景观亭等。结合农业文化主题打造整体景观，注重项目建筑外观设计，增加植被的多样性，增强杨关大道都市休闲农业观赏带的景观效果。

（七）园区衍生产业——商贸物流

1. 发展思路　整合生产、营销、物流、金融等领域，建设农产品交易中心和农产品集散中心，推进“互联网＋”发展，创新农产品销售模式，搭建电商产业园运营服务体系，引进孵化电子商务企业，为园区及周边区域农产品提供“互联网＋”品牌营销平台，扩大销售市场，提高农产品附加值，推动实体经济与网络经济融合发展，实现从单一网络销售向综合服务转变。

2. 发展要点 加强农产品商贸与流通服务基础设施建设，推进电商平台建设，完善电子商务运营服务体系，重点发展“互联网+”产业，打通线上电商销售渠道，促进交易市场提质升级，开拓蔬菜、蚕丝、麦冬及其加工产品的全面营销网络。借助社区电商平台，整合社区商业资源，打通电子商务、社区网点和配送平台信息链，提供现场体验、线上下单、便捷支付、网订店取、配送到家、服务上门的“一站式”服务。建立健全农产品电商生产、包装、运输标准体系，实施电子商务标准化战略，建立电子商务产业标准体系，规范电子商务行为，维护市场公平竞争。

四、重点项目建设规划

（一）涪城核心区

1. 乡村振兴社会化服务中心 以社会服务、市场营销、招商引资、信息服务、会展体验为主要功能，建设管理服务中心、农业科技专家服务站、智慧农业综合服务平台、科技金融中心等重点项目，在助推乡村振兴战略中发挥积极作用。

2. 农产品加工仓储展销中心 以优质特色农产品展示、仓储物流、线上销售、网红直播带货等功能于一体，打造四川大宗农产品一站式展销服务平台，建设农产品展销区、恒温仓储区、农产品加工区、冷链物流集散区等。

3. 中国绵阳国际康养小镇建设区 以康养度假、休闲旅游、品牌宣传、科普教育、文化感知、示范体验为主要功能，打造婚旅空间、万国花园、休闲康养中心、滨水休闲旅游基地等重点项目。

4. 特色种养科技示范区 以成果展示、示范栽培、品种推广为主要功能，打造蚕桑标准化种植基地、稻虾综合种养循环示范基地、循环农业产学研合作基地、绿色蔬菜标准化生产基地、朵朵树蚕桑养殖基地、云林村循环种养体验园、千鹤文化广场等重点项目。

5. 香草特色小镇建设区 以科普教育、休闲旅游、创新创业、推广服务为主要功能，打造电商研创基地、专家公寓、婚旅空间、林海花田、花旅驿站、原香国际香草园、双龙山休闲度假村、欢乐碗水乡、蚕桑文化博物馆等重点项目。

6. 都市农业科技展示区　以科技研发、栽培示范、标准化生产、科技展示、休闲旅游、成果展示为主要功能，打造蚕桑高标准养殖示范基地、蚕桑育繁推一体化示范基地、蚕桑主题社区、和宏生态园、设施蔬菜（芦笋）高效栽培科技示范基地、物联网有机果园、天虹现代蚕业体验园、田园研学基地、高档月季种植示范基地、生态循环健康养殖基地、特色园艺作物种质资源圃等重点项目。

7. 绿色循环农业示范区　以生态循环养殖为依托，大力发展生态循环农业，探索资源节约、环境友好生态农业发展道路，打造可复制、可推广成功模式。重点建设“沼—菜”循环经济示范基地、蚕桑种养循环示范基地、稻虾综合种养循环示范基地、有机果蔬种植示范基地、有机肥加工基地、红色文化研学基地等项目。

8. 优质蔬菜高效种植区　以芦笋等优质蔬菜种植、示范栽培、品种推广，以及农业科普展示、休闲旅游及体验等为主要功能，重点建设芦笋交易展示中心、芦笋新品种试验示范基地、设施蔬菜新技术集成示范基地、优质蔬菜标准化种植基地、蔬菜创业孵化示范基地、芦笋精深加工基地、精品农庄、果蔬精深加工基地、有机瓜果采摘园、农耕文化博物馆等项目（图 7-6）。

（二）三台核心区

1. 综合服务与创新创业孵化中心　围绕麦冬—生猪产业的产业培育和转型升级的重大需求，以行政办公、金融服务、品牌服务、创新创业服务、信息发布、农业信息化服务为主要功能，重点建设创新创业孵化中心、生猪种业繁育与加工技术研发中心、食品安全检验检测中心、培训展示中心和专家服务平台等项目。

2. 道地麦冬高标准种植区　以实现麦冬生态种植、机械化生产、信息化管理为主要功能，重点建设麦冬高标准种植示范基地、

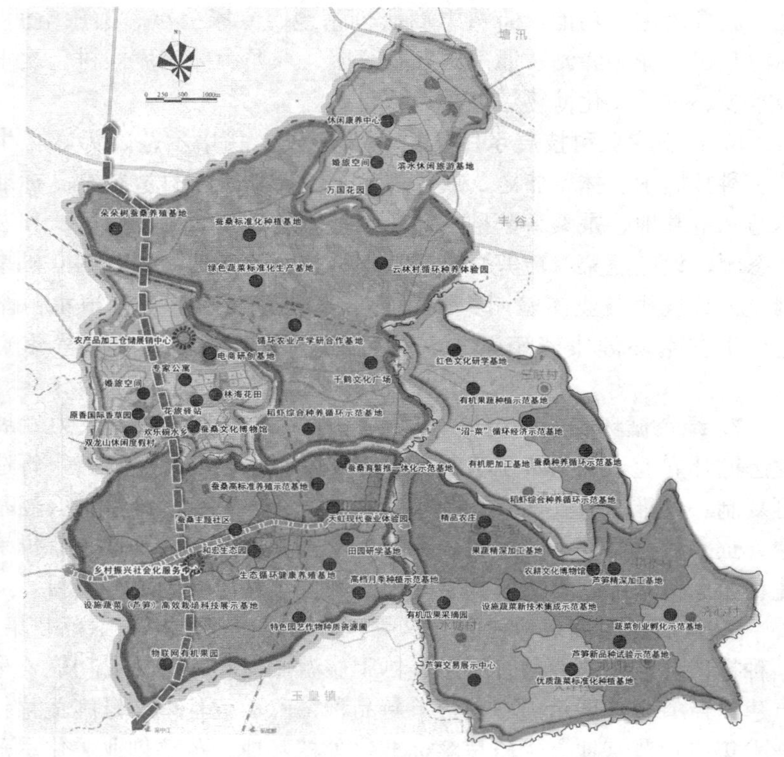

图 7-6　涪城核心区重点项目布局

麦冬绿色生态种植基地、麦冬机械化种植示范基地、麦冬生产技术研究中心等项目。

3. 生猪“育繁推一体化”创新发展区　以实现生猪产业资源循环、麦冬—生猪种养循环、生猪清洁化养殖等为主要功能，重点布局生猪原种繁育基地、优质生猪高标准养殖基地、麦冬—生猪综合种养循环示范基地、畜禽粪污资源化处理中心、动物疫病预防控制中心等项目。

4. 农产品加工与仓储物流区　以加快麦冬产地加工能力建设、提高生猪屠宰现代化水平、提高精深加工产品比重、建设麦冬贮藏设施设备为主要功能，重点建设生猪标准化屠宰加工基地、农产品仓储物流中心、生猪精深加工示范基地、麦冬精深加工示范基地等项目（图7-7）。

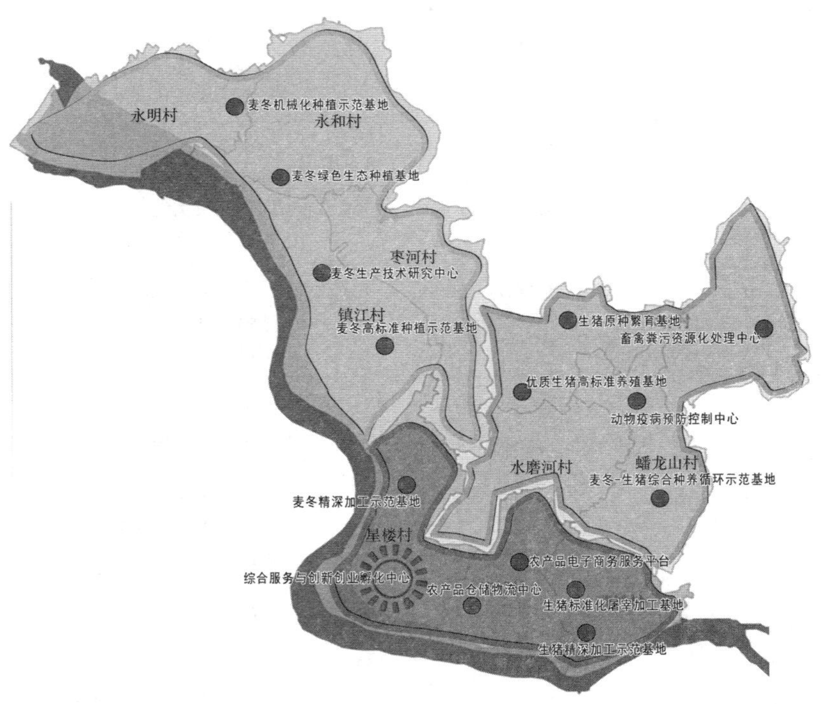

图7-7　三台核心区重点项目布局

（三）分园区重点项目

围绕园区主导产业发展，结合示范区资源禀赋和特色优势产业基础，合理确定游仙分园、安州分园、梓潼分园、平武分园、盐亭分园、北川分园、江油分园的主导产业类型及发展方向。因地制宜布局现代农业科技示范园区，通过推进产业基地建设、完善设施装备、发展农产品加工、促进农村一二三产融合、强化品牌培育、强化科技支撑、培训新型经营主体等，推进七大分园高质量发展（表7-1）。

表 7-1　分园区重点项目一览表

序号	主导产业	园区名称	建设地点及规模	建设内容
游仙分园	蔬菜种业	游仙区优质蔬菜现代农业园区	小枧沟镇，1万亩	蔬菜标准化种植及精深加工基地：建设物流外销型和深加工型现代蔬菜园区
安州分园	中药材产业	安州区中药材现代农业园区	花荄镇、高川乡、睢水镇，1.2万亩	中药材标准化种植基地：种植1.2万亩黄连和重楼，配套建设精选、烘炕等产地初加工设施设备
		安州区魔芋+中药材现代农业园	桑枣镇、千佛镇，1.2万亩	中药材标准化种植基地：加强良种繁育，配套精深加工设施设备
梓潼分园	蜜柚产业、水稻种业	梓潼县蜜柚+生猪生态循环现代农业园区	许州镇及周边乡镇，2.3万亩	蜜柚标准化种植基地：提升蜜柚核心基地，完善基础设施建设。 蜜柚精深加工基地：建设蜜柚加工厂，配套冷链物流等设施设备
		梓潼县水稻制种+优质粮油现代农业园区	黎雅镇、卧龙镇，2.08万亩	高标准粮油种子生产基地：配备拖拉机及耕整地机械，建设工厂化育秧室，购置水稻插秧机、大中型防治机械设备
		梓潼县潼江河谷优质粮油现代农业园区	文昌镇、许州镇、宏仁镇，1.5万亩	标准化水稻种植基地：10 000亩。 建设休闲农业体验及度假中心
平武分园	中药材产业	平武县厚朴现代农业园区	锁江乡，1万亩	厚朴标准化种植基地：加强生产基础设施建设，推广绿色生产技术。 厚朴精深加工基地：引进厚朴精深加工企业，延伸精深加工产业链条

（续）

序号	主导产业	园区名称	建设地点及规模	建设内容
盐亭分园	畜禽产业	盐亭县西部水产现代农业园区	麻秧乡、玉龙镇，0.39万亩	特色水产稻田综合养殖基地：重点发展以梓江鳜鱼为主的池塘精养，鳙鱼、鲢鱼为主的生态养殖，配套发展蟹、虾、鳅、鳖等
北川分园	茶叶产业	北川县茶叶现代农业园区	擂鼓镇、曲山镇、陈家坝镇，0.6万亩	茶标准化种植及休闲体验园：改造提升1 000亩茶园，新增粗制加工厂房各1处，古羌手工制茶体验房1 200余平方米，百年老茶树标识牌300个和茶文化观光长廊
		北川县茶叶+水果现代农业园区	桂溪镇，2万亩	林果标准化种植基地：完善基础设施，配套建设茶叶、水果加工设施
江油分园	生猪产业	江油市双河畜果生态循环现代农业园区	双河镇，0.35万亩	标准化生猪养殖基地：建设养殖小区24个，2 400头种猪场2处，配套有机肥生产设施

第八章
峄城现代农业产业园区总体规划

第一节　规划简介

峄城省级现代农业产业园涉及峄城区榴园镇，具体为：东至中兴大道，南至352省道，西至薛城区与峄城区区界，北至市中区与峄城区区界，规划总面积约48.5平方公里。园区遵循“依托资源、适度集中、拓展功能、示范带动”的原则，对现代农业产业布局进行优化提升，形成“一心、七区、一带”的空间布局，规划统筹布局产业园管理及石榴特色优势主导产业集群的生产、研发、加工、展示、集散、交易、流转、物流、贮藏等功能，构建政府引导、大数据信息、人才培训、金融资本、平台服务、孵化培育、营销推广等服务，构建独具特色的石榴产业品牌，建设全国知名、全省一流、技术先进、辐射能力强的示范点，形成点、线、面有机结合，以点带面、产业联结、集群发展的整体空间发展格局，辐射带动周边地区石榴产业持续、稳定、快速发展。

本规划分为规划总则、基础条件分析与评价、产业园建设的必要性和重要性、发展战略与目标定位、产业发展规划、空间布局与功能定位、产业园重点项目建设规划、农民利益联结机制、产业园基础设施建设规划、建设时序与进度安排、投资估算与效益分析、组织构架与运行机制创新、配套政策与保障措施13个部分。

第二节 规划内容摘要

一、发展战略与目标定位

（一）指导思想

深入贯彻党的十九大精神，践行五大发展理念，围绕实施乡村振兴战略，以推进农业供给侧结构性改革为主线，立足峄城区实际，重点发展石榴产业，聚力规模化标准种植基地建设，强化产业化龙头企业带动，促进现代生产要素聚集，强化品牌建设，形成“生产＋加工＋科技＋营销＋旅游”的现代石榴产业集群，促进一二三产业融合发展，创新农民增收利益联结机制，培育农业农村经济发展新动能，创新发展绿色、智慧农业，打造以科技创新为动力，以生产要素集聚为突破，以石榴产业与地方特色文化相结合的现代农业产业园，引领中国石榴产业持续、健康发展，为峄城区农业农村经济持续健康发展注入新动能、新活力。

（二）基本原则

（1）创新发展，激发活力 注重优化要素配置，培育主导产业发展新动能，推动新技术、新产品、新市场的蓬勃发展。充分发挥科技创新在产业园发展中的引领作用，推进农业现代化，构建产业新体系，拓展发展新空间。创新园区管理体制机制，健全园区运行机制和考核奖惩制度，建立公共服务平台，充分发挥市场主体在园区发展、投资建设、产品营销等方面的主导作用。

（2）协调发展，产业融合 坚持农村一二三产业深度融合，实现一产接二连三，二产前延后伸，三产接二连一，形成产业链相加、价值链相乘、供应链相通的全产业链发展格局。完善石榴采后处理贮藏保鲜及冷链建设，延伸精深加工产业链，突出与石榴种植历史、文化传承、美丽乡村建设、创意农业发展、休闲农业及乡村旅游等方面的有机融合，实现产业园内一二三产业相互促进、协调发展。

（3）绿色发展，品牌提升　以资源承载能力、生态环境容量作为园区建设发展的基本前提，深入实施“一控两减三基本”要求和“沃土工程”，结合园区实际情况，积极打造资源节约、环境友好、生态保育、可持续发展型农业，通过种养结合、废弃物有效循环，建立绿色低碳、循环发展长效机制。推进质量可追溯体系建设，提升石榴果品及其加工制品的质量，做强做响区域公共品牌、企业信誉品牌和优质产品品牌。

（4）开放发展，拓展空间　充分发挥产业园区位优势，利用通畅便捷的交通网络，推进开放合作，强化基础设施建设，完善公共服务体系，实现园区发展与淮海经济区、长三角经济区的开放协同发展。打造园区对国内、国外双向开放互通，产业内外联动发展的全面开放格局，提高石榴主导产业在全国的引领地位，形成园区对外贸易发展机制，构建广泛的产业利益共同体，充分拓展园区技术、产品等市场发展空间。

（5）共享发展，农民受益　园区以农业为基础，农村为载体，农民为主体，发展注重“姓农、务农、为农、兴农、惠农”，不仅要增强农民参与园区主导产业发展的主体意识，提高积极性，而且建设成果必须与园区内农民共享。挖掘农业多种功能，科学构建农民分享园内二三产业增值增收的新机制，探索开辟农民增收的新途径、新渠道和新方法，促进园内农民持续稳定增收。

（三）园区定位

根据“一年有起色、两年见成效、五年成体系”的总体安排，按照现代农业产业园“生产＋加工＋科技＋品牌营销＋旅游”的发展要求，将产业园建设成为品牌农业引领发展示范园、农民持续增收机制创新园、三产融合提质增效试验园、现代农业资源要素聚集综合体。

国家石榴标准化生产示范区。鼓励推进土地流转和集中连片，引导鼓励企业和新型农业经营主体加快基地建设，建设改造一批标准化、专业化、规模化的石榴高效生产示范基地，促进新技术新装备应用，完善基础设施。建立石榴高标准、高效率、高质量生产规范，创新社会化服务体系，建立健全全程质量安全监管体系，辐射带动山东省和国内石榴主产区石榴标准化生产。

国家石榴加工物流科技集成示范基地。与中国农业科学院郑州果树研究所、北京林业大学等高校及科研单位共同推进农科教、产学研的联合协作，聚集资本、信息、人才等现代生产要素。针对园区种植生产、加工及物流等过程中老果园更新改造、工厂化脱毒苗木繁育、标准果园机械化作业、智能化中耕植保、病虫害预测预报与精准防控、初加工节能降耗、精深加工新产品开发等各环节，共同研发或推广应用新技术、新体系、新工艺及新装备，探索科技成果熟化应用有效机制，培养育种、种植、田间管理、病虫害防治、贮藏保鲜、精深加工等领域专业技术人员。通过提升加工装备聚集水平、实施专业技术人才带动战略、提高农业科技与成果转化水平、提升园区农业信息化水平来聚集生产要素，打造石榴生产加工现代科技引领集成示范基地。

山东省石榴一二三产业融合发展先导区。以石榴规模化种植基地为依托，构建生产、加工、收储、物流、销售于一体的石榴全产业链。围绕生态采摘、休闲观光、农事体验、养生养老等新需求新领域，培育发展多元一体、多业衔接、多功能和谐的现代化休闲农业、认养农业、新型民宿和康养园地等。通过打造石榴全产业链深度融合、促进石榴加工提高产品附加值、“互联网＋石榴”助推石榴产业发展、“互联网＋文旅”助推文化旅游发展来促进产业融合，打造一二三产业相互渗透、交叉重组的融合发展区。

新型经营主体创业创新孵化区。鼓励、引导、扶持家庭农场、农民合作社、龙头企业等各类新型主体通过股份合作等形式入园创业，吸引返乡人员、毕业大学生和外乡能人等到园区创业，积极培育和规范蓬勃发展的电子商务直销与现代物流相结合的新业态，做好做强鲜果拍卖、石榴盆景与金融贸易、物流储运等多元融合的营销新模式，努力拓展电子商务、文化创意新领域，搭建一批创业见习、创客服务平台，使园区成为当地农民与各类返乡下乡人员创业创新、微小企业孵化成长的启航地，带动一批成长性好、发动力强、贴地气紧的农业新型经营主体，成为枣庄石榴优势产业持续创新发展的新动能新引擎。通过深入推进土地流转、加快培育新型经营主体、着力打造“双创”服务平台来支持适度规模经营，构建石榴产业多种新型经营主体创业创新孵化区。

（四）示范主题

农村一二三产业融合发展涉及领域广、时空跨度大、工作任务重、现成经验少，将“打造农村一二三产业联动、深度融合发展现代农业发展新业态”作为示范主题，以石榴优势农业为基点，推动种植业、精深加工、休闲旅游发展，积极培育新型经营主体，创新体制机制，发展一二三产业融合综合体，构建一二三产业融合发展新平台，形成“一产接二连三”的互动型、融合型发展模式，形成点创新、线模仿、面推广农村一二三产业融合发展的新格局，打造农村一二三产业融合的先导区、样板园区，为全省一二三产业融合发展提供经验借鉴。

二、空间布局与功能定位

（一）总体布局

根据产业园地理区位、资源禀赋、产业基础、环境承载力、宏观经济政策、国内外市场环境等因素，遵循“依托资源、适度集中、拓展功能、示范带动”的原则，对现代农业产业布局进行优化提升，形成“一心、七区、一带”的空间布局，即：石榴产业发展总部（石榴产业创新创业中心）、石榴苗木良种繁育区、石榴种植及产业标准化示范区、石榴高新技术集成示范区、石榴大健康产业孵化区、石榴农旅融合创意区、现代智慧电商物流孵化区、产镇融合示范区、石榴产业综合发展带。

规划将统筹布局产业园管理及石榴特色优势主导产业集群的生

产、研发、加工、展示、集散、交易、流转、物流、贮藏等功能，构建政府引导、大数据信息、人才培训、金融资本、平台服务、孵化培育、营销推广等服务，构建独具特色的石榴产业品牌，建设全国知名、全省一流、技术先进、辐射能力强的示范点，形成点、线、面有机结合，以点带面、产业联结、集群发展的整体空间发展格局，辐射带动周边地区石榴产业持续、稳定、快速发展。

（二）功能分区

聚焦产业园科技创新与创业平台功能、石榴精深加工与电商物流带动辐射功能、标准化规模化生产功能和农业文化旅游体验功能，以“八大功能区”统领“石榴产业转型升级、产业结构调整优化、石榴三产深度融合、绿色（有机）石榴高产高效创建、新型经营主体培育、农业双创孵化平台构建”六项重点任务建设。

（1）石榴产业发展总部（石榴产业创新创业中心）　位于产业园东北部，榴园路与206国道交汇处西北角，占地面积50亩，建筑面积1 800平方米。以石榴全产业链科技创新、高端服务、创业孵化等为发展方向，重点建设园区综合服务中心、石榴产业科技研发中心、石榴质量检测与追溯中心、石榴品牌运营中心、国际石榴合作交流中心、新农人培训与创业中心、金融服务中心、石榴专家大院等项目。

（2）石榴苗木良种繁育区　位于产业园中北部，石榴博览园为中心及其周边区域，规划占地面积3 240亩。以石榴品种研发、引进、培育、集成和展示为主要功能，重点发展优质石榴种质资源的收集，石榴优良品种改良与选育，高产高抗新品种的示范推广与栽培技术培训等，重点建设中华石榴文化博览园、石榴种质基因库和石榴良种苗圃基地等项目。

（3）石榴种植及产业标准化示范区　位于产业园西部，规划占地面积1.5万亩。重点开展石榴栽培、石榴标准化生产示范，探索高效栽培生产技术示范和技术推广，重点建设石榴新技术示范推广基地、绿色（有机）石榴标准化示范基地、无公害石榴标准化生产示范基地和优质石榴高产栽培技术展示基地等项目。

(4) 石榴高新技术集成示范区　位于产业园中部偏东，榴花路(旅游复线)以南，352 省道以北，占地面积5 210亩。以“集成创新、引领产业、示范驱动、专业服务”为理念，加强与国内外石榴专家的合作，引进先进技术，确保先进石榴种植和加工技术在园区顺利落地，促进科技成果转化，推动石榴产业转型升级。重点建设现代矮化集约化栽培石榴园、石榴产业高科技示范园、智慧设施石榴高效生产示范园等项目。

(5) 石榴大健康产业孵化区　位于产业园东部，中兴大道以西，352 省道以北，福兴中路以南，206 国道两侧，规划占地面积4 335亩。以石榴全产业链研发和资源化利用技术应用为主要功能，引进国内外先进石榴精深加工技术，提升整个产业链条的拉动和辐射作用，带动整个石榴精深加工行业跨越发展。重点研发石榴汁饮料、石榴茶叶、石榴酒、石榴原汁、石榴花蜜、石榴饴糖、石榴籽油软胶囊、石榴叶制药等关键技术。重点建设石榴系列产业综合加工产业园和石榴医药科技产业园等项目。

(6) 石榴农旅融合创意区　位于产业园东北部，206 国道以西，榴花路(旅游复线)以北，规划占地面积9 360亩。依托标准化石榴产业基地，形成春季赏花游和秋季采摘游两个节庆旅游品牌，通过冠世榴园风景区等特色服务配套设施的完善，形成枣园休闲旅游点和乡村休闲旅游点，打造现代农业(石榴种植)、采摘体验、休闲娱乐、观光旅游、文化教育、特产销售、旅游服务、乡村社区等多功能、多业态协同发展的特色旅游生态系统。重点建设冠世榴园风景区提升项目、古石榴国家森林公园创建项目、逍遥峪生态旅游项目、石榴文化商业街区、石榴艺术民宿区、石榴艺术酒吧街、石榴艺术广场、石榴艺术展示中心和冠世榴园生态文化产业园等项目。

(7) 现代智慧电商物流孵化区　位于产业园东部，206 国道以西，榴花路(旅游复线)以南，科达西路以北，占地面积2 775亩。重点建设石榴交易专业市场、农产品交易市场、电子交易大厅、农用物资交易大厅、检验检疫中心、配套服务中心、管理与培训中心、冷藏仓储区等项目，着力推进农产品、果品物流体系建设，构建布局合理、辐射力强的果品、农产品流通网络。北侧建设石榴盆景研发园，重点进行石榴盆景的研发、生产、展示和展销，力争打造全国最大的石榴盆景展销中心。

（8）产镇融合示范区　位于产业园中部，提升改造榴园镇镇区，规划面积3 030亩。按照“产城融合、产园一体、三区共建”的建设思路，加快园区从单一的生产型园区经济体向综合型城镇经济体转型，承担购物旅游、休闲观光、节庆旅游、特色餐饮、食品加工、旅游工艺品生产加工、超市配套等功能，使该区域成为产业发展基础较好、城市服务功能完善、边界相对明晰的城镇综合功能区。重点建设石榴文化民宿村落、石榴智慧养生社区、石榴国际康养酒店、石榴温泉养生庄园等项目。

三、产业发展规划

（一）良种繁育

1. 发展思路　发挥枣庄市石榴国家林木种质资源库的种质资源优势，继续按照“安全保存、广泛收集、深入评价、创新利用、优化服务”的发展思路，进一步加强石榴种质资源保护和新品种引进，加快农家品种选优和优良品种选育。依托石榴种质资源库和苗木繁育中心，以苗木标准化提升品种纯度，将资源优势转化为产业优势。切实将资源库建设成石榴种质资源的收集保存基地、石榴良种的选育研发基地、科学研究的合作交流基地和科技普及的宣传教育基地，促进现代石榴产业的可持续发展（图8-1）。

2. 发展重点　规范种质资源保存、管理条件，加大种质资源收集、引进力度。加强科研合作力度，开展良种选育工作。开展种质资源评价工作。全面、系统、深入地开展形态特征、经济性状观测，基因型评价，基因型与环境的互作效应等相关评价工作，开展繁殖试验，筛选核心种质，为种质资源利用提供依据。同时将编制

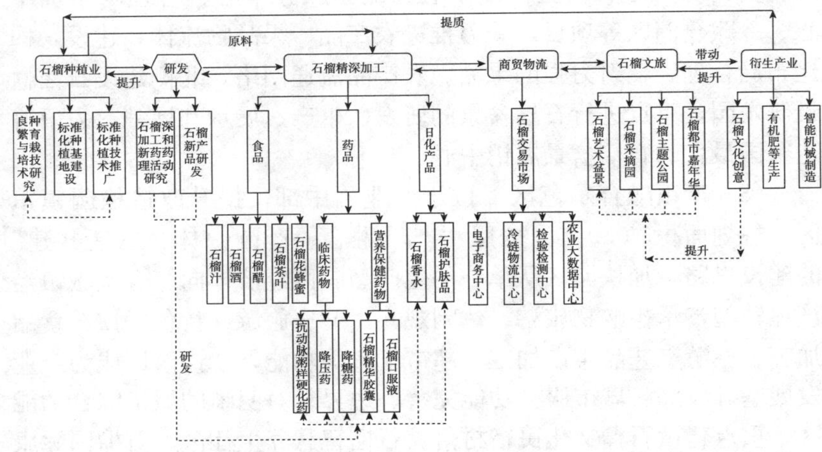

图 8-1　石榴产业链

《石榴种质资源描述规范和数据标准》、《石榴种质资源库建设与管理技术标准》等技术材料，全面规范种质资源的收集、保存和库区管理等基础性工作，逐步建立石榴种质表型数据库、资源图库，实现种质资源信息的共享。

（二）标准化种植

1. 发展思路　聚焦石榴标准化生产基地建设、良种推广和新型经营主体培育三大发展任务，加强产学研合作，推广应用石榴丰产栽培技术、优质栽培技术、贮藏保鲜技术等科研成果，加强地方标准和生产操作规程出台制定，提高经营主体绿色生产和标准化生产意识，建立石榴生产全过程的标准化生产体系，建设一批标准化生产基地。

2. 发展重点　加强生产园区基础设施建设，推广规范化栽植技术。加强果区生产道路、果园微喷及滴灌等水利设备、防雹网、病虫害综合防治等基础设施建设，确保生产、运输道路畅通，实现水肥一体化供给、病虫害绿色防控，增强抵御自然灾害的能力。加强果农培训，培育一批新型经营主体。加大组织实施果农科技培训计划，完善培训手段，建立以省市县专家为主要师资力量、各级专业人员为传播力量、广大果农为受训对象的长效系统培训机制，提高果农的果园管理技术。开展石榴生产良种化，强化安全生产。新发展石榴园及大型商品基地，必须保证良种建园。建立健全果品质量监测体系和安全追溯体系，确保果品质量安全。

（三）精深加工

1. 发展思路　以市场为主导，加强政策扶持、资金投入和科技支撑，围绕石榴全株综合开发利用，积极引进先进加工设备和加工技术，进一步延伸石榴精深加工产业链条，逐步向保健医药方向拓展。依托龙头企业建设产品研发平台（石榴汁、皮、籽等相关产品，石榴花、叶、根等美容保健食品及中药产品开发利用），加大对现有石榴加工企业的帮扶力度，引导其加强技术创新、搞好产品研发、开拓外部市场，尽快裂变膨胀，形成产业集群。

2. 发展重点　引进与培育一批加工龙头企业，打造产业集群。加强产学研合作，组建石榴产品研发平台。出台扶持政策，鼓励企业创建一批产品品牌。政府要制定出台品牌创建政策，引导龙头企业创立自己的精品名牌。通过改进包装贮运技术，提高商品质量，以优质名牌石榴产品开拓国际国内市场。

（四）商贸物流

1. 发展思路　加快推进石榴交易市场的建设，配套建设电子商务中心、冷链物流中心、检验检测中心、信息服务中心等设施，打造国内一流的石榴产品产地、集散地和电子交易平台。通过石榴产业大数据中心建设，实施“互联网＋现代农业”行动计划，推动石榴产业信息化。

2. 发展重点　加强交易、仓储和物流中心建设，提升产品市场竞争力。采用“互联网＋农业”模式，建设农业公共基础数据库。实时采集、分析和发布农业种植、仓储、物流、加工相关数据，运用大数据链接行业供需信息，根据市场需求精准种植；为农户、商贩和农业企业提供决策依据，避免石榴价格大幅波动，稳定农民收益。

（五）休闲旅游

1. 发展思路 加强石榴产业与文化、旅游、创意、健康产业的融合发展，通过举办世界石榴大会，宣传推广峄城石榴。整合区内优质旅游资源，积极争创国家5A级景区。

2. 发展重点 举办国际性节庆活动，宣传推广峄城石榴。政府和企业要加强对外宣传力度，全方位、多层次对“峄城石榴”品牌进行宣传、推广，对“青檀精神”进行诠释和弘扬。加强石榴产业优质资源整合，建设国家级精品旅游景区。以石榴文化博览园、中国石榴博物馆、冠世榴园、石榴盆景园、青檀寺等优质资源和景区为支撑，进一步整合提升各类文化旅游资源，创建国家5A级景区。

（六）衍生产业

1. 发展思路 园区从文化创意角度提升石榴产品附加值，打造中国知名的“石榴之乡”，不断提高在全国的知名度和影响力；通过研发及推广使用绿色有机药肥、智能化采摘机械等，提高石榴产业的标准化、规模化、集约化和科技化发展水平，进一步提升石榴初级产品及精深加工产品的品质。

2. 发展重点 积极培育石榴文化创意中心，围绕石榴主题动画、邮票等石榴文化创意产品设计及展示，打造石榴时尚设计展销平台，结合园区休闲旅游活动和景区资源，形成面向游客的休闲体验区。积极发展石榴种植生产资料的研发与示范应用，围绕生物型杀菌剂、杀虫剂、除草剂，生物、有机、缓释控释等新型环保专用肥料的研发等，推广测土配方施肥和减量控害植保技术，提高化肥、农药利用率，建立绿色、低碳、可持续发展的长效机制。实施智能化石榴采摘机械装备研发，与以色列石榴专家共建技术转化中心，引进以色列先进石榴种植和加工技术的同时，改进、推广示范全自动石榴采摘装置或机器，提高石榴收获的机械化水平。

四、重点项目建设规划

（一）石榴产业发展总部（石榴产业创新创业中心）

以石榴新业态、新模式创新孵化为核心，以农业服务业为载体，以信息化技术为支撑，以石榴科技创新及孵化、投融资服务、信息化服务、质量检测、企业集聚、国际交流与合作、技术培训等为发展方向，构建覆盖石榴产业的高端服务平台。

（二）石榴苗木良种繁育区

收集优质石榴种质资源，进行石榴优良品种的改良与选育，从国内外引进优良的石榴品种，建成品种齐全的种质资源保存与展示基地。进行石榴种苗标准化繁育生产、石榴标准化丰产栽培技术示范，建设设施完善的石榴产业科技教育培训中心，面向全国开展中高层次石榴产业教育与培训，打造中国首家以石榴为主题，融石榴文化展示、石榴种质资源保护、创新利用，以及典型示范、信息培训、观光游览于一体的石榴科技、文化主题公园。

（三）石榴种植及产业标准化示范区

重点开展石榴高效栽培、石榴标准化生产示范，进行软籽石榴和“鲁青榴 1 号”“秋艳”等优质石榴的幼苗培育及标准化生产的示范，探索高效栽培生产技术示范和技术推广。

（四）石榴高新技术集成示范区

以“集成创新、引领产业、示范驱动、专业服务”为理念，加强与以色列石榴专家的合作，引进先进技术，确保先进石榴种植和加工技术在园区顺利落地，促进科技成果转化，推动石榴产业转型升级。依托园区丰富的石榴生产资源，引进国内外先进石榴种植和加工技术，建成全国最具影响力的石榴成果转化中心和石榴高新技术产品交易中心。

（五）石榴大健康产业孵化区

按照“政府扶持、企业运营、社会参与、多元投资”的模式建设，引进和研发石榴的深加工技术，提升整个产业链条的拉动和辐射作用，带动整个石榴精深加工行业跨越发展。为企业提供研发、生产、办公场所，提升企业孵化能力。重点研发石榴汁饮料、石榴茶叶、石榴酒、石榴原汁、石榴花蜜、石榴饴糖、石榴籽油软胶囊、石榴叶制药等关键技术。

（六）石榴农旅融合创意区

依托标准化石榴产业基地，形成春季赏花游和秋季采摘游两个节庆旅游品牌，通过枣庄人家、枣园农家乐等特色服务配套设施的完善形成枣园休闲旅游点和乡村休闲旅游点，积极开展榴园农家乐，带动休闲观光业的发展。

（七）现代智慧电商物流孵化区

打造集实体物流、信息流（含电子商务）、配套综合服务于一体的现代化实体物流中心，具备石榴交易、会展、电子商务、电子结算、分割加工、包装配送、冷链物流、质量检测、信息发布、教育培训、创业孵化、金融服务等功能为一体。

（八）产镇融合示范区

按照“产城融合，产园一体”的建设思路，加快园区从单一的生产型园区经济体向综合型城镇经济体转型，使该区域成为产业发展基础较好、城市服务功能完善、边界相对明晰的城镇综合功能区。推动峄城优势石榴产业与休闲旅游业、文化创意产业、特色商业、现代工业等产业融合，促进科研、创意、文化、旅游、电子商务等新兴业态发展，打造现代农业特色突出、文旅发达、城市功能完善、智慧农业与商业和谐发展的特色产业小镇新地标（表 8-1）。

表 8-1　产业园重点项目

分区名称	重点建设项目
石榴产业发展总部	园区综合服务中心
	石榴产业科技研发中心
	双创人才孵化中心
	石榴质量检测与追溯中心
	国际石榴合作交流中心
	金融服务中心
石榴苗木良种繁育区	中华石榴文化博览园
	石榴种质资源基因库
	石榴苗木繁育基地
	石榴工厂化种苗繁育中心
石榴种植及产业标准化示范区	石榴提质增效标准化生产技术集成示范基地
	石榴园病虫害预测预报与精准防控技术研究与示范基地
	石榴园花果精准调控与品质管理技术研究与示范基地
	石榴智能化中耕植保技术与装备研发示范基地
	绿色（有机）石榴标准化示范基地
石榴高新技术集成示范区	现代矮化集约化栽培石榴园
	石榴产业高科技示范园
	智慧设施石榴高效生产示范基地
石榴大健康产业孵化区	石榴系列产业综合加工产业园
	石榴生物医药科技产业园
石榴农旅融合创意区	古石榴国家森林公园
	冠世榴园生态文化旅游提升项目
	冠世榴园生态文化产业园
	逍遥峪生态旅游项目
	石榴都市嘉年华项目

（续）

分区名称	重点建设项目
现代智慧电商物流孵化区	石榴交易专业市场
	智能仓储物流中心
	产业配套服务项目
	农业大数据及电商营销服务中心
	石榴盆景研发展销园
产镇融合示范区	新农村建设示范园
	石榴文化民俗村落
	石榴养生社区
	石榴国际康养酒店
	石榴温泉养生庄园
	石榴艺术广场

五、农民利益联结机制

实现产业园产业融合发展，既需要企业跟农民建立紧密的利益联结机制，也需要政府、金融机构以及科研院校在政策、技术、金融等方面支持农民、合作社以及相关企业。

一方面，引导企业和农民、合作社通过双向入股方式实现利益联结，鼓励合作社、家庭农场、种养大户和农户以土地、劳务、资金等入股企业，支持企业以资金、技术、品牌等入股专业合作社。探索完善利润分配机制，创新分配方式，明确资本参与利润分配比例上限，维护农民利益。积极引导产业园涉农企业与农户实现“风险共担、利益共享”，让广大农户更多分享加工和流通环节的增值收益，促进农民增收。

另一方面，政府、金融机构以及科研院校在政策支持、技术支持、金融支持等方面向农民、合作社倾斜，同时向与农民建立紧密利益联结机制的公司企业倾斜，促进形成各级单位与合作社、农民的紧密利益联结，全面促进农业发展。

根据产业园重点建设项目的经营主体及经营类型，探索新形势下产业园区企业与农户合作的新模式。

模式一："加工企业+农民新型经营主体+二次分红"的利益联结机制

模式二："企业+合作社+土地入股"的利益联结机制

模式三："村委会+合作社+土地入股"的利益联结机制

模式四："高价收购+新型销售模式"的利益联结机制

模式五："保底订单+农旅结合基础设施"的多方面利益联结机制

第九章

朱家林田园综合体产业发展总体规划

第一节　规划简介

朱家林田园综合体位于沂南县岸堤镇，东临红嫂家乡旅游区暨沂蒙红色影视小镇，距沂南县城约 32 公里，以高湖水库为中心，南至高湖河，北至高湖水库北岸的岸池公路，与沂水县相邻，西至蒙阴县边界，东至岸堤镇村公交线路。总规划面积 28.7 平方公里，辖 10 个行政村，23 个村民大组，共16 000人。规划区属于典型的沂蒙山区、革命老区、水库移民区。园区以建设宜业、宜居、宜游的北方山地丘陵地区“富春山居图”为目标，以推进建设现代农业产业体系为核心，坚持以农为本和“创新、三美、共享”发展理念，围绕做大做强现代农业基础产业，积极发展农产品加工、文化创意、休闲旅游三大主导产业，配套发展电商物流、教育培训和会展节庆等产业，推动农村生产生活生态“三生同步”、一二三产业“三产融合”、农业文化旅游“三位一体”，为实现城乡一体发展和新型经营主体创新创业搭建新平台、新载体、新模式，打造齐鲁乡村振兴发展与田园综合体建设的样板工程、百年工程。

本规划分为规划总则、产业发展基础条件分析、田园综合体产业发展解读、产业发展战略规划、产业体系发展规划、城乡统筹与公共服务设施、保障措施 7 个部分。

第二节　规划内容摘要

一、规划原则与发展策略

（一）规划原则

1. 尊重自然，生态优先　树立和践行绿水青山就是金山银山理念，尊重自然，遵守环保法规，始终将环境保护放在更加突出的位置，坚持生态优先、绿色发展的战略定位，以开发促保护、以保护助开发，实现保护与开发的协调统一，促进当地产业实现全面协调可持续发展。

2. 彰显特色，三产融合　立足沂蒙山地丘陵地区资源禀赋、区位环境、历史文化、产业集聚等优势，围绕田园资源和农业特色，做大做强传统特色优势主导产业，推动土地规模化利用和三产融合发展，大力打造农业产业集群；稳步发展文化创意农业，利用“旅游＋”、“生态＋”等模式，开发农业多功能性，推进农业产业与旅游、教育、文化、康养等产业深度融合。

3. 以农为本，开放共享　坚持以农为本，以保护耕地为前提，提升农业综合生产能力，发展现代农业，提高农业综合效益和现代化水平；坚持包容开放，兼收并蓄的原则，确保农民参与和受益，着力构建企业、合作社和农民利益联结机制，带动农民持续稳定增收，让农民充分分享田园综合体发展成果。

4. 顶层设计，循序渐进　根据市场和资金的情况，全方位统筹，分步实施，合理安排建设项目，处理好近期建设与长期发展的关系，有序开发，良性循环，协调发展；要整合资源，循序渐进，挖掘特色优势，创新发展理念，优化功能定位，探索一条特色鲜明、宜居宜业、惠及各方的田园综合体产业发展之路，实现可持续、可复制、可推广。

（二）发展理念

生态优先、三产融合、共建共享、创新创意、城乡统筹。

（三）发展定位

1. 总体定位 宜业、宜居、宜游的北方山地丘陵地区“富春山居图”。

2. 目标定位

——田园综合体齐鲁样板；

——齐鲁乡村振兴的朱家林方案；

——山东省新旧动能转换示范区；

——沂蒙三产融合发展先导区。

（四）发展策略

1. 策略一：多元创新，模式重构 把创新作为朱家林产业发展核心和主线，推动田园综合体新需求、新技术、新供给、新业态的蓬勃发展，通过融合多元化、多路径的创新运营模式，培育壮大若干重点产业。依托田园综合体的产业、空间和分区指引，从政策、资金、技术、人才、组织、品牌等方面，提出支撑田园综合体建设发展的保障体系、组织运营等内容，探索城乡统筹发展新模式。

2. 策略二：生态优先，绿色共享 统筹朱家林田园综合体发展与区域生态环境建设的关系，从生态环境资源综合利用方面出发，结合生态循环体系、水资源保护、生态红线管控等多方面措施，提升田园综合体生态环境承载能力，打造社区、田园、湿地为一体的乡村环境。以山为“骨”，以水为“魂”，以田为“体”，串珠式重塑“山水—林—田—湖—草—村—路”共生格局，形成山脉、水脉、田园、路网的生态网络结构。通过片区组团发展，东西联动，拓展两侧绿色空间，将滨水景观、现代农业、乡村风貌、道路绿廊引入田园生产、田园生活、康养休闲中，打造集生产、生活、生态三生一体的田园画卷。

3. 策略三：提升优化，三产融合 明确主导产业选择，由传统种植农业向现代农业、创意农业、休闲农业转变，大力发展乡村旅游业康养产业、教育产业，增强产业融合度，提升产业附加值，推动综合体向高效化、精品化、智慧化、品牌化发展。

4. 策略四：对接市场，跨界发展　对接绿色农产品消费市场，以及对绿色安全农产品的强烈需求，重点发展生态绿色农业，生产优质生态绿色农产品，为区域市场提供绿色产品和服务。依托朱家林田园综合体“国字号”品牌，对接红色教育、田园培训、青少年研学等市场。对接市场庞大的康养需求，依托朱家林优美的田园生态环境、健康的有机食品与生活理念、独特的地域乡村文化及完善方便的配套康养设施，打造朱家林田园大健康产业品牌。

5. 策略五：美丽乡村，文化激活　通过产业带动，培育乡村内生发展动力，促进乡村可持续发展，打造美丽田园乡村。通过产业带动，促进农民共同富裕，坚定乡村文化自信、乡村文化自觉，实现乡村文化振兴。通过文化创意强化文化品牌，通过功能混合激发人文活力，通过文化传承留住乡愁，从田园综合体的业态打造、产品设计等方面塑造示范带动田园文化魅力和区域吸引力。

二、产业体系发展规划

（一）基础产业——田园生产

立足朱家林的多样化地形地貌和良好的土壤条件基础，通过林果、杂粮、花卉和中药材等绿色种植及高标准农地，发展高效种植的生态农业。加强科技创新，加强地方优良品种开发和新品种选育、引进，提高农业机械化水平，积极推进农产品的规模化标准化生产和清洁生产。通过龙头企业、专业合作社和基地建设，示范推广安全、高效、绿色种植技术，培育带动农民开展标准化生产，进一步完善农产品质量追溯体系建设，保障园区的农产品质量安全。

（二）主导产业——田园制造

立足沂蒙山区农产品资源优势，按照“资源整合、链条延伸、品牌建设、网络经营、提升效益”的总体战略思路，围绕重点产业，依托龙头企业，提升科技创新能力，着力培育产业集群，不断完善产业配套，切实抓好品牌创建。瞄准生态、有机、长寿等目标，推动产业向精深加工、互联网＋、功能保健等方向发展，全面提升园区农业产业化发展水平，打造“沂蒙山区”生态农产品加工聚集区。

（三）主导产业——文化创意

以打造山东省知名创意特色小镇为目标，以“文创产业化、产业文创化”和“创意引领生产与生活”为主题，以“做精、做专、做强、做优”为主线，着力培育特色行业，着力提升文创的行业首位度、产业融合度、开放包容度、品牌美誉度和国内知名度。积极推动产业与农业、制造业、服务业、建筑业、艺术和休闲旅游市场融合发展，延伸产业链，重点发展农业文化、建筑文化、会展节庆创意及软件动漫、设计、传媒等创意产业，形成新业态产业，推动园区创意产业的创新发展。

（四）主导产业——休闲旅游

以田园综合体为平台，创意农业为引领，以5A景区标准为建设目标，大力发展休闲旅游，丰富田园综合体的休闲业态与配套，通过休闲旅游的搬运功能，释放“旅游＋”的乘数效应，促进城乡要素的双向流动，实现城乡统筹，使休闲旅游产业成为驱动朱家林田园综合体可持续发展的重要内生驱动力，最终实现三生三美的愿景。

（五）新兴产业——田园康养

对接市场庞大的康养需求，依托朱家林优美的田园生态环境、健康的有机食品与生活理念、独特的地域乡村文化及完善方便的配套康养设施，打造朱家林田园大健康产业，作为未来综合体可持续发展以及乡村振兴重要的嵌入式经济发展驱动力。

（六）新兴产业——田园教育

作为国家级的田园综合体在规划建设中，应注重发展不同阶段经验的梳理与总结，提炼出朱家林乡村振兴发展理念与模板，依托良好的田园生态环境及省委党校岸堤分校平台，大力发展田园教育。借鉴浙大培训模式，与省内高校充分合作，建设田园学院，为前来学习、参观的各界人士提供一个交流平台，完善配套服务，拉伸与放大田园教育产业链条，使之成为朱家林建设发展初期重要的经济支撑之一。

（七）衍生产业

充分发挥朱家林资源优势和产业基础，大力发展大数据、村居建设、生态修复和良种繁育等衍生产业，为田园生产、文化创意、农产品加工、休闲旅游、田园养生、田园教育等产业提供数据信息、建筑设计、生态修复和良种繁育等服务。

三、产品市场营销与品牌建设

（一）产品营销市场现状分析

沂南朱家林田园综合体借势国家级田园综合体开发的建设机遇，立足沂蒙山区自然资源，依托当地农业优势，并借助外来创客及人才的创新推动，开发出了丰富的产品类型，现拥有商业产品三类，包括：农副产品（有机小米、珍珠油杏、蜜桃等）、民俗手工艺品（蓝染手工艺品、粗布鞋、虎头鞋、木制工艺品等）、文创产品（旅游文化衫、环保布袋等），以及体验式产品三类，包括：特色民宿（织布主题、原始主题民宿等）、农事体验（家庭农场）、田园生活体验（田园婚礼、田园康养体验）。

目前，朱家林田园综合体产品的营销主要依托两大市场：①借助旅游观光、会议培训、节庆活动增加的人流量而产生的实体消费市场；②借助“互联网＋”的产业模式而产生的线上虚拟消费市场。党的十九大后，“乡村振兴”战略的提出及作为国家级田园综合体的优势，在“乡村振兴，产业先行”的发展理念下，各类产品的消费者数量在不断攀升。

针对当下市场消费者的三大特点：①随着人们健康养生意识的提高，对绿色环保农副产品的需求量不断增加；②居民人均收入的不断增加带动了旅游消费；③随着我国城镇化水平的不断提高，久居都市的人们渴望回归田园生活。综上所述，朱家林田园综合体在近几年商业市场需求刺激下，农副产品、特色民宿、农事体验、田园生活体验的市场需求量持续增加，通过分析发现，传统商业产品的市场需求变得更加具有导向化、专一化，需求量增长缓慢，而当下迎合消费心理、市场需求的体验式产品更加赢得消费者青睐，所以朱家林田园综合体的产品营销模式借助了国家政策的扶持，把握了市场发展的动向，迎合了人民群众的消费点，在当下市场的发展趋势是不断攀升的。

但立足山东，放眼全国，朱家林产品系列的市场知名度还要进一步提高，“以点带面”的市场影响力还是有欠缺的。

（二）产品营销市场细分与定位

对于朱家林田园综合体的产品营销市场细分为三类，第一类是为年轻人群放松身心，体验田园“野趣”生活提供了“自然＋舒适”的活动空间；第二类是为中老年人群提供了“养生＋养老”的自然康养环境；第三类是为前来培训、参观的人群提供了舒适休闲的学习环境。针对这三类消费人群的消费需求，朱家林田园综合体具有明显的市场优势，第一，拥有丰富的自然资源和优美的自然环境，让久居的都市人群在大自然中得到身心的放松；第二，朱家林田园综合体现拥有优秀、专业的设计团队，在房屋建筑设计、居住景观设计、室内家居设计中完美地把自然淳朴的乡村风格和简奢舒适的都市风格融合在一起，让前来旅游居住的人群在享受乡村自然的同时又不失都市生活的便利；第三，朱家林田园综合体位于山东省临沂市沂南县岸堤镇，距离市区87

公里，驾车时间在一个半小时便可到达，地理位置处于市区两小时活动半径之内，距离合适，满足了都市人群在周末短暂游玩的时间需求。

朱家林产品的市场定位应归纳为“引领乡村时尚，健康绿色生活”。朱家林产品把“乡村”与“时尚”相结合，使人们对乡村田园有了全新的体验和认识，它引领了相对于都市生活的全新田园生活模式，并融入“健康”、“绿色”的发展元素，形成朱家林品牌模式的产品体系。

（三）市场营销策略

制定朱家林田园综合体的市场营销策略应分为两个方向，第一个是实体商业产品的市场营销策略；第二个是体验式产品的市场营销策略。

首先分析实体商业产品的市场营销策略，朱家林田园综合体的实体商业产品包含三类，第一类是农副产品，第二类是民俗手工艺品，第三类是文创产品。农副产品的营销除了依托朱家林田园综合体原有的自然生态和农业资源的优势外，更重要的是用好“天然、绿色、有机”的理念及朱家林这个品牌对农副产品进行包装、宣传，利用好都市居民对健康饮食的迫切需求及人们养生意识的不断提高，来打开市场销路，比如目前朱家林田园综合体的有机小米、珍珠油杏都属于天然有机绿色环保的明星农产品。民俗手工艺品借助朱家林当地特有的民俗艺术文化、民间手工艺产生了大量的原生态民间艺术品，借助朱家林品牌营造“返璞归真”的民俗产品内涵。文创产品利用外来创客、设计师来融入当代先进的设计理念，把传统民间艺术与现代设计相结合，打造出一批迎合年轻消费者的文创艺术品，打造“朱家林”文创品牌，打开年轻消费人群市场，扩大朱家林品牌的影响力。

但仅仅依靠游客人数来实现产品的销售是远远达不到产业利润需求的，依据当下“互联网＋”的商业发展思路，“线上＋线下”的结合才能使商业产品的利润翻倍增长，然而网络销售的关键点在于人气的聚合，因此实体商业产品市场营销的宗旨就是深化品牌价值，提升品牌知名度，让“朱家林”这个品牌深深烙印在消费者的心中，并让“朱家林”品牌成为“原生态乡村美学”“健康生活新模式”的代名词。

第二个是体验式产品的市场营销策略，体验式产品的根本服务对象是人，人们对体验式产品的感知决定了产品的质量，面对当下文化旅游、养老度假、野奢民宿、田园社区的不断发展，朱家林田园综合体要想在这其中脱颖而出，面临的挑战是不小的。因此，朱家林应结合沂蒙特色，打造具有朱家林品牌特色的文旅空间，把朱家林品牌的特点融入到空间规划、景观设计、VI设计、建筑设计当中，让消费者在游览体验的过程中产生对朱家林品牌的认同感和认知度，满足人们的“猎奇”消费心理，并进而记住朱家林这个品牌。

（四）文化与品牌建设

根据目前朱家林田园综合体拥有的自然生态、农业资源、政策扶持、历史文化、人才创新、设计理念六大现状，文化层面的建设应打造具有朱家林特色的“后现代乡土文化”，朱家林要把乡土文化与都市时尚理念相结合，创建“原生态时尚乡村美学”，树立“后现代乡土文化+原生态时尚乡村美学=朱家林文化”的文化发展理念，并进而以朱家林文化特色为核心，延伸出朱家林品牌文化、旅游文化、饮食文化、产品文化等，打造朱家林文化体系。

品牌是市场竞争力的综合体现，在品牌建设中，把朱家林的品牌价值、市场定位、文化特色相结合，继续深化“朱家林”这个品牌的价值，提升品牌知名度，把“朱家林”这个品牌打造成引领乡村时尚美学，推动乡村振兴，完成农村产业升级的典型品牌。社会价值是品牌价值的生命，因此在下一步的品牌提升中，要注入“田园绿色生活，都市健康选择”的打造理念，提高品牌的社会价值，把原生态、新民宿、农产品、民俗民艺更加融洽的结合在一起，建立起完整的田园综合体产业链，进一步构建都市田园生态圈，让朱家林品牌成为朱家林田园综合体的一张名片，不仅让“朱家林”这个品牌成为区域性品牌，更要把它打造成为全国性品牌。此外通过引进知名企业来提高朱家林品牌的价值及知名度，如当前引进的法国安德鲁企业，致力于水果深加工，生产健康营养的水果制品，打造健康、保健饮食新体验，这与朱家林所提倡的健康康养的田园生活方式相契合，使企业发展与朱家林发展互利共赢。

四、城乡统筹与公共服务设施

城乡统筹发展，是相对于城乡分割的“二元经济社会结构”而言的，它要求把农村经济与社会发展纳入整个国民经济与社会发展全局之中进行通盘筹划，综合考虑，以城乡经济社会一体化发展为最终目标，统筹城乡物质文明、精神文明和生态环境建设，打破城乡界线，优化资源配置，把解决好“三农”问题放在优先位置，更多地关注农村，关心农民，支持农业，实现城乡共同繁荣。而实现城乡统筹最主要的体现就是实现城乡基础设施和公共服务设施的共享。朱家林位于沂南县岸堤镇，是典型的脱离城市发展的山区村落，整体经济水平偏弱，城乡二元化较为突出，尤其在教育、医疗、商业等方面远远落后于城市。朱家林田园综合体的建设是在乡村振兴战略背景下实现其城乡统筹的重要载体，而目前最需要解决的就是满足现有农民、产业工人和游客这三类人群的需求。主要分为 3 个层次：解决职住平衡的宜业圈、承担社区服务的宜居圈、提供地区服务的宜游圈。通过这 3 个圈层的打造，才能构成宜业、宜居、宜游的北方山地丘陵地区“富春山居图”。

（一）解决职住平衡的宜业圈

1. 建设思路　职住平衡指在某一给定的地域范围内，居民中劳动者的数量和就业岗位的数量大致相等，即职工的数量与住户的数量大体保持平衡状态，大部分居民可以就近工作，通勤交通可采用步行、自行车或者其他的非机动车方式，即使是使用机动车，出行距离和时间也比较短，限定在一个合理的范围内，这样就有利于减少机动车尤其是小汽车的使用，从而减少交通拥堵和空气污染。朱家林田园综合体目前拥有当地居民16 000人，按照 30%的劳动力比率计算，其中劳动力可达4 800人，未来新增产业将带来更多的就业岗位，也将带来人口的增长。所以，未来园区的就业岗位和住房总量要同时考虑本地居民和外来就业职工的两大因素。由于就业岗位受市场影响，本地居民由于年龄、文化水平等因素存在一定劣势，因此需要政府进行适当干预，在同等条件下尽量为本地居民提供就业岗位。同时，利用园区内各村庄大量的闲置房屋，在改善居住条件后，对外来人员进行租售，实现就业和居住的双赢局面。

2. 建设重点 明确园区新增产业种类，田园生产、农产品加工物流、文化创意、休闲旅游、田园教育、田园康养等产业，按照每 10 亩农业用地承担一个就业岗位计算，朱家林 2.7 万亩农业用地，可提供2 700个就业岗位。农产品加工物流为劳动密集型产业，每公顷加工物流用地可以提供 100～150 个就业岗位，目前加工用地为 13.6 公顷，可提供1 360～2 040个就业岗位，在同等条件下，各入驻企业要优先选用本地居民。同时，在朱家林、波子峪、东北村、柿子岭、大峪庄、石旺庄、四新、赵家庄、小峪庄、局埠等村里整合现有闲置房，为外来打工人员居住租赁使用，就近提供居住服务。

（二）承担社区服务的宜居圈

1. 建设思路 社区居住体系建设要尊重乡村的地域差异与多元化，以农民需求为导向，兼顾外来职工，服务设施主要体现在丰富多元的文化服务、老有颐养的乐龄生活、学有所成的终身教育、全面管理的健康服务、无处不在的健身空间、艺术便捷的商业服务 6 个方面。公共服务设施分为基础保障和品质提升两类，基础保障型为底线型设施，主要由政府主导进行托底建设（如医疗设施、教育设施），确保服务的均等化和公平性，品质提升型将新时期涌现的新型设施类型纳入其中，各村庄可根据实际需求进行差异化选择设置，可依托市场力量予以补充建设。尽可能改善村居居住条件，根据居民数量确定相应规模的公共服务设施，以满足本地居民和外来职工的生活需求。

2. 建设重点　园区内有10个行政村庄，共16 000人，需要10个占地不小于200平方米规模的村卫生室，按照“政府规划、卫生督办、乡镇建设”的原则进行建设。建设的具体位置可利用园区内各村现有闲置农房，经过改善后使用。根据现有人口规模，园区配套建设24班小学1处，占地1.4公顷，可考虑托幼设施，托幼占地面积不少于7 200平方米。村庄商业设施可按照农贸市场、社区超市等形式设置，农贸市场占地宜100～300平方米，相近的村庄可以联合建设使用。社区超市宜70～150平方米，尽量所有村庄全覆盖。其他品质提升型设施（如社区学校、养育托管点、社区食堂、体育健身）各村庄根据实际需求进行差异化选择设置，主要依靠市场力量补充建设，将关联度大的设施集中设置，提高居民的出行效率。

（三）提供地区服务的宜游圈

1. 建设思路　地区服务主要针对外来游客，朱家林的年游客量日趋增加，2017年游客量达到10万人次，大量的游客需要吃饭、住宿、研学培训、游览、紧急救助等基本消费和需求，因此需要大量的公共建筑为之提供服务。公共服务性建筑的布局应充分考虑使用的便利性和地形地势的转折变化，疏密相间，成组成团。因建筑体量相对较大，故应注重与环境之间的关系，且应用石材、木材、玻璃等材质，使建筑环境与自然环境相互渗透。景观建筑小品广泛分布在田园综合体区域内，既是观景的功能设施，又是景观资源。景观建筑小品包括休息亭、座椅、栈道、垃圾箱等，这些零星的景观小品的形式及风格均应以东方文化为特色，与环境相协调，既要符合园林建筑技术的要求，又有造型艺术和空间组合上的美感。尤其是景点建筑的选址，多在对自然景观有衬托、点缀、引景作用的最佳位置，体量和造型与周围环境应协调，主次关系明确。

2. 建设重点 在朱家林创意核主核内建设规模较大的餐饮、住宿等公共建筑，适当调整土地指标，完善主核的功能。在副核及其他村根据需要建设规模相应的公共建筑，以满足游客的餐饮住宿等需求。研学、培训、教育主要利用现在在建的党校作为主要阵地，党校培训、田园学院附近要建设针对集中大规模培训人员的住宿餐饮等服务设施。党校占地 238 亩，可容纳 200 人同时接受培训，田园学院占地不低于 300 亩，距离朱家林主核不超过 10 分钟车程，建议在石旺庄附近，配套建设满足5 000人同时集中用餐的餐饮商业服务，占地面积不小于 500 亩。建立紧急救援机制，在朱家林创意核中依托大型公共服务设施建立紧急救援中心，设立医务室，面积不小于 100 平方米，并配备专职医务人员。在旅游区范围内合理设置医疗救护点，尤其在副核、其他服务点设置紧急救护室，可结合村卫生室设置，面积不小于 20 平方米，必须具备紧急救护的能力。设有突发事件处理预案，应急处理能力强，事故处理及时、妥当，档案记录准确、齐全。医疗保健救护设施的建设，应以方便游客和融入社区为原则，既可提高设备的运营效率，又可避免过多设施对旅游区景观造成破坏。

第十章 兰陵国家农业公园总体规划

第一节 规划简介

兰陵国家农业公园位于临沂市兰陵县卞庄街道，规划范围东至中兴路、南至经十一路、西至汶河、北至顺和路，规划面积1 063.5公顷。园区通过“一心、一带、三轴、九区”的功能布局，做大做强高效种植产业，做精做深农产品加工业，做优做特都市休闲农业，做专做通商贸物流服务业，聚合休闲农业、智慧农业、循环农业、创意农业、文化传承、康体度假、良种繁育、高效种植、创新创业等多种功能，推动产业链相加，价值链相乘，供应链相通“三链重构”，塑造终端型、体验型、循环型、智慧型新产业新业态，着力推动一二三产业融合发展，打造产业兴旺、城乡融合、文化繁荣、环境优美、独具魅力的田园新城。兰陵国家农业公园2013 年开园以来，取得了良好的经济、社会与生态效益，成为兰陵县乡村旅游的一张名片，作为城乡共融发展的试点，国家农业公园在长足发展中进入了其发展稳定期与提升期。

本规划分为规划总则、基础条件分析与评价、产业发展战略、产业空间布局、重点项目建设规划、三产融合发展规划、田园新城设计引导规划、投资估算、资金筹措与效益分析、近期和中期项目建设规划、组织管理与进度安排、规划保障措施 12 个部分。

第二节　规划内容摘要

一、产业发展战略

（一）指导思想

全面贯彻落实党的十九大精神，以习近平新时代中国特色社会主义思想为指导，践行新发展理念，按照高质量发展要求，以实施乡村振兴战略为总抓手，以推进农业供给侧结构性改革为主线，以实施山东省新旧动能转换重大工程为契机，以优化农业产能和增加农民收入为目标，通过“一心、一带、三轴、九区”功能布局，做大做强高效种植产业，做精做深农产品加工业，做优做特都市休闲农业，做专做通商贸物流服务业，聚合休闲农业、智慧农业、循环农业、创意农业、文化传承、康体度假、良种繁育、高效种植、创新创业等多种功能，推动产业链相加，价值链相乘，供应链相通“三链重构”，塑造终端型、体验型、循环型、智慧型新产业新业态，着力推动一二三产业融合发展，打造产业兴旺、城乡融合、文化繁荣、环境优美、独具魅力的田园新城。

（二）发展理念

“打造产业兴旺田园新城，实现城乡一体和谐发展”。

——以路为经，以水为脉，重塑“田—水—路—园—村”空间结构，构建全域城景旅一体化共生发展格局，将滨水景观、都市农业、村镇风貌、道路绿廊融入园区生产、居住、休闲之中，并运用村落用地做减法、产业用地做加法，节省出大量建设用地，打造美丽田园新城。

——抓住乡村振兴战略和“新六产”发展机遇，延伸都市型现代农业内涵，拓展产业空间，实现一二三产联动发展；对接城市居民对生态健康、休闲体验、绿色食品等消费需求新常态，植入创新创业产业，将都市农业与现代服务、乡村小镇相结合，打造融科技示范、农业休闲、文化传承、健康体验、商业居住等功能于一体的田园新城。

（三）基本原则

——坚持改革创新，融合发展。实施乡村振兴战略，构建现代农业产业体系、生产体系、经营体系，推进新旧动能转换，培植新产业、新业态、新模式，激发园区发展内生动力。

——坚持市场导向，政府服务。强化规划引领、顶层设计、机制创新、政策支持和配套服务，充分发挥市场配置资源的决定性作用，加快培育新型农业经营主体。

——坚持绿色发展，生态友好。树立绿色理念，创设绿色政策，推广绿色模式，建立绿色、低碳、循环发展长效机制，污水、废气排放达标，农作物秸秆等废弃物得到有效利用。

——坚持社区参与，共建共享。发挥社区农民主体作用，尊重农民意愿，强化利益联结，拓宽农民增收渠道，保障农民获得更多全产业链增值收益。

（四）发展定位

——全国乡村振兴战略先行试验区。按照“产业兴旺、生态宜居、乡风文明、治理有效、生活富裕”的总要求，扎实推进乡村产业振兴、乡村人才振兴、乡村文化振兴、乡村生态振兴、乡村组织振兴，让农业更绿，让农村更美，让农民更富，全力打造中国乡村振兴先行区。

——山东省农业新旧动能转换先导区。深入推进农业绿色化、优质化、特色化、品牌化，大力发展农产品精深加工业、冷链物流和休闲观光农业等新动能，着力推进应用物联网、云计算、大数据等现代信息技术，实现农业科技化、智能化升级，加快农业集约发展，打造山东新旧动能转换样板区。

——沂蒙山区一二三产融合发展示范区。大力开发农业多种功能，延长产业链、提升价值链、完善利益链，促进农业与加工、流通、旅游、文化、康养等产业深度融合，加快培育终端型、体验型、循环型农业，构建农产品从田头到餐桌、从初级产品到终端消费无缝对接，集生产生活生态功能于一体的产业新体系。

二、产业空间布局

（一）功能布局

结合园区的区位特征、地形地貌、农林资源和土地利用现状，依据“产业集群、项目集聚、景观协调、分期建设”的开发思路，将园区划分为“一心、一带、三轴、九区”的空间布局，即综合服务中心、汶河滨水景观带、农耕文化传承轴、生态农业景观轴、乡村振兴启动轴、休闲农业观光区、中国知青文化园、现代农业教育培训区、花卉特色小镇、蔬菜良种繁育区、农产品精深加工区、农产品商贸物流区、温泉康养度假区和美丽田园社区。

（1）一心　即综合服务中心。位于园区南部，南环路北侧，以园区管理服务、农业会展、农科展示为主要功能，重点建设兰花文化广场、园区管理服务中心、游客接待服务中心、临沂农展馆、中华兰花馆和蔬菜园艺馆等项目，是南部片区的一期启动项目。

（2）一带　即汶河滨水景观带。沿汶河两侧布局，以生态涵养、环境美化、滨水休闲为主要功能，重点建设河道景观、河港景观、浅水湿地景观、水上森林景观和人工水域景观等项目，打造滨水休闲景观带。

（3）三轴　即农耕文化传承轴。沿神农路向东延伸到青年路再向北延伸到经四路再向东形成一条农耕文化体验轴，重点建设农业传统文化体验、农业休闲活动体验和农业高科技体验等。

生态农业景观轴。沿抱犊崮路两侧布局并向南延伸至南外环路，重点展示生态农业高新技术、装备与成果，并开展生态绿色农业展示和推广。

乡村振兴启动轴。沿南外环两侧布局，并自东到西贯穿整个园区南部，重点作为园区连接外部的主要通道。

（4）九区　即休闲农业观光区。位于园区中部，惠民路西侧。以农科成果展示、农耕文化教育、农事活动体验为主要功能，重点提升建设都市农业嘉年华展馆、印象兰陵（二期）、植物梦工厂、蔬菜迷宫、特色蘑菇园、百渔乐园、创意瓜果王国等项目。

中国知青文化园。位于园区西部，孤山东路西侧。以弘扬知青文化，传承知青精神为主要功能，围绕知青文化主题，重点建设游客服务中心、知青园和知青农事体验区等项目。

现代农业教育培训区。位于园区中南部，南外环北侧。以党性教育、青少年培训、新农人教育为主要功能，重点建设新农人培训中心、青少年“三农”实践教育基地和乡村振兴研究院等项目。

花卉特色小镇。位于园区中西部，抱犊崮路西侧。以花卉研发、花卉种植、花卉展销、花卉旅游为主要功能，重点建设花卉科创中心、高档花卉种植园、花卉产学研创园和花旅融合体验园等项目。

蔬菜良种繁育区。位于园区西部，经五路北侧。以蔬菜育种研究、种苗繁育、成果孵化和展示为主要功能，重点建设蔬菜种业研发中心、集约化种苗繁育中心、蔬菜国际合作园和蔬菜高科技博览园等项目。

农产品精深加工区。位于园区西北部，孤山东路西侧。以蔬菜、水果、花卉等优势特色产业为重点，发展农产品初加工、精深加工等高附加值产业，重点建设优质蔬菜精深加工产业园、休闲食品加工产业园、花卉精深加工园和农业生物科技产业园等项目。

农产品商贸物流区。位于园区南部，南外环南侧。以商品批发、农产品交易、冷链物流、加工仓储为主要功能，重点建设农产品交易市场、市场综合服务大楼、仓储冷藏物流园、电子商务产业园、代村新商城等项目，培育冷链物流、超市配送、连锁经营、电子商务等新型流通业态。

温泉康养度假区。位于园区东部，惠民路东侧。以温泉度假、康体养生、养生服务为主要功能，重点建设温泉养生度假村、养生慢城、中医养生街和休闲健身公园等项目。

美丽田园社区。位于园区北部和园区东北部，经三路北侧。以住宅生活、商贸服务和学校教育为主要功能，重点建设高端居住区和商业街区等项目，打造环境宜人、实用易行的低碳循环、田园风光式新农村示范区（图 10 - 1）。

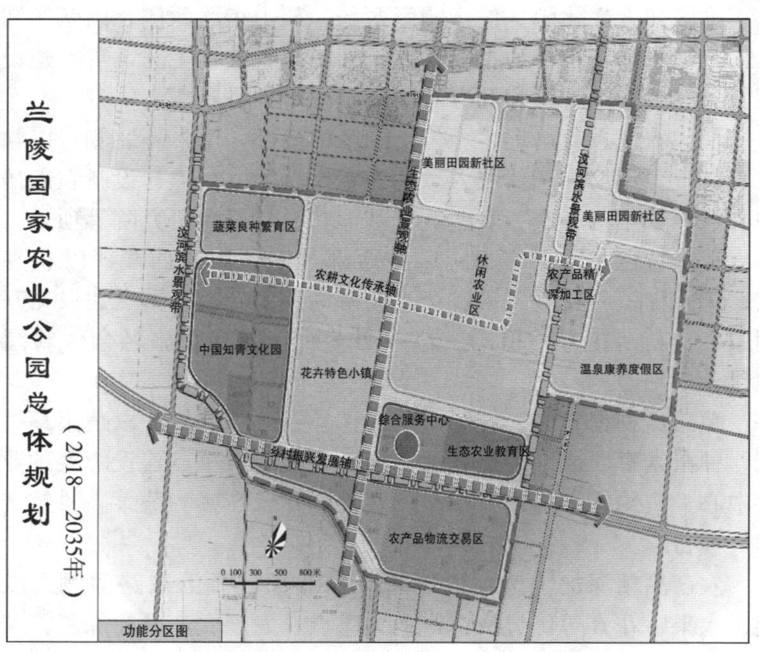

图 10 - 1　园区总体布局

（二）产业板块

整个园区总体划分为八大产业板块，即：

（1）蔬菜种苗产业板块　加强蔬菜种质资源创新，改进育种方法，培育一批优质、抗病、高产、抗逆性强的蔬菜优良品种，推出一批安全优质、省工节本、增产增效的蔬菜育种实用技术，加强蔬菜集约化繁育中心建设，推动蔬菜育苗向专业化、商品化、产业化方向发展。

（2）高效花卉产业板块　积极引导花卉企业入园生产，逐步形成名优花卉新品种引进驯化基地、优质花卉种苗繁育基地、名优花卉规范化生产示范基地，规划、建设、完善花卉病虫害监测防治中心、信息中心、花卉技术培训中心及试验实习基地等产业化配套建设项目和配套服务体系建设。

（3）精深加工产业板块　立足园区的蔬菜、水果、花卉等特色农产品资源，重点发展食品、饮料、生物制品等生物资源精深加工产业开发及休闲食品、方便食品等健康食品、保健品、农用生物制品等终端产品。

（4）商贸物流产业板块　以商贸物流业为引领，重点打造农产品批发交易、冷链物流、仓储物流、电商物流四大功能，建立配套检测中心、电子化结算中心、电子商务中心等网络信息平台，推动园区商贸物流产业转型升级。

（5）休闲农业产业板块　立足农业多种功能的挖掘与拓展，促进农业生产、农产品加工与休闲观光、农耕体验、文化传承、健康养老、节庆采摘、科普教育深度融合，挖掘地方特色农产品加工、传统农耕文化，引入创意元素，发展参与式、体验式、娱乐式创意农业。依托景观资源和乡村文化底蕴，发展吃住游购一体化的乡村旅游。

（6）教育服务产业板块　突出服务和教育两大功能，通过综合管理服务中心和新农人、青少年培训基地等项目建设，开展丰富多彩的教育活动，结合其他相关板块，寓教于乐，为兰陵县提供农业人才，促进青少年实践能力的提高。

（7）温泉康养产业板块　围绕“温泉＋”主题，大力发展温泉体验、旅游度假、康体养生、商务接待等现代服务业，打造温泉旅游度假特色小镇。

（8）文化旅游产业板块　以知青文化为切入点，整合知青文化资源与元素，不断丰富与发展知青文化内涵，通过知青文化园实体项目以及中国知青文化节、颐养节等节庆活动，让游客进了园区就有激动感、参与感、体验感，并留得住脚步，带得走感动（图 10 - 2）。

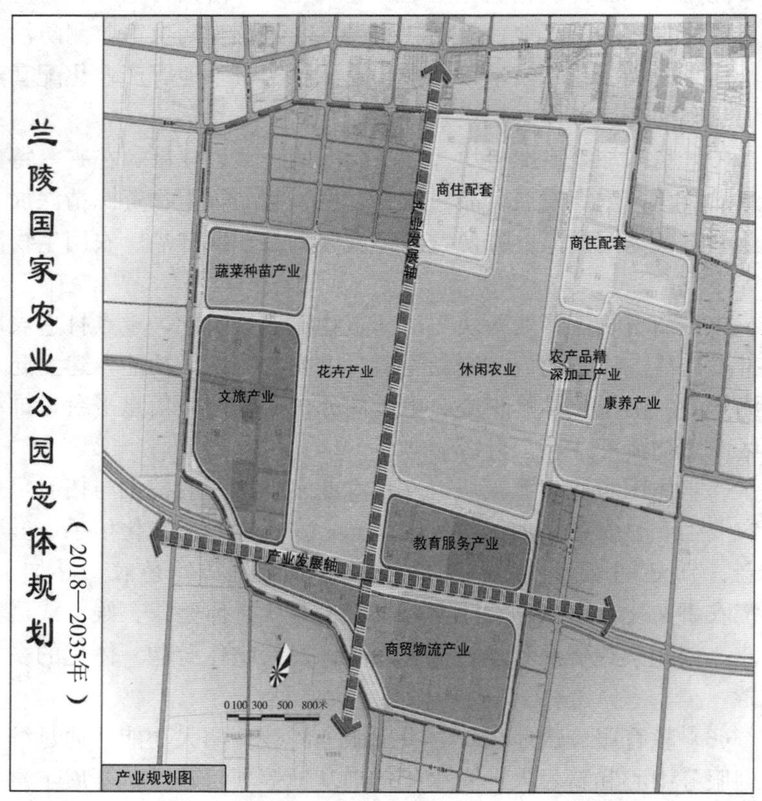

图 10-2　园区产业布局

三、三产融合发展规划

（一）一二三产融合发展分析

1. 三次产业融合分析　以蔬菜和花卉种植第一产业为基础，加强精深加工技术和设备的引进，发展以脱水蔬菜、花卉功能性产品为主导产品的第二产业，进一步提升价值链。推进农业与旅游、健康、教育、文化产业、互联网产业的深度融合，发展商贸物流、文化创意、科技研发、都市休闲农业等第三产业，培育壮大农村电商、创意农业、养生养老、农业社会综合服务等新业态，规划期末建成产业链条完整、功能多样、业态丰富、利益联结紧密、产城融合更加协调的园区产业融合发展新格局（图 10-3）。

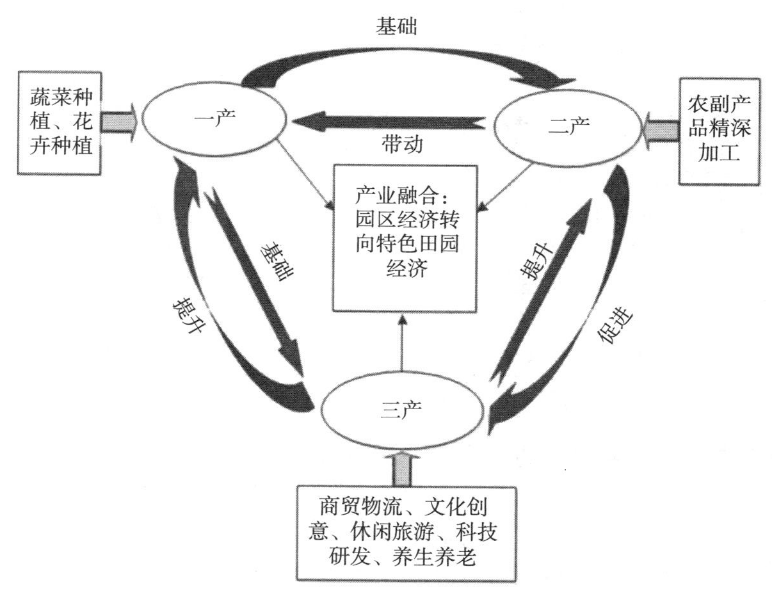

图 10-3　一二三产融合发展模式

2. 一二三产业融合发展路径　加强园区要素资源集聚和体制机制创新，构建科技型企业、专业合作社、农业工程技术研究中心、农村电商创业园和农民创业孵化园等产业融合发展平台，培育龙头企业、专业合作社、家庭农场、新型职业农民等经营主体，依托信息技术和高新技术等驱动力，加快园区一二三产的融合发展，推动园区经济向城区经济的转变，实现农业园区升级转型为特色田园新城（图 10-4）。

3. 农业全产业链建设思路　按照中央关于新型工业化、信息化、城镇化与农业现代化同步推进的要求，围绕发展农产品加工业，延长农业产业链，提高农产品附加值，促进农业一二三产业融

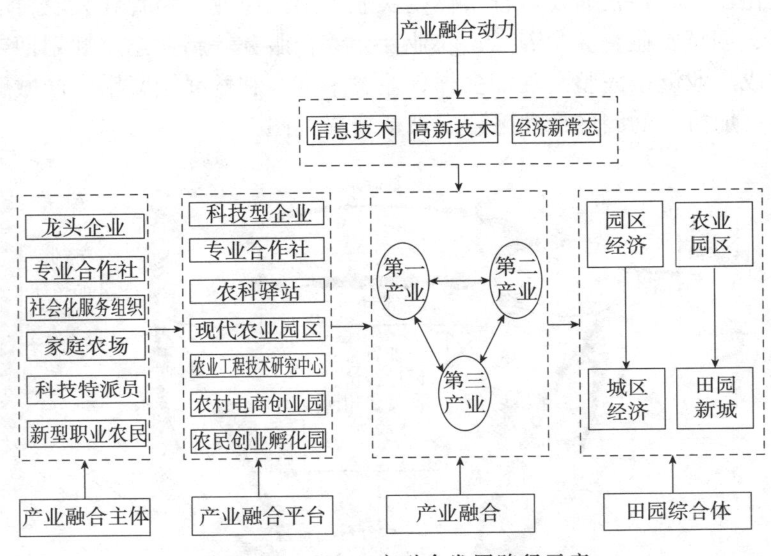

图 10-4 一二三产融合发展路径示意

合发展的总体要求，通过农产品精深加工、科技创新、市场开拓、行业联动、信息服务等多种有效途径，大力推进园区农业上下游产业、前后环节有效连接，形成蔬菜与花卉全产业链集群，打造一批产品竞争力强、市场占有率高、影响范围广的农业龙头企业和农产品品牌，促进农业产业升级，提高农业综合效益，推动园区农业发展方式转变（图 10-5）。

（二）第一产业

1. 发展思路 以市场需求为主导，加强蔬菜与花卉新品种选育与引进，加快优化品种结构与区域布局。扩大园区优质蔬菜品种种植面积，支持标准化生产基地发展高档蔬菜与特色蔬菜。积极推进规模化标准生产和清洁生产，加强科技创新和基地建设投入，开展设施蔬菜大棚物联网应用、实验并示范推广，建设高标准设施蔬菜与花卉生产基地、科技示范基地。强化品牌导向，加强高科技示范引领，建设国家蔬菜标准园和蔬菜全产业链示范区，打造山东省

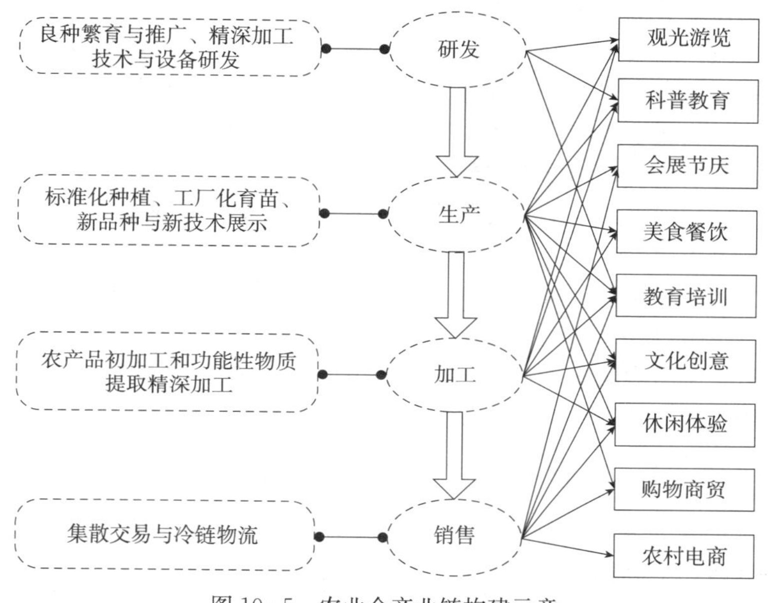

图 10-5　农业全产业链构建示意

蔬菜产业转型升级的样板。

2. 发展重点

（1）加强蔬菜生产基地标准化建设，建设国家蔬菜标准园　推广蔬菜大棚设施生产、标准化种植技术和病虫害绿色防控技术。提高基地综合机械化率，减少用工成本，提高比较效益。加强基地生产条件改善与产品商品化处理设施配套建设，包括排水与灌溉水设施、采后分拣处理与预冷设施、冷库和道路等基础设施。加强基地生态环境美化和农田景观建设，把蔬菜基地打造成集生产、生态、休闲、科教于一体的现代化示范标准园区，积极创建国家蔬菜标准园和蔬菜全产业链示范区。

（2）加强高新技术引进推广与培训，提高园区蔬菜与花卉生产科技贡献率　加大开展蔬菜新品种引进、选育与推广，建立蔬菜良种繁育体系。加强水肥药一体化技术、精准农业技术、设施栽培技术、绿色标准化生产技术、微喷节水灌溉技术、缓解蔬菜连作障碍关键技术等蔬菜生态高效生产技术应用，提高蔬菜产业科技贡献率。依托园区龙头企业、采取政府购买项目合同方式，建设兰陵县蔬菜与花卉生产技术示范样板区，承担兰陵县农业高新技术示范推广和培训教学功能，将实用型技术和种植管理经验推广至兰陵县各个基地，实现培训推广的制度化、常态化和规范化。

（3）加强蔬菜生产质量监管，健全质量安全追溯体系建设　完善蔬菜质量安全标准体系、健全蔬菜质量安全技术推广体系、强化蔬菜质量安全监控体系、建立基地产品准出体系。对蔬菜产地环境、种植过程、加工、流通环节进行全程追溯和把控，打造农产品质量安全追溯共享平台，对接上海市的市场追溯平台，形成健全的覆盖园区蔬菜基地农产品履历管理和产品质量可追溯体系。

（三）第二产业

1. 发展思路　依托园区蔬菜与花卉产业优势，加强新鲜蔬菜商品化加工处理能力和蔬菜、花卉精深加工能力。蔬菜加工突出生鲜包装蔬菜和脱水蔬菜产品，加强大蒜素提取技术引进，延伸大蒜类功能性产品加工链条；引进与培育花卉精深加工企业，围绕花卉食品、花卉保健品等功能性产品，将美丽产业向美味产业、健康产业延展。加强与国内外知名加工企业的联合，通过外引内联，寻求合资发展，培育壮大一批龙头企业。积极开拓长三角地区国内市场，加快推进食品安全认证，保证达到国际标准，以优良的品质拓展国际市场，提高规模出口的能力，重点发展日本、美国和欧洲等发达国家市场。

2. 发展重点

（1）加强蔬菜与花卉精深加工先进技术与设备引进，提高精深加工能力　加强国内外产学研合作，以市场和龙头企业加工需求为主导，研发与引进先进加工技术和设备相结合，开发蔬菜与花卉精深加工工艺、技术和装备，引进优良先进设备以提高脱水蔬菜的处理水平和大蒜素、精油等功能性产品生产能力。

（2）培育壮大一批龙头企业，延伸产业链条，形成加工产业集

群　加强招商引资与现有企业扶持，以健康性食品和功能性食品加工为主导，支持龙头企业与国内行业龙头企业、知名品牌公司进行联合，提升企业市场竞争力。围绕产业发展规划和集群相关联、上下游配套企业，有针对性地开展招商，承接产业转移，加快培育和完善产业链，形成集群竞争优势。

(3) 加强标准化生产和品牌建设，积极开拓国际市场　加强政府宣传与培训，引导园区加工企业以国际先进标准组织生产加工，积极推行危害分析与关键控制点体系（HACCP）和食品安全管理体系（ISO22000）等先进管理体系认证、有机食品和非转基因（IP 认证）产品类认证、美国 FDA 认证和清真认证等食品相关的国际常见四大类认证，不断提高质量管理水平，打造具有国际影响力的检测认证民族品牌，拓展国际市场。

(四) 第三产业

1. 发展思路　以促进农村三产融合和产城融合发展为指导思想，以园区经济转向城区经济为目标，加强园区产业与旅游、文化、教育、健康等产业的深度融合，加快商贸物流、休闲农业、会展节庆等优势产业发展和转型升级，积极发展文化创意、养生养老、农村电商、农业生产社会化服务、教育培训等新兴产业，积极培植新的经济增长点。健全农业生产社会化服务机制，支持建设区域性农业服务综合体。多渠道增加对第三产业的投入，逐步形成以企业投入为主体，广泛吸引社会投资和境外投资多元化的投融资机制。引进和培养造就专业人才和高级管理人才，营造第三产业培养、使用、储备和凝聚人才的良好环境。

2. 发展重点

(1) 主动适应新常态，促进商贸物流、都市休闲农业等优势产业发展壮大和转型升级　通过引入推广大数据、云计算、物联网等新的信息技术，加快园区商贸物流的转型升级。针对消费内容趋向品质化、多样化，消费方式趋向移动化、社交化的国内旅游市场消费结构变化，以全域旅游理念为指导，积极拓展旅游系列产品，整合提升园区现有旅游项目，积极开发休闲体验、科普教育、文化创意、餐饮培训等新产品。

（2）加强产业融合，加快农村电商、康养服务、会展节庆等新兴产业发展　加强农村三产与互联网产业、健康产业、会展业的融合发展，加大配套公共设施建设支持力度，研究制定促进新兴产业发展的用地、财政、人才、金融等支持政策，建设功能配套齐全的一二三产融合发展示范区、慢生活休闲旅游示范区和田园新城。

（3）健全农业生产社会化服务机制，支持建设区域性农业服务综合体　依托园区龙头企业，大力发展土地托管、联耕联种、代耕代种等统一服务以及种子种苗、集中育秧、统防统治、肥水管理等专业化服务。进一步整合涉农信息与服务资源，推进园区益农信息服务中心标准化建设，建立代村信息综合服务平台。鼓励依托主导产业和特色产业，引导农业企业、农民合作社、返乡大学毕业生和农民从事农村电子商务，开展农产品网上营销。强化农业综合行政监管、农产品质量可追溯、农业投入品、农机监理、农产品质量安全诚信体系等信息化监管体系建设。

四、重点项目建设规划

（一）综合管理服务中心

以行政服务、交流合作、招商引资、技术展示为主要功能，重点建设临沂农展馆、中华兰花馆、蔬菜园艺馆等项目，并配套现代化设施设备。同时，把物联网、云计算、大数据、互联网等现代信息技术手段融入园区日常管理工作，打造园区智慧云管理服务中心。

（二）现代农业教育培训区

对广大游客和中小学生开展农业科普教育，把园区规划成农业技术交流中心和培训基地以及大专院校学生实习基地，体现观光农业生态园的旅游科普功能，进一步营造旅游产品的精品形象。为周边地区的科普教育提供基地，为大中院校和中小学生的科普教育提供场所，同时也为各种展览和大型农业技术交流、学术会议和农技培训提供场所。

（三）休闲农业观光区

坚持“农旅结合、文旅融合”发展思路，突出“优质、安全、绿色、健康”主题，将传统农业种植与现代农业科学展示于一体，融入兰陵本土的地理知识、人文景观，打造成为集休闲观光、采摘体验、旅游度假、健康养生于一体的都市型现代农业休闲乐园。

（四）中国知青文化园

依托现有的兰陵农场资源，挖掘与整理知青文化，建设具有兰陵特色、全面展示中国知青文化，集追忆、体验、教育、养老、影视剧拍摄为一体的旅游休闲目的地，并对原有的老式四合院进行改造提升，打造知青文化主题民宿。园区既可独立成景区，又可为整个国家农业公园园区提供服务配套，丰富与完善国家农业公园的格局。同时整理农场对面的土地，打造以花海为题的大地景观，作为知青园区的农事体验、休闲观光的配套区，并通过神农路与主园区相连。

（五）花卉特色小镇

对南小庄按照美丽乡村建设要求，打造美丽村落，对周边土地流转，重点打造以花卉研发、展销为核心的新型产业集群，延展花卉的产业链和价值链，构建以花卉种植、花卉展销、花卉旅游、花卉物流为主导功能的现代产业带，形成特色鲜明，发展模式先进、示范作用显著的经济发展新格局。以花卉产业为核心，集种植、研发、交易、物流、居住、旅游、培训为一体的“创业”“宜居”相宜的花卉生产生活集聚地，最终打造成为一个非常具有花卉特质的、宜居宜业且环境优美、生态伴随的城郊花卉特色小镇。

（六）蔬菜良种繁育区

加强科研单位与蔬菜育种企业合作，推进蔬菜育繁推一体化，高标准建设智能育苗大棚，重点开展大蒜、牛蒡、辣椒等种苗繁育，打造集新品种引进、试验、示范、推广、种苗生产销售及技术服务于一体的临沂最大蔬菜育种基地。

（七）农产品精深加工区

坚持高科技、高附加值、高资本密集发展原则，引导农产品加工技术、清洁干燥技术、自动化技术以及人才、资金向园区集聚，加速农业高新技术产业化、规模化、集聚化和国际化；引进、培育、扶持一批产业关联度高、附加值高、技术含量高、自主创新能力强的中小企业，深度开发一批科技含量高、国内外竞争力强、市场前景广的优势特色深加工产品。

（八）农产品商贸物流区

充分利用先进信息技术和物流装备，以整合传统运输、储存、装卸、搬运、包装、流通加工、配送、信息处理等环节为重点，建设集冷链物流、仓储、粗加工配送、检验检疫、生产资料服务等多功能于一体的国际标准化农副产品冷链物流中心，把园区打造成为立足兰陵，面向全省，辐射周边地区的鲁南农副产品交易物流中心。

（九）温泉康养度假区

将温泉度假、居家养身、休闲观光、农业体验功能集聚于园区中，成为整个兰陵县的度假中心，并将农业科研、展示、博览、教育和休闲观光体验有机穿插其中，营造现代化的温泉度假示范区，打造出一个以温泉为主题的高效、绿色、观光、体验、养身、居家、度假田园综合体，并将其建设成为兰陵“后花园”。

（十）美丽田园社区

根据兰陵县土地利用规划和兰陵县城市发展规划，该区土地利用性质以居住和商业为主，适合发展商业住宅和商贸服务业，该区域分为东西两大片区，东部片区为代村新社区，主要为代村居民提供居住、教育等服务，西部片区将安置北小庄新农村村民，在满足北小区居民医疗、教育、居住基础上，其他居住用地用作商品开发等途径（表 10－1）。

表 10－1　兰陵国家农业公园重点项目

综合管理服务中心	兰花文化广场
	临沂农展馆
	中华兰花馆
	蔬菜园艺馆
	游客接待服务中心
	园区管理服务中心
现代农业教育培训区	新农人培训中心
	青少年“三农”实践教育基地
休闲农业观光区	都市农业嘉年华展馆
	印象兰陵
	植物梦工厂
	蔬菜迷宫
	特色蘑菇园
	百渔乐园
	创意瓜果王国
中国知青文化园	游客服务中心
	知青团
	知青农事体脸区

（续）

<table>
<tr><td rowspan="10">花卉特色小镇</td><td>花卉科创中心</td></tr>
<tr><td>花卉文化创意园</td></tr>
<tr><td>兰花文化广场</td></tr>
<tr><td>临沂农展馆</td></tr>
<tr><td>中华兰花馆</td></tr>
<tr><td>蔬菜园艺馆</td></tr>
<tr><td>花旅融合体验园</td></tr>
<tr><td>高档花卉种植区</td></tr>
<tr><td>花卉产学研创团</td></tr>
<tr><td>美丽乡村</td></tr>
<tr><td rowspan="4">蔬菜良种繁育区</td><td>蔬菜种业研发中心</td></tr>
<tr><td>集约化育苗中心</td></tr>
<tr><td>国际蔬菜种业合作园</td></tr>
<tr><td>蔬菜高科技博览园</td></tr>
<tr><td rowspan="5">农产品精深加工区</td><td>优质蔬菜加工产业园</td></tr>
<tr><td>特色优势农产品加工产业园</td></tr>
<tr><td>休闲食品加工产业园</td></tr>
<tr><td>花卉精深加工产业团</td></tr>
<tr><td>农业生物科技产业园</td></tr>
<tr><td rowspan="5">农产品商贸物流区</td><td>农产品交易市场</td></tr>
<tr><td>综合服务大厅</td></tr>
<tr><td>仓储冷藏物流园</td></tr>
<tr><td>电子商务产业园</td></tr>
<tr><td>代村新商城</td></tr>
<tr><td rowspan="4">温泉康养度假区</td><td>温泉度假村</td></tr>
<tr><td>养生慢城</td></tr>
<tr><td>中医养生街</td></tr>
<tr><td>休闲健身公园</td></tr>
<tr><td rowspan="2">美丽田园社区</td><td>高端住宅区</td></tr>
<tr><td>商业街区</td></tr>
</table>

第十一章

老猫窝·茶语文化生态园修建性详细规划

第一节　规划简介

老猫窝·茶语文化生态园位于山东省沂水县院东头镇老猫窝村，总规划面积为195.4公顷，生态园以乡村振兴为契机，充分发挥企业主导优势，以玲珑有机山茶为主导产业，塑造精美田园景观，大力发展休闲农业，拉伸产业链条，揉入休闲康养功能，带动三产深度融合；通过合作社带动周边村民共同致富，实现院东头镇乡村产业振兴，助推院东头镇乡村旅游升级发展，打造临沂市乡村振兴沂蒙高地的“沂水典型”。

本规划分为背景分析、发展战略、功能定位与空间布局、重点项目建设、景观设计与水域资源整理、基础设施规划、投资估算与效益分析、分期建设与保障体系8个部分。

第二节　规划内容摘要

一、发展战略

（一）指导思想

以乡村振兴为契机，充分发挥企业主导优势，以玲珑有机山茶为主导产业，塑造精美田园景观，大力发展休闲农业，拉伸产业链条，揉入休闲康养功能，带动三产深度融合；通过合作社带动周边村民共同致富，实现院东头镇乡村产业振兴，助推院东头镇乡村旅游升级发展，打造临沂市乡村振兴沂蒙高地的“沂水典型”。

（二）发展理念

产业为本，三产融合。园区以产业为本，确定玲珑有机山茶为主导，拉伸产业链条，形成良种繁育、有机种植、精深加工、休闲康养为一体的全产业链，做大做强玲珑品牌，带动区域三产的高效融合，助推镇域乡村产业振兴。

绿色为轴，生态经济。遵循自然农法，有机种植，对沟域进行小流域生态治理，打造生态田园休闲空间，倡导简约健康绿色生活方式，构筑人与自然和谐共生新格局，打造院东头镇区域生态农业示范区，助推乡村生态振兴。

主题立意，精致休闲。以茶文化体验为核心，塑造精致纯美的茶场空间与景观，为游客提供生态田园休闲意境，匠心打造，精致休闲，使园区成为慢生活的典范空间（精致景观、精致小品、精致文化、精致茶食、精致民宿、精致管理、精致服务）。

农民主体，合作共赢。以农民为主体，通过龙头企业＋村委＋合作社＋农户＋规模化茶场的发展模式，带动村集体与农户增收，真正实现乡村振兴。

（三）主体形象

老猫何处去，慢谷茶语地，一猫一峪，一茶一语。

（四）发展定位

沂水县茶文化休闲体验区。

- 乡村产业振兴示范区
- 三产融合典范区
- 生态农业样板区

- AAA 级旅游景区

二、功能定位与空间布局

(一) 功能定位

临沂市生态休闲康养示范基地：以“生态沂水，康养临沂”为发展理念，凭借优良的生态自然环境、齐全的休闲配套设施以及高质量的康养示范样板标准，打造成为整个临沂市乃至鲁中南地区的生态休闲康养示范基地。

沂水县茶产业标准化生产示范区：按照“科技带动产业，技术提高产力”的发展思路，以示范带动沂水县茶产业提质增效转型升级为发展目标，加快标准化生产示范园区建设，强化茶叶标准化种植生产、产品质量安全管理，全力打造有规模、有特色、有技术、有品牌的区域茶产业创新科技和标准化生产示范区。

沂水县美丽宜居乡村建设示范区：以“加强乡村基础设施建设和打造居民高质量生活”为发展原则，合理规划、标准建设、生态宜居、创新示范，着力打造沂水县美丽宜居乡村建设示范区。

(二) 空间布局

一心：综合服务中心
一带：仙人掌特色景观带
八区：美丽村居建设区
　　　有机茶种植示范区
　　　花茶种植区
　　　百草种植区
　　　特色农业种植区
　　　滨水休闲区
　　　生态露营区
　　　生态保育区

规划基于项目区地形地貌特征、已有资源条件、产业发展优势条件等，进行资源整合、统筹规划并合理进行分区设计，形成八主题功能分区，并根据每个分区主题功能，合理设置重点项目，突出主题特色。另外，通过完善区域内交通道路系统规划，形成便捷、连续的交通体系，贯穿整个园区。同时通过园区规划建设，最终形成优势产业、优质产品、优良生态、优美景观和优裕生活的老猫窝·茶语文化生态园（图 11-1）。

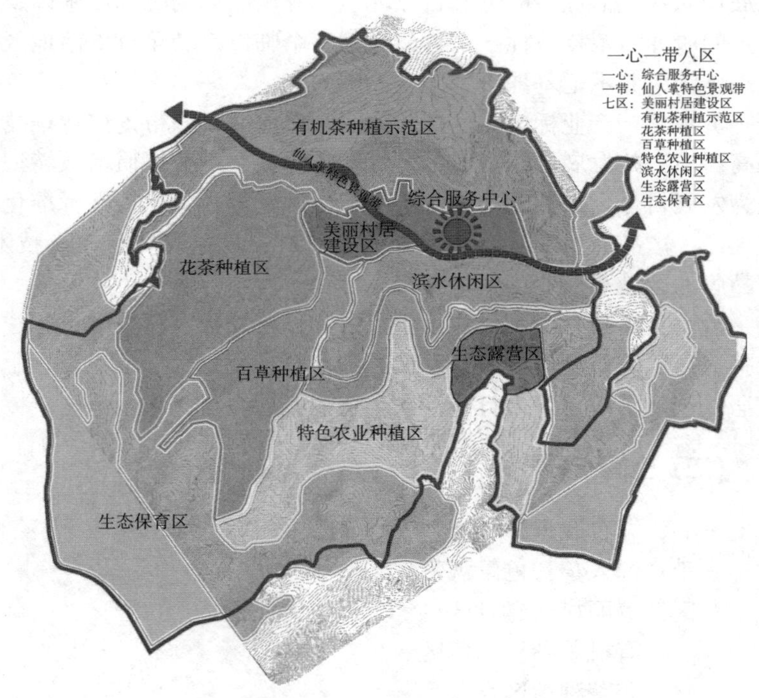

图 11-1　园区功能分区

三、重点项目建设

（一）重点项目布局

A：美丽村居建设区

综合服务中心
美丽村居
老年人居住中心
休闲活动广场

B：有机茶种植示范区
玲珑绿茶标准种植园
茶树苗圃
茶叶采摘园
茶主题摄影基地
茶香艺语主题木屋

C：花茶种植区
金银花种植园
玫瑰花种植园
摄影庆典基地

D：百草种植区
丹参园
地黄园
百合园

E：特色农业种植区
生姜种植园
芋头种植园

F：滨水休闲区
湖心岛
印日荷花
田园研学基地
垂钓园
亲水平台
花田喜地
景观廊桥

G：生态露营区

房车营地

露营基地

H：生态保育区（图 11－2）

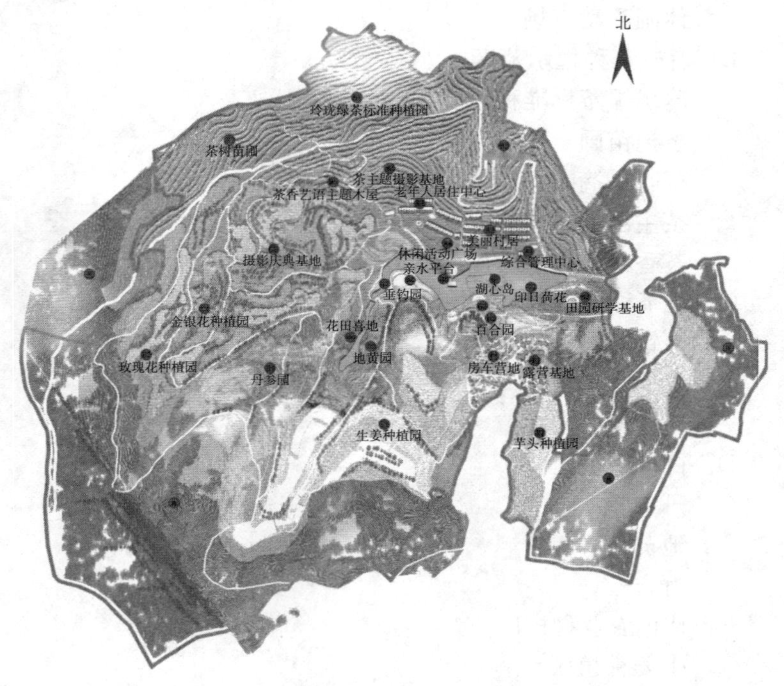

图 11－2　重点项目布局

（二）综合服务中心、仙人掌特色景观带

综合服务中心：以游客信息服务、特产展销、休息、娱乐、园区管理、停车服务等作为主要功能。利用美丽村居的某一栋建筑作为整个园区的综合服务中心，服务于园区运营管理以及游客接待服务等需求。

仙人掌特色景观带：向游客提供一种自在、自然、幽静、野趣、新奇的新型带状游览空间，体现返璞归真、回归自然的休闲游览环境。

（三）美丽村居建设区

美丽村居建设项目在符合用地性质的前提下，建筑布置要依据现状特征，依山就势，与周边环境自然融合，同时在建设过程中要积极挖掘老猫窝村文化资源，形成老猫窝村主题文化特色、一村一品的村居特色。另外，在建设过程中要积极探索引入社会资本，通过旅游带动美丽村居建设，培育文明乡风，赋予老猫窝村更高的文化内涵。

（四）有机茶种植示范区

在山的向阳坡规划设计为有机茶种植示范区，种植品种为玲珑绿茶，通过提升茶种植方式、节水灌溉和物理防虫等技术，提高茶种植技术和水平。扩大茶产业，大力发展以茶叶为核心的相关产业，延伸茶产业链，同时加大与旅游产业的相融合，互相促进、联动发展。

（五）花茶种植区

选择既有饮用价值又有观赏价值的花茶品种，利用现有地形和石块垒砌出梯田样式，呈带状连片分布，既能充分利用现状地形特征，又能产生良好的视觉效果。

（六）百草种植区

百草种植区以中草药生产为主，展示草药植物的不同生态特征与药用价值，拓展中草药文化。主打休闲观光，种植各类香草和鲜药，根据回归自然的养生休闲理念，力求营造恬静氛围。在种植百草的基础上增加月季花、连翘、蔷薇花、紫藤、凌霄等藤本类植物，突出主题“百草”。通过种植各类香草和药用植物，形成回归自然的养生休闲理念，与周围的山体自然环境完美的融合在一起。

（七）特色农业种植区

依据项目区内地势地貌特征和现状资源条件，将规划区内已有零散布局的生姜、芋头种植区域，统一规划在项目东南侧位置，进行集中种植管理。另外，以提高农民、扶持农民、富裕农民为目的，通过对当地农民定期举办关于农业种植的知识讲座，提高农民种植农作物的知识水平、种植技能、管理水平等，从而提升农业种植的科学性，提高农作物的种植质量、产出量，达到致富增收的目的。

（八）生态露营区

按照“景观化、可进入、可参与”理念，对该区域进行整体规划，连片打造。以“蝴蝶”元素为创意切入点，融合了慢生活茶室、帐篷野奢用餐区、亲子时光野奢露营区、生态停车场等主要业态及设施，打造集休闲旅游度假功能配套、农业休闲观光为一体的茶旅文化主题休闲营地。

（九）滨水休闲区

滨水休闲区依托已有水域资源，在进行扩容清淤的基础上，形成一处滨水休闲胜地，于乡野之中，水边河畔，空气清新，负离子含量高，让人感到悠然自得，心旷神怡。亲水是人的天性，河流、海洋、湖泊等水域资源能够给人们带来优美的环境、良好的空气和宁静的氛围，让前来游赏的人们得到身心上的放松。

（十）生态保育区

作为项目区内生态环境基底，该功能区属于强制性严格保护区，在生态保护红线范围内禁止任何开发建设区域，保障项目区内生态安全底线，发挥山林资源生态保育、生态涵养、防风固沙、生态稳定等综合性功能（表 11 - 1）。

表 11-1　老猫窝茶语文化生态园重点项目

美丽村居建设区	管理服务中心
	美丽村居
	老年人居住中心
	休闲活动广场
有机茶种植示范区	玲珑绿茶标准种植园
	茶树苗圃
	茶叶采摘园
	茶主题摄影基地
	茶香艺语主题木屋
	玲珑绿茶标准种植园
花茶种植区	金银花种植园
	玫瑰花种植园
	摄影庆典基地
百草种植区	丹参园
	地黄园
	百合园
特色农业种植区	生姜种植园
	芋头种植园
生态露营区	房车营地
	露营基地
农产品商贸物流区	湖心岛
	印日荷花
	田园研学基地
	垂钓园
	亲水平台
滨水休闲区	花田喜地
	景观廊桥

第十二章

青海西宁国家农业科技园区“十四五”发展规划

第一节　规划简介

西宁国家农业科技园区是2002年5月经科技部批准成立的第二批国家农业科技园区试点园区。园区按照核心区—示范区—辐射区3个层次进行空间布局，核心区和示范区形成“三核十区”的总体空间格局。核心区由生物科技产业园、大通设施农业科技园、湟中城郊现代畜牧业科技园“三核”组成；示范区布局十个科技创新示范区；辐射区直接辐射西宁市周边地市，间接辐射青藏高原地域。

本规划分为园区发展基础、“十四五”发展面临形势与挑战、园区发展战略、总体布局与功能定位、重点建设任务、重点项目规划与建设时序、保障措施与配套政策7个部分。

第二节　规划内容摘要

一、园区发展基础

（一）资源集聚，自主创新，科技创新能力迈上新台阶

园区积极引导省内外高等院校、科研院所与园区企业加强产学

研合作，集成技术、人才、金融等要素入园，以技术创新带动产业升级，以创新平台建设促进创新资源要素聚集，支持企业自主创新和成果转化，园区科技创新能力不断增强。

（二）筑巢引凤，引育并举，成果转化水平开创新局面

依托青海省及西宁市人才引进政策，园区积极引进、培育人才，为园区创新发展提供了坚实的人才智力支撑；强化科研、示范、推广一体化发展，实用技术研发、推广效率明显提高，科技成果转化作用明显增强。

（三）强化特色，集群发展，产业竞争力实现新跨越

园区重点培育壮大青藏高原特色生物资源精深加工产业、中藏药产业、高原特色种业、高原果蔬产业、城郊现代畜牧业以及现代服务业六大主导产业集群，进一步加强了农业科技创新主体培育力度，产业集聚带动能力不断提高。

（四）服务区域，示范带动，社会经济效益取得新突破

园区通过示范基地建设，带动周边地区农业结构调整和产业升级，加大新品种、新技术的推广应用；围绕农业科技研发和示范推广需求，开展种植、技术培训和科技服务等订单服务，有效提高了当地农业就业人员的素质，有力地促进了农业增效和农民增收，取得了良好的社会经济效益。

二、“十四五”发展面临形势与挑战

（一）园区高质量发展前景广阔

1. 对接国家重大发展战略，示范引领高原冷凉农业高质量发展　乡村振兴、“双循环”、“一带一路”、新时代西部大开发、黄河流域生态保护和高质量发展、兰西城市群建设等国家重大战略交汇叠加，为园区高质量发展提供了前所未有的政策机遇。推动园区成

为青海省特色农牧产业创新发展先行区和绿色循环产业发展试验区，示范引领青藏高原地区冷凉农业高质量发展。

2. 落实青海省生态文明高地战略部署，打造绿色有机农畜产品输出地 青海省委、省政府明确提出把青藏高原打造成为全国乃至国际生态文明高地，为园区绿色发展带来重大机遇。加快构建现代农牧业生产体系，壮大绿色农畜产品加工体系，大力发展生态循环农业体系，完善农畜产品质量安全体系，建立绿色农产品流通体系，培育农业社会化服务体系，打造绿色有机农畜产品输出地。

3. 融入西宁市“1135”科技创新发展新格局，打造科技创新高地 西宁市委市政府出台了《西宁市国民经济和社会发展第十四个五年规划和二〇三五远景目标纲要》《西宁市“十四五”科技创新发展规划（2021—2025）》等政策文件，实施了“三乡工程”，为园区提供了重大发展机遇。“十四五”末，力争将园区建成青藏高原现代农业科技创新中心，打造全省现代农业技术创新集中试验区。

4. 立足园区高原特色资源优势，构建主导产业集群 依托青藏高原特色资源，园区已逐步形成青藏高原特色生物资源精深加工产业、中藏药产业、高原特色种业、高原果蔬产业、城郊现代畜牧业以及现代服务业六大主导产业。努力培育壮大主导产业集群，做强集良种繁育、新品种研发、农牧循环、精深加工、现代服务于一体的全产业链。

（二）园区发展内外部形势严峻

外部挑战主要表现在 4 个方面：第一，新技术在乡村经济社会中的应用拓展不足，各领域科技协同水平有待提升，农业农村创新发展相对滞后；第二，新型农业经营主体质量参差不齐，农业价值链收益分配格局尚不合理，小农户在现代农业协调发展中存在边缘化的隐忧；第三，尽管农业生态和农村环境恶化势头得到遏制，但是生态环境存量欠债较多，乡村绿色发展仍然存在瓶颈；第四，农业企业海外竞争力总体偏弱，风险防控能力不高，在全球贸易体系中缺乏话语权。

从内部挑战来看，青藏高原生态保护与经济高质量发展任务艰巨，西宁国家农业科技园区在高原特色种业及现代中藏药产业等国家亟须发展产业方面具有显著优势，但主导产业基础薄弱、核心区发展不均衡、高层次人才团队匮乏、园区发展要素保障不足等问题仍然突出，园区高质量发展仍面临诸多困难与挑战。

三、园区发展战略

（一）指导思想

以习近平新时代中国特色社会主义思想为指导，深入贯彻党的十九大和十九届二中、三中、四中、五中、六中全会精神，以实施创新驱动发展战略和乡村振兴战略为引领，以推进高原冷凉农业创新发展为主题，以打造青藏高原现代农业科技创新高地、人才高地和产业高地为目标，以农业供给侧结构性改革为主线，以高新技术引领、创新资源集聚、聚焦特色产业、深度融合发展为理念，紧扣“绿色有机农畜产品输出地”建设目标，贯彻落实“一优两高”发展战略，遵循“农、高、科”的园区建设发展要求，以科技创新为动力，加快发展主导产业，围绕产业链部署创新链，畅通人才链，提升价值链，推进农村一二三产业融合和产城镇村融合，促进园区由单纯追求经济增长向依靠科技进步的高质量发展转变，推动园区向高端化、集聚化、融合化、绿色化方向发展，将园区打造成为青藏高原现代农业科技创新中心、特色农作物良种繁育中心、特色生物资源精深加工中心和青海省中藏药全产业链发展示范区、绿色有机农畜产品重要输出基地。

（二）发展原则

——科技支撑，创新驱动。充分发挥科技先行、创新驱动功能，挖掘园区产业发展潜力，内生增长动力，深化产学研合作，创新体制模式，凸显集约高效。加快高原农牧产业技术研发平台等产业技术公共服务平台建设，为园区农牧产业提供技术创新共性服务，为中藏药、设施果蔬、精深加工和青稞燕麦种业等产业集群发展提供集成服务，助推冷凉农业创新发展。

——生态优先，绿色有机。深入落实省委、省政府“一优两高”发展战略，深度融入绿色有机农畜产品输出地建设和“无废城市”试点建设，将绿色低碳、循环发展理念贯穿到生产、加工、经营全产业链中，构建草—畜—肥—菜循环农业发展模式；持续推进“两品一标”农产品认证工作，探索建立绿色有机发展的标准体系、追溯体系、循环利用、工作考核等机制，加快推进农牧业绿色发展，助力碳达峰、碳中和。

——问题导向，聚焦特色。以冷凉农业创新发展为主题，围绕产业链、价值链、创新链和供应链的“四链重构”和六大主导产业的集群化发展，针对园区发展的短板和不足，集中资金和各方面力量，研究确定“十四五”期间重点任务、重点领域和主攻方向，推进强链补链各项工作，不断提升六大主导产业的高质量发展竞争力，进一步凸显园区发展特色。

——三产融合，产城一体。依托园区三大核心区，围绕全产业链和三产融合发展，形成良种繁育、绿色种养、精深加工、科普宣传、教育培训、农事体验、休闲观光等多种功能于一体的全产业链产业体系。推进生物科技园区产品深加工区、博览馆、主题公园及生活配套服务区等板块建设，将大通、湟中核心区打造成新型的农业科技特色小镇，助力现代美丽幸福大西宁建设。

（三）发展主题

以“高原冷凉农业创新发展”为发展主题，紧扣青藏高原地区特殊自然环境条件和优越的生态环境优势，以科技创新为动力，围绕高原地区特色生物资源综合开发利用，集聚创新发展要素，积极发展高原特色种业、青藏高原特色生物资源精深加工、高原果蔬产业、中藏药产业、城郊现代畜牧业和现代服务业等产业，推进农业全产业链发展和创新链构建，推动高原冷凉农业创新发展。

（四）发展定位

——青藏高原现代农业科技创新中心。积极与青海大学、中国科学院西北高原生物研究所等高等院校、科研院所开展产学研用深度合作，依托湟中区西纳川区域现有发展基础，合作建设园区青藏高原现代农业科技创新中心，积极开展青藏高原特色农牧业全产业链技术研发和集成攻关，建成立足西宁、服务全省、辐射青藏、连接全国的青藏高原特色农牧业产业创新创业共同体，辐射带动青藏高原现代农业产业特色化、现代化、集群化、品牌化发展。

——青藏高原特色农作物良种繁育中心。依托青海大学、青海师范大学、青海民族大学、青海省农业科学院、中国科学院西北高原生物研究所、西宁市蔬菜技术服务中心等高等院校、科研院所、企事业单位，组建青稞、燕麦、油菜、马铃薯、豆类、露地蔬菜等自主创新育种技术团队，以调整品种结构、提高良种繁育技术水平为目标，研究完善育种关键技术，建设一批标准化良种繁育基地，通过种苗繁育及示范推广带动相关特色产业转型升级。

——青藏高原特色生物资源精深加工中心。培育和引进一批农副产品加工龙头企业，推进特色生物资源加工产业集群建设。重点围绕青稞、燕麦、油菜、马铃薯、豆类、冷凉蔬菜、中藏药、牦牛、藏羊等特色产品的健康与休闲食品加工，积极开展相关产品加工技术的研发，组建产业技术研发平台，培育一批高新技术企业，建设青藏高原特色生物资源精深加工中心。

——青海省中藏药全产业链发展示范区。着力推进药材规范化繁育、种植、加工以及藏医康养四大工程，以引进培育龙头企业为重点，以药材种植为前提，以医药结合为基础，积极促进药材种植规模化、生产加工规范化、藏医服务特色化，进一步促进青海省中藏医药产业高质量发展，打造中藏药全产业链发展示范区。

——青海省绿色有机农畜产品重要输出基地。围绕绿色有机农畜产品输出地建设，充分发挥青藏高原“超净区”地理生态优势，结合西宁现代农业发展实际，大力发展青稞、燕麦、油菜、马铃薯、豆类、高原果蔬、牦牛、藏羊等绿色有机农畜产品生产，建立绿色有机生产基地，提升绿色有机农畜产品加工能力，构建绿色低碳循环发展经济体系，打造地域特色鲜明、国内外知名的绿色有机农畜产品重要输出基地。

（五）发展目标

通过五年建设，打造以良种繁育、绿色种养、精深加工、中藏药产业、现代服务业为主导的青藏高原特色农牧产业集群，形成特色鲜明、产城融合、发展模式先进、示范作用显著的园区发展新格局，强化创新链，支撑产业链，激活人才链，提升价值链，分享利益链，建设青藏高原现代农业科技创新高地、人才高地和产业高地，以创新驱动引领青藏高原冷凉农业高质量发展。

四、总体布局与功能定位

整合西宁全市之力推进西宁国家农业科技园区建设，按照科技凝聚、层级辐射、跨越发展的建设思路，园区划分为核心区、示范区、辐射区 3 个层级，层级之间通过科技对接、模式对接、品牌对接和服务对接来实现联接。

（一）园区总体布局

按照“总体规划、分步实施、集中力量、打造重点”“一区多园”“一园一特色”的总体思路，对园区原有的 3 个核心区功能进行调整优化，并以大通、湟中、湟源县以及城中区、城北区为重点，打造西宁国家农业科技园区科技创新示范区，辐射带动全市乃至周边区域农业科技创新发展。“十四五”时期，园区核心区和示范区规划形成“三核十区百园”的总体空间布局，如图 12 - 1 所示。

“三核”：通过多年培育，园区已形成较为成熟的生物科技产业园、大通设施农业科技园、湟中城郊现代畜牧业科技园 3 个核心区。

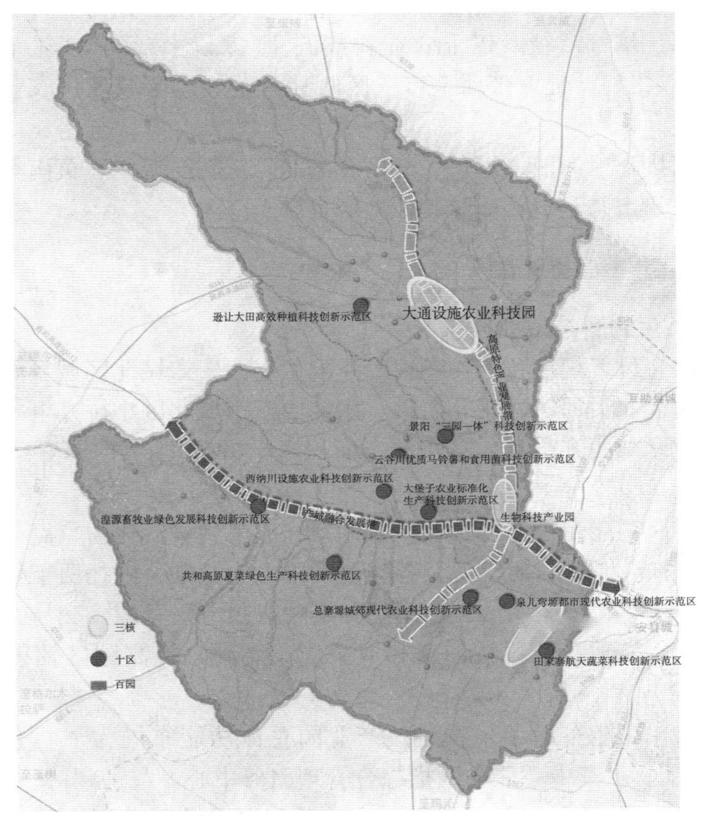

图 12-1 园区总体布局结构规划

“十区”：田家寨航天蔬菜科技创新示范区、泉儿湾塬都市现代农业科技创新示范区、总寨塬城郊现代农业科技创新示范区、共和高原夏菜绿色生产科技创新示范区、大堡子农业标准化生产科技创新示范区、西纳川设施农业科技创新示范区、云谷川优质马铃薯和食用菌科技创新示范区、景阳“三园一体”科技创新示范区、逊让大田高效种植科技创新示范区、湟源畜牧业绿色发展科技创新示范区 10 个科技创新示范区。

“百园”：作为核心区、示范区的直接辐射区，“十四五”期间，园区要主动融入国家战略，进一步加大市级农业科技园培育建设力度，每年培育市级及以上农业科技园15家以上，到2025年形成“百园”格局，辐射带动全市三区两县乃至周边区域现代农业高质量发展。

间接辐射海西、海东、海南、海北、玉树、果洛、黄南等西宁市周边州市乃至青藏高原其他地域。

（二）核心区布局

1. 生物科技产业园

（1）位置规模　生物科技产业园位于西宁市城北区城乡交界地带。东起北川河，西至北川渠，南接西宁市城北区小桥办事处毛胜寺村，北与西宁市大通县相邻。面积8平方公里，建成区4.03平方公里。

（2）功能定位　以农业科技创新和成果转移转化为重点，以生物科技产业园区科研资源及各类研发中心为基础，依托西宁科技大市场，搭建特色鲜明的创新平台，实现科技成果登记、交易、转化等功能，鼓励农业科技创新和成果应用转化，提高园区辐射带动能力。

（3）功能布局　生物科技产业园总体功能布局为“一心、一园、三区”，其中“一心”指综合管理服务中心，“一园”指藏医药文化产业园，“三区”指高原特色生物科技产业示范区、创新创业示范区、产城融合发展区，如图12-2所示。

重点发展青藏高原特色生物资源和特色农畜产品精深加工产业，形成产业集群，实施特色生物资源和农畜产品加工科技创新项目，建设青藏高原优势农作物品种创新基地、特色生物资源和农畜产品精深加工基地、现代农业科技创新示范中心。

2. 大通设施农业科技园

（1）位置规模　位于大通县双新公路沿线，从桥头镇向阳堡村至新庄镇新庄村的区段内，总占地面积22平方公里。

（2）功能定位　以设施农业技术研发和示范推广为重点，充分

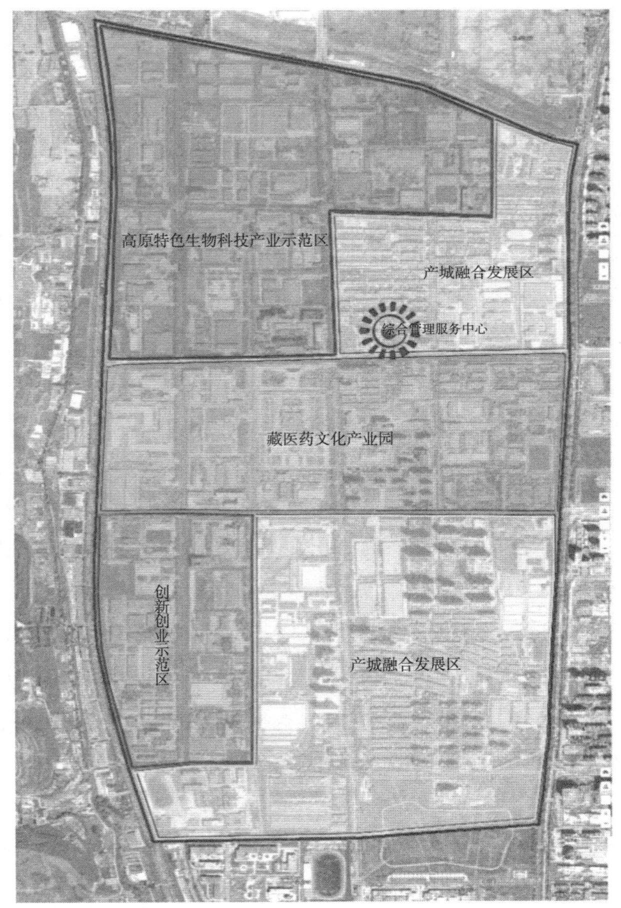

图 12-2　生物科技产业园规划布局

利用该区域设施农业及生产技术基础，发挥辐射带动作用，为全市发展设施农业和果蔬产业提供可示范、可复制、可推广的生产标准、生产技术和经营模式。

（3）功能布局　大通设施农业科技园总体功能布局为“两区”，即绿色蔬菜标准化种植区和现代农业科技示范区，如图 12-3 所示。

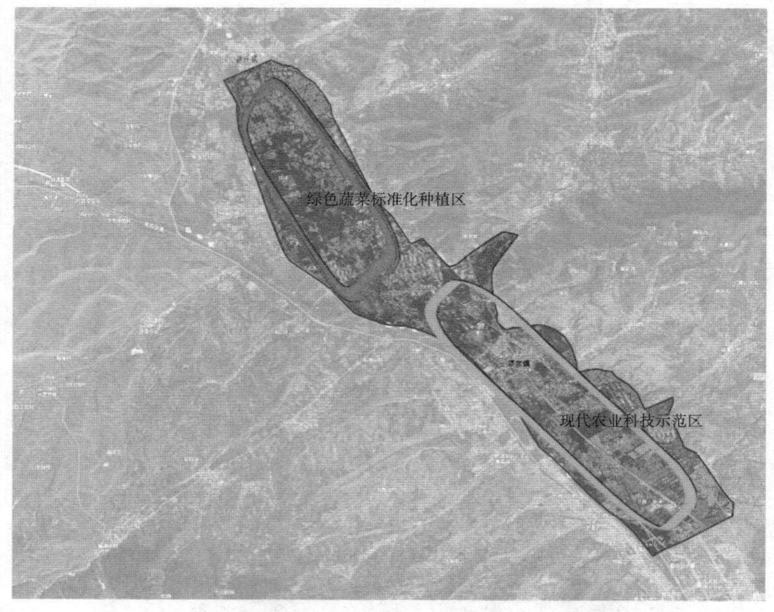

图 12-3 大通设施农业科技园规划布局图

重点以发展设施蔬菜、果品生产为主导产业，搭建农业技术服务网络，建设工厂化育苗及快繁中心、蔬菜种质资源库、高原果蔬新品种试验示范基地、绿色蔬菜标准化生产基地、特色种植园等项目。

3. 湟中城郊现代畜牧业科技园

（1）位置规模 位于湟中区东南部小南川田家寨镇泗尔河村到谢家村的区域内，占地 22.7 平方公里。距西宁市城中区 15 公里，与东川工业园区仅一山之隔。

（2）功能定位 以畜牧养殖和疫病防控技术研发和示范推广为重点，充分利用该区域发展较为成熟的畜牧养殖、动物疫病防控及粪污无害化处理技术基础，发挥辐射带动作用，为全市发展农区生态畜牧养殖和循环农业提供可示范、可复制、可推广的生产标准、生产技术和经营模式。

(3) 功能布局　湟中城郊现代畜牧业科技园总体功能布局为“两区”，分别为畜牧标准化养殖示范区和乳制品加工区，如图12-4所示。重点发展奶牛、牦牛、藏羊、生猪养殖产业，打造西宁市重要的奶源基地，肉牛、藏羊、生猪养殖基地，建设畜牧业综合管理及研发中心、牦牛藏羊标准化养殖基地、千头规模标准化奶牛场、生猪养殖科技示范基地、优质饲草料种植基地等，形成生态链完善、产业链完整、技术链齐全、信息链畅通的城郊现代畜牧业科技园。

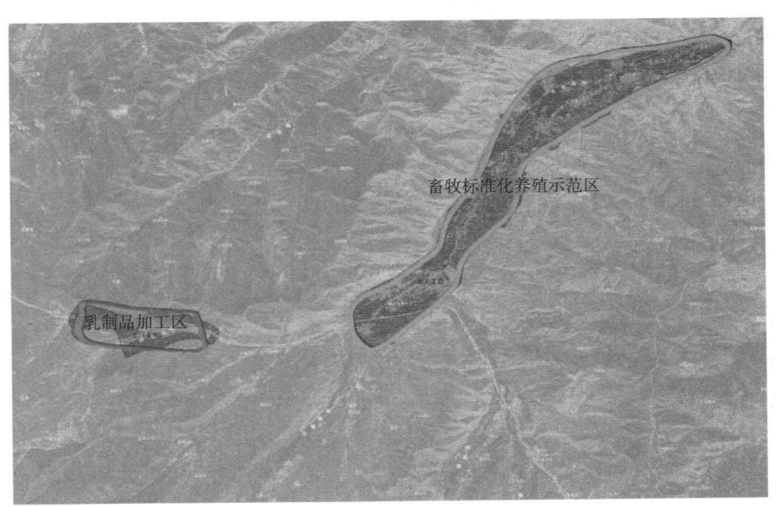

图12-4　湟中城郊现代畜牧业科技园规划布局

(三) 示范区布局

依托大通、湟源县和湟中、城中、城北区等几个县区的区位优势和农业发展基础，打造各具特色的农业科技创新示范区，开展创新驱动发展和乡村振兴试点示范，逐步健全和完善示范区—示范基地—农户的技术推广模式，为广大农户提供技术试验示范，发挥辐射带动和现代农业示范样板作用。

1. 田家寨航天蔬菜科技创新示范区

（1）位置　位于西宁市湟中区田家寨镇田家寨村。

（2）功能定位及发展重点　积极推广航天蔬菜高产栽培、名优蔬菜和无公害蔬菜生产、枸杞芽茶栽培加工、露天花卉栽培、千亩花海立体空间建设等重点技术，支持建设太空植物博览馆和青藏高原航天蔬菜制繁种基地，逐步探索打造青藏高原航天蔬菜品牌。

2. 泉儿湾塬都市现代农业科技创新示范区

（1）位置　位于西宁市城中区总寨镇泉尔湾塬。

（2）功能定位及发展重点　大力发展现代都市农业，推广设施果蔬绿色高效生产、机械化精量播种、水肥一体化、露地机械化低密度移栽生产、设施温室物联网自控等重点技术，配套建设科技展示厅、实习实训基地、专家工作站。

3. 总寨塬城郊现代农业科技创新示范区

（1）位置　位于西宁市城中区总寨镇总寨塬。

（2）功能定位及发展重点　大力推广设施温室蔬菜套种、设施温室物联网自控、特色果蔬引种示范、标准化种植、农业种植废弃物无害化回收利用等重点技术，积极推动太阳能、地热等清洁能源多能互补建设项目，配套建设农业生态公园。

4. 共和高原夏菜绿色生产科技创新示范区

（1）位置　位于西宁市湟中区共和镇。

（2）功能定位及发展重点　通过积极推广高原夏菜绿色高效生产、蔬菜仓储保鲜配送等重点技术，促进电商平台技术创新，努力打造共和高原夏菜绿色生产科技创新示范区。

5. 大堡子农业标准化生产科技创新示范区

（1）位置　位于西宁市城北区大堡子镇。

（2）功能定位及发展重点　大力推广应用设施果蔬绿色高效栽培、水肥一体化、病虫害绿色防控、农业废弃物无害化回收利用等重点技术，配套建设认种采摘区、科普教育区、加工配送区等。

6. 西纳川设施农业科技创新示范区

（1）位置　位于西宁市湟中区西纳川区域。

（2）功能定位及发展重点　通过积极推广节地型设施温室建造、蔬菜高效集约育苗、设施果蔬绿色高效生产、套餐施肥、水肥一体化等重点技术，配套建设采摘区、休闲观光区、科普教育区。

7. 云谷川优质马铃薯和食用菌科技创新示范区

（1）位置　位于西宁市湟中区云谷川区域。

（2）功能定位及发展重点　积极推广优质马铃薯栽培繁育、病虫害绿色防控、灌溉智能控制、农药化肥减施等重点技术，实施马铃薯耕作、播种、收获等工程技术和实用高效成套技术装备进行智能组装示范。

8. 景阳“三园一体”科技创新示范区

（1）位置　位于西宁市大通县景阳镇。

（2）功能定位及发展重点　通过推广节地型温室建造、联栋温室建造、设施果蔬绿色高效生产、蔬菜无土立体栽培、智能灌溉、绿色防控、水肥一体化等重点技术，配套建设田园综合体。

9. 逊让大田高效种植科技创新示范区

（1）位置　位于西宁市大通县逊让乡。

（2）功能定位及发展重点　实施小麦、青稞、燕麦、油菜、马铃薯、豆类等大田农作物绿色生产技术集成示范，大力推广农作物全程机械化高效生产、机械化精量播种、大田绿色高效轮作、病虫害绿色防控、化肥农药减量增效、有机肥替代等重点技术，努力打造大田高效种植科技创新示范区。

10. 湟源畜牧业绿色发展科技创新示范区

（1）位置　位于西宁市湟源县城关、大华、申中、巴燕等乡镇。

（2）功能定位及发展重点　通过大力推广牦牛藏羊绿色高效养殖、全程机械化饲喂、动物疫病安全防控、畜禽养殖废弃物无害化处理、禾豆混播、饲草青贮等重点技术，实现“饲草种植—畜禽养殖—粪便—沼气—无公害农产品生产”的绿色循环模式（表12-1）。

表 12-1　园区"十四五"时期重点建设项目一览表

功能分区	序号	重点项目	建设性质
生物科技园核心区	1	青藏高原现代农业科技创新示范中心建设项目	新建
	2	国家中藏医药产业技术创新服务中心建设项目	新建
	3	现代化医药仓储物流中心建设项目	新建
	4	GMP 车间改造项目	新建
	5	绿色有机农畜产品检测平台建设项目	新建
	6	发酵冬虫夏草菌粉制剂产品升级改造建设项目	新建
	7	牦牛乳制品高附加值生产项目	新建
大通设施农业科技园核心区	1	高原果蔬新品种试验示范基地建设项目	新建
	2	绿色蔬菜标准化生产基地建设项目	新建
	3	工厂化育苗及快繁中心建设项目	新建
	4	农产品配送中心建设项目	新建
	5	特色种植园建设项目	新建
	6	中藏药材良种繁育和绿色优质生产基地建设项目	新建
	7	废弃物资源化利用示范基地建设项目	新建
湟中城郊现代畜牧业科技园核心区	1	城郊现代畜牧业科研中心建设项目	新建
	2	城郊奶牛养殖及乳制品加工基地建设项目	新建
	3	城郊生猪养殖科技示范基地建设项目	新建
	4	国家级畜禽保种场建设项目	新建
	5	废弃物资源化利用示范基地建设项目	新建
	6	牦牛藏羊繁育基地建设项目	新建
	7	奶牛标准化养殖基地建设项目	新建
	8	中藏药材"定制药园"建设项目	新建

（续）

功能分区	序号	重点项目	建设性质
示范区重点建设项目	1	青藏高原现代农业科技创新中心建设项目	新建
	2	园区现代农业科技创新示范区创建项目	新建
	3	西宁市蔬菜科技园建设项目	新建
	4	西宁市蔬菜产业协同创新平台建设项目	新建
	5	西宁地方优势蔬菜种质资源库建设项目	新建
	6	农业科技园区旧温室提升改造项目	新建
	7	“菜篮子”蔬菜生产基地建设项目	新建
	8	云谷川食用菌产业综合示范园建设项目	新建
	9	优质饲草料生产基地建设项目	新建
	10	牦牛藏羊标准化养殖基地建设项目	新建

五、重点建设任务

（一）构建创新体系

大力实施创新驱动发展战略，坚持创新驱动引领高质量发展，紧紧围绕园区现代农业提质增效、转型升级的重大需求，充分发挥园区技术创新与科技成果转化、农业科技企业孵化培育、科技创新创业服务等功能，构建农业科技研发体系、农业科技成果转化体系、农业技术推广体系、农业科技服务体系（图 12－5）。

1. 农业科技研发体系　一是加强农业科技研发平台建设。立足园区的资源禀赋，以现有的重点实验室、工程技术研究中心等研发平台为依托，在青稞、油菜、马铃薯、高原夏菜、中藏药、牦牛、藏羊等领域搭建科技创新平台。二是推动产学研用深度融合。积极引导青海大学、青海师范大学、青海民族大学、中国科学院西北高原生物研究所等高校和科研院所与园区企业建立长期稳定合作机制，推动产学研、农科教紧密结合。三是引进培育高层次创新创

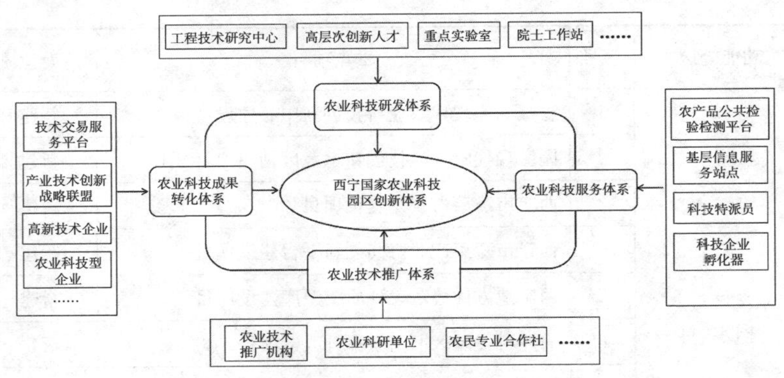

图 12-5　园区创新体系框架

业人才。依托“青海省昆仑英才行动计划”“西宁市引才聚才 555 计划”“博士服务团”等方式，围绕主导产业引进一批有能力突破关键技术、带动产业转型的高层次创新人才，引进、培养优秀研究团队，加速园区创新创业人才集聚。

2. 农业科技成果转化体系　一是强化技术交易服务平台建设。围绕高原特色种业、高原果蔬产业和青藏高原特色生物资源精深加工等产业需求组织技术攻关，突出自主研发的新品种、新技术，着重解决产业发展技术难题，促进新技术、新成果转移转化。二是培育壮大高新技术企业等创新主体。围绕园区高原特色种业、中藏药产业、高原果蔬产业、城郊现代畜牧业等特色优势领域，培育壮大一批高新技术企业、科技型企业、农业科技园。三是搭建产业技术创新战略联盟。鼓励园区企业与涉农高校和科研院所联合建立产业技术创新战略联盟，保障科研与生产紧密衔接，实现创新成果的快速转化。

3. 农业技术推广体系　一是加快完善农技推广机构。整合优势农业科技资源，与中国科学院西北高原生物研究所、青海省农业科学院、青海省畜牧兽医科学院、西宁市蔬菜技术服务中心、西宁市农业技术推广中心、西宁市种子站等科研院所和单位深入开展交流合作。二是大力开展先进技术推广应用。以发展高原果蔬产业为重点，示范推广优良新品种，推广应用先进适用栽培技术、病虫害绿色防控技术、果蔬精深加工技术等先进新技术；以发展城郊现代畜牧业为重点，推广优良畜禽新品种选育、良种繁育、生态饲喂、疫病防控、精深加工、保鲜杀菌等先进适用技术。三是加强农产品制种基地建设。以青稞、燕麦、油菜、马铃薯、豆类、西宁夏菜等为重点，大力发展制种业，强化农业科技创新成果的及时转化应用，加快物联网、大数据、5G、人工智能等信息技术手段在育种中的应用，逐步发展和壮大优质青稞、燕麦、杂交油菜、马铃薯、豆类、西宁夏菜制种基地，集中连片推进优质专用品种繁育，打造高原特色种业品牌。

4. 农业科技服务体系　一是加强科技服务平台建设。加大基础设施和科技服务平台建设力度，在生物科技产业园搭建国家中藏医药产业技术创新服务平台，在大通景阳“三园一体”科技创新示范区建设西宁市蔬菜科技园冷凉蔬菜科技创新平台，在湟中城郊现代畜牧业科技园着力推进智慧农业综合服务平台建设。二是完善创新创业平台建设。充分发挥园区科技企业孵化器、创业孵化基地、“国家大众创业万众创新示范基地”等平台作用，搭建集创业实验、创业指导培训、创业综合服务、创业政策试验为一体的创业孵化平台，为创业人员创办企业提供生存与成长所需的共享服务和系统空间。三是强化信息服务能力建设。充分发挥青海省“互联网＋”高原特色智慧农业大数据平台的辐射带动示范功能，推动西宁地区智慧农业大数据和数字农业应用推广示范基地建设，进一步充实完善西宁国家农业科技园区智慧农业管理与服务示范平台服务功能。

（二）构建产业体系

以高原地区冷凉农业创新发展为主题，引领和推进园区高原特色种业、高原果蔬产业、城郊现代畜牧业、青藏高原特色生物资源精深加工产业、中藏药产业、现代服务业等主导产业发展，促进一二三产深度融合，以产业振兴推动乡村全面振兴，打造青藏高原现代农业产业高地（图 12－6）。

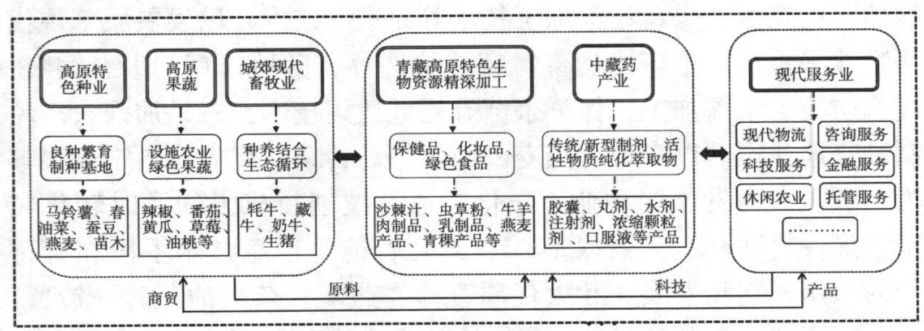

图 12－6　园区现代农业产业体系

1. 高原特色种业　依托园区科研创新优势，加强高原特色农产品种质资源保护开发利用，发掘一批优异种质和基因资源，培育壮大青稞、燕麦、油菜、马铃薯、豆类、西宁夏菜等适宜冷凉气候的特色种质资源。提升育种创新能力，加强优势品种制繁种基地建设。做大做强种子企业，构建育繁推一体化的现代农作物种业繁育体系，打造独具特色的高原特色现代种业。

2. 高原果蔬产业　紧扣“扩大规模、培优品种、绿色发展、保障供给”的总要求，积极发展高原特色果蔬产业，研发推广先进适用的栽培新技术和高效栽培新模式，推进现有旧温室提升改造，加强“菜篮子”产能建设，为全面落实“菜篮子”市长负责制提供强有力的科技支撑。发展果蔬规模化、标准化种植，加强绿色有机农产品生产基地认定及产品认证，推动高原特色果蔬产业高质量发展。

3. 城郊现代畜牧业　围绕绿色有机农畜产品输出地建设，充分发挥青藏高原“超净区”地理生态优势，以稳定生猪生产、发展牛羊养殖、振兴奶业禽蛋为重点，建设规模化标准化养殖基地和大型生态牧场，实施增草减料计划，积极发展种养结合的生态畜牧业，着力构建循环畜牧业生产体系，健全畜产品质量安全追溯体系，促进产业转型升级。

4. 青藏高原特色生物资源精深加工产业　依托沙棘、枸杞、白刺、冬虫夏草以及青稞、燕麦、马铃薯、油菜、蚕豆、牛羊肉、乳制品等青藏高原独特动植物资源，发展高原特色生物资源精深加工产业，延长产业链，提高附加值。

5. 中藏药产业　依托园区骨干企业以及联合研发机构、研发中心优势，发展规模化、标准化绿色有机中藏药材种植基地及“定制药园”。充分利用生物科技产业园制药企业平台，推动现代生物技术与传统中藏药结合，打造“中藏药GAP种植基地—药材深加工（原料药材）—药材提取物—中藏药”产业链，加快中藏药制剂剂型改进与新药研发，提高优质中藏药材生产加工能力，加快中藏药产业转型升级。

6. 现代服务业　重点推进现代物流、科技咨询、技术指导、金融服务、科普培训、农事体验、休闲观光、乡村旅游等服务领域加快发展，培育一批有创新活力的现代服务业专业机构，构建完善的农业科技园区现代服务体系。

第十三章

邹城省级农业高新技术产业开发区建设发展规划

第一节　规划简介

邹城省级农业高新技术产业开发区（以下简称邹城农高区），是由山东省人民政府在2022年1月29日同意设立的，邹城农高区核心区位于邹城市大束镇，规划面积19.45平方公里，是以食药用菌全产业链融合发展为主题的省级农高区。按照核心区—示范区—辐射区3个层次进行空间布局，其中核心区形成“一心、三区、四园”的总体空间格局。

邹城农高区以实施创新驱动发展战略和乡村振兴战略为引领，以深入推进农业供给侧结构性改革为主线，建设了蘑菇科创园、良种繁育基地、蘑菇超级工厂等一批重点项目，集聚了国家级高新技术企业等食药用菌创新创业主体，与中国农业科学院、吉林农业大学、省农业科学院等高校和科研院所建立了合作关系，科技创新平台建设成效显著，科技赋能产业转型升级能力不断加强。

本规划分为前言、建设意义与必要性、现有基础和发展环境、建设思路和目标定位、空间布局与功能规划、主要任务与预期目标、组织管理与运行机制、投资估算和资金筹措与效益分析、建设进度与安排、配套政策与保障措施10个部分。

第二节　规划内容摘要

一、建设思路和目标定位

1. 建设思路　以习近平新时代中国特色社会主义思想为指导，深入贯彻党的十九大和十九届二中、三中、四中、五中、六中全会精神，全面落实习近平总书记在深入推动黄河流域生态保护和高质量发展座谈会上的重要讲话精神，紧紧围绕统筹推进“五位一体”总体布局和协调推进“四个全面”战略布局，牢固树立“两山”“双碳”发展理念，贯彻落实乡村振兴、健康中国、创新驱动发展国家战略，以农业供给侧结构性改革为主线，以创新资源集聚、高新技术引领、循环经济示范、运营机制创新为发展理念，以示范引领全国食药用菌产业高质量发展为基本任务，大力发展工厂化栽培、良种繁育、精深加工产业集群，着力培育食药用菌智能装备制造、大健康产业和文化创意等新兴产业，集聚创新发展要素，延伸产业链、提升价值链、贯通供应链、分享利益链，以“四新”促“四化”，将邹城农高区打造成全国食药用菌产业创新创业示范区、全国食药用菌智慧化生产示范区、山东省绿色循环经济示范区、山东省产镇融合发展样板区和山东省乡村振兴科技引领型样板区。

2. 发展原则

——科技支撑，创新驱动。积极实施企业创新主体培育、产业创新引领升级、产学研用协同创新、农高区创新发展示范等创新工程，充分发挥科技在转变发展方式和调整产业结构中的支撑引领作用，为推动邹城农高区高质量发展提供强大动力。

——问题导向，聚焦重点。围绕食药用菌产业链、价值链、创新链和供应链的“四链重构”和食药用菌的智慧化发展，研究确定建链延链补链强链的重点领域和主攻方向，推进各项工作，不断提升食药用菌高质量发展竞争力。

——生态优先，循环发展。深入落实国土空间规划“三区”发展格局，严守三条红线，保护和优化农高区生态发展环境。按照

“农业废弃物—食药用菌—菌渣利用—种养业”的循环链条，促进资源循环利用，推动食药用菌产业绿色可持续发展。

——三产融合，产镇一体。依托蘑菇小镇建设，着力突破品牌打造、菌种研发、精深加工3个重点，形成食药用菌研究、生产及深加工、健康养生、文化创意、休闲康养于一体的食药用菌产业体系。推进食药用菌精深加工区、展览馆及生活配套服务区等板块建设，构建一二三产业融合发展的特色园区。

3. 发展主题 食药用菌产业全链条智慧化。构建开放、协同、高效的食药用菌共性技术研发平台，加快5G网络、互联网、物联网、人工智能、工业大数据、区块链等新型基础设施建设和食药用菌全产业链的深度融合发展，实现从良种繁育、工厂化栽培、精深加工、物流销售、质量安全追溯、生产装备制造的全产业链智能化和智慧化，示范引领食药用菌产业高质量发展。

4. 发展定位

(1) 全国食药用菌产业创新创业示范区　构建邹城农高区食药用菌创新创业体系，完善“政产学研金服用”创新创业链条，开展食药用菌新品种的引种、驯化、选育以及高产高效栽培技术的科研攻关，培育一批高新技术企业，持续提升智慧化工厂化生产的信息化、智能化水平，强化政策配套及创新，营造创新创业良好氛围，打造全国食药用菌产业创新创业示范区，示范引领全国食药用菌产业高质量发展。

(2) 全国食药用菌智慧化生产示范区　加快工业互联网、物联网、人工智能、工业大数据、区块链等新型基础设施建设，加强和食药用菌生产的深度融合，引进研发食药用菌自动化生产、智能化控制设备，提升技术装备水平，打造全国食药用菌智慧化生产示范区。

(3) 山东省绿色循环经济示范区　以绿色发展为导向，突出创新、绿色、可持续理念，提升农业种植水平和食药用菌菌渣资源化利用率，大力发展循环经济，示范推广“工厂化栽培—菌渣综合利用—农作物种植—农业废弃物利用”的循环经济产业链，打造山东省绿色循环经济示范区。

(4) 山东省产镇融合发展样板区　推进生产园区、生活社区、生态景区“三区”共建共享，加强基础设施建设，提升公共服务配套设施水平；注重生态环境保护，打造主导产业特色鲜明、蘑菇文化主题显现、城镇服务功能完善、发展模式绿色低碳的山东省产镇深度融合发展样板区。

(5) 山东省乡村振兴科技引领型样板区　围绕整建制打造乡村振兴齐鲁样板示范市战略目标，深化与中国农业科学院、山东省农业科学院的科技合作，做强食药用菌产业，推进新六产融合发展，构建科学、高效、可复制的科技引领乡村振兴服务体系，将农高区打造成县域乡村协调发展、全面振兴的齐鲁样板区。

5. 发展目标　通过 3 年建设，构建起食药用菌良种繁育、智慧化生产、精深加工、大健康与文化创意等产业集群，形成特色鲜明、三产融合发展的新格局，推动邹城农高区建设成为全国食药用菌科技创新中心、智慧化生产示范区和食药用菌高新技术产业集聚区。

6. 发展愿景

(1) 食药用菌硅谷　引进人才、平台等高层次创新资源，将邹城农高区打造成食药用菌全产业链条自主创新及科技成果转化基地，引领食药用菌全链条智慧化发展，将科技与智能更多地运用到农高区生产、生活中，打造全国知名的食药用菌创新谷。

(2) 最美农高区　注重生态、生活、生产“三生”融合发展，通过重点项目布局，坚持绿色发展，提升最美农高区的内涵，达到生态美、产业强、生活富的完美结合。

二、空间布局与功能规划

1. 规划范围　本项目位于邹城市，按照核心区—示范区—辐射区 3 个层次进行空间布局，其中：

核心区：位于大束镇，西至经二路，东至旅游路，北至平安路，南至岚济路，核心区面积 19.45 平方公里。

示范区：涉及太平镇、田黄镇、香城镇、石墙镇，面积140.62平方公里。

辐射区：辐射带动山东省食药用菌主产区高质量发展。

本规划重点规划建设核心区。

2. 规划期限 本规划期限为2021—2023年，以2020年为规划基准年，共分两个阶段：第一阶段为2021—2022年；第二阶段为2022—2023年。

3. 总体空间布局 按照科技凝聚、层级辐射、跨越发展的建设思路，邹城农高区分为核心区—示范区—辐射区3个层级。三区之间通过科技对接、模式对接、品牌对接和服务对接来实现联接、互促互进。

核心区：位于大束镇，西至经二路，东至旅游路，北至平安路，南至岚济路。核心区面积19.45平方公里。其中城镇建设用地510.7公顷，可利用建设用地59.34公顷。核心区主要承担行政管理与服务、食药用菌高新技术研发中试、成果转化、示范推广、科技型企业孵化培育、新型职业菇农创新创业、产业技术培训、循环经济模式创新与示范、食药用菌配套产业培育和文旅休闲等功能，是农高区食药用菌新技术、新业态、新模式和新产业的孵化基地及辐射源，也是整个农高区建设的重点区域。

示范区：主要涉及太平镇、田黄镇、香城镇、石墙镇4个食药用菌主产镇，总面积140.62平方公里。示范区是整个邹城农高区的食药用菌生产、加工基地和科技成果的示范推广基地，通过吸收核心区的新技术、新装备、新品种和新模式等成果，招商引资重点涉农项目及“公司＋合作社＋农户”的经营模式，开展示范区农产品的标准化生产和示范，孵化新的产业，扶持壮大龙头企业，是核心区农业新技术、新品种和先进管理模式的应用场所。

辐射区：辐射山东省及全国食药用菌产业主产区，示范带动全国食药用菌产业提质增效，转型升级。

4. 核心区功能布局 邹城农高区核心区位于大束镇中部，总体布局为“一心、三区、四园”，其中“一心”指科技创新综合服务中心；“三区”分别是食药用菌新动能培育区、高效循环农业示范区、新六产融合发展区。“四园”分别是食药用菌智能化生产科技示范园、大健康产业科技示范园、食药用菌智能装备科技示范园、商贸物流产业园（图 13-1、表 13-1）。

图 13-1　核心区功能分区

表 13-1　功能分区

序号	功能分区	重点建设项目	主要功能
1	科技创新综合服务中心	行政管理服务中心、食药用菌产业信息服务中心（大数据信息分析应用中心）、食药用菌电子交易中心、食药用菌企业总部基地、食药用菌质量安全检测中心、食药用菌产业技术研究院、食药用菌（省级）院士工作站、食药用菌学院、科技金融中心、技术转移中心、农业科技服务中心、科技创业园（星创天地）等	科技研发、企业孵化、技术培训、成果展示、推广服务和创新创业、行政服务、市场营销、招商引资、信息服务、会展体验

（续）

序号	功能分区	重点建设项目	主要功能
2	食药用菌新动能培育区	食药用菌良种繁育基地、蘑菇科创园、蘑菇小镇、智能化食药用菌生产基地、众创空间、国际科技合作交流中心等	新品种新技术新产品研发、新业态培育、创新创业孵化、国际合作与交流
3	高效循环农业示范区	食药用菌菌渣资源化利用示范基地、珍稀食药用菌栽培示范基地、“菌—肥—果”循环经济示范基地、华大农业示范园、万亩优质桃园、葛炉山生态保护区等	绿色循环农业
4	新六产融合发展区	康养民宿、蓝城云梦桃源小镇、林下食药用菌科技示范基地、田园垂钓、田园教育区、山地运动、拓展训练基地等	品牌宣传、科普教育、文化感知、康养度假
5	食药用菌智能化生产科技示范园	优质高产食药用菌智能化产业园、珍稀高值药用菌智能化产业园、新特高效食药用菌智能化产业园	以食药用菌智能化、工厂化、自动化、标准化和节能化为主要方向
6	大健康产业科技示范园	食药用菌生物医药产业园、食药用菌功能性食品产业园、食药用菌休闲食品产业园、食药用菌有机食品产业园，以及食药用菌功能性食品批发基地、有机食品批发基地	食药用菌休闲食品、功能性食品、保健食品、菌物药制品、化妆品等系列产品研发生产
7	食药用菌智能装备科技示范园	智能化环境因子调控设备制造、精深加工机器设备组装配套、食药用菌菌种生产设备制造、菌包及菌料自动化生产成套设备制造、冷链物流设备及专用保鲜剂制造等	产业全链条智慧化生产，发展食药用菌智能装备制造产业，大力引进培育食药用菌专业、先进设备制造企业
8	商贸物流产业园	食药用菌干鲜品批发市场、食药用菌恒温仓储基地、电商创研基地、食药用菌冷链物流集散	仓储、保鲜、配送、商贸、物流集散等功能

三、主要任务与预期目标

（一）产业体系建设任务

坚持质量兴菌、绿色兴菌之路，全方位构建“123＋X”的现代食药用菌产业体系。食药用菌智能化生产作为基础产业，通过产业链延伸，发展食药用菌精深加工、食药用菌良种繁育两大主导产业；围绕产业链补链延链发展3个新兴产业：食药用菌智能装备制造、大健康产业、文化创意产业，促进产业跨界融合延伸发展；同时衍生出休闲采摘、会展经济等X个衍生产业，实现食药用菌产业链闭合循环。通过现代农业食药用菌产业体系的构建，推进产业的高质量发展（图13-2）。

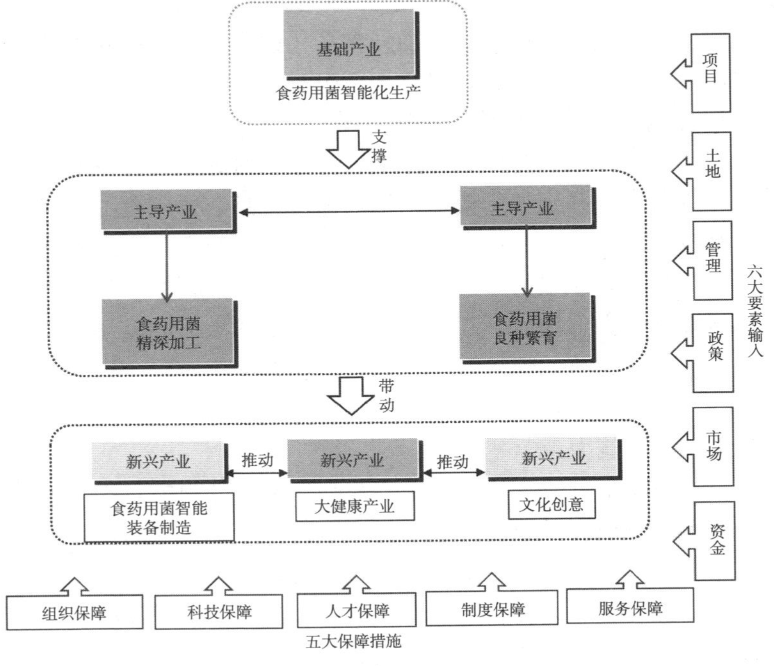

图13-2　“123＋X”的现代农业产业体系

1. 基础产业——食药用菌智能化生产

（1）发展思路　一是调优工厂化栽培品种结构，提高食药用菌市场供给效益，针对工厂化栽培品种单一、结构不优的实际，开展高档、珍稀品种的引进、选育和示范推广，逐步扩大适宜新品种占比，优化品种结构，提高市场供给质量；二是提升工厂化装备技术水平。通过政策引导，推动中小食药用菌生产企业转型升级，提高生产设备的智慧化、精准化和标准化水平，同时，开展工厂化、精准化技术的集成创新应用，提高生产效率，降低生产成本，提升综合效益，加快农高区食药用菌智能工厂化产业发展步伐。

（2）发展重点　一是优化食药用菌智能化栽培品种结构和规模比例。重点对目前国内、国际市场发展前景好的玉木耳、来福蘑、榆黄蘑、白灵菇、羊肚菌、蛹虫草、灵芝、巴西菇等附加值高、市场畅销型珍稀菇类进行品种优化，并开展高效栽培技术的示范、推广应用，扩大生产规模。二是加强食药用菌新型高效栽培模式和精准化标准化生产技术引进、研究与示范推广。

2. 主导产业——食药用菌精深加工

（1）发展思路　开展精深加工关键技术研究开发，提升初加工鲜品外观品质，并延长货架期，提高即食食品、休闲食品、冻干食品的科技含量，培育一批掌握核心技术的龙头企业，不断壮大精深加工产业规模；积极开展药用食品、保健食品等功能性食品的开发，培育一批高附加值、高科技含量、高市场潜力的高端企业，打造全国知名的食品品牌；深入开展国际合作交流，联合国际知名科研机构、企业集团，共同开发药用菌深加工医药系列产品，提高产业竞争力和影响力。

（2）发展重点　一是做大大宗菌类加工产品规模，提升产品质量、档次和附加值。推进产业供给侧结构性改革，提高产业可持续发展能力，以香菇、双孢菇、金针菇等大宗菌为加工对象，开发适合大众日常消费的即食食品、休闲食品、冻干食品等初加工产品，培育一大批掌握核心技术的龙头企业，不断壮大产业整体规模。

二是做强食药用菌类精深加工高新技术产业，引领产业向高端化方向发展。以灵芝、猴头菇、蛹虫草等珍稀药用菌为研究对象，积极开展真菌多糖、多肽、三萜与甾醇类等生物活性物质提取关键技术研究，开发保健食品、菌物药等高端产品，培育一批高附加值、高科技含量、高市场潜力的龙头企业。

3. 主导产业——食药用菌良种繁育

（1）发展思路　依托山东省科创食药用菌产业技术研究院、山东省农业科学院（邹城）食药用菌产业技术研究院、山东省食用菌良种繁育工程技术研究中心等菌种研发平台，建立健全食药用菌良种繁育推广体系，选育补充具有较大推广价值的大宗菇类新品种，引进驯化具有较大市场潜力的珍稀菇类新品种，丰富智能化生产专用品种；建设食药用菌核心种质资源库，研发具有自主知识产权的新品种；加强食药用菌标准化液体菌种技术研究，逐步实现菌种生产专业化、高端化、品牌化和国产化。

（2）预期目标　到 2023 年，累计引进培育食药用菌新品种、研发新技术 100 个，其中药用菌新品种 3～5 个，食药用菌良种覆盖率 98%，产值 12 亿元。

（3）发展重点　一是建设食药用菌新动能培育区。重点建设食药用菌类新品种选育与菌种扩繁中心、优质高产食药用菌良种繁育基地、新特高效食药用菌良种繁育基地和珍稀高值食药用菌良种繁育基地等项目，打造山东省知名的食药用菌原种生产供应基地。二是推进液体菌种产业化开发。通过食药用菌野生种质驯化、珍优专用品种选育和菌种优质快繁技术的研究，建立生物技术与常规育种技术相结合的食药用菌育种技术体系，全面提升食药用菌种质创新和育种技术水平。

4. 新兴产业——食药用菌智能装备制造

（1）发展思路　依托山东省农业科学院、山东农业大学、山东省智能机器人应用技术研究院等科研机构，积极引进消化吸收国际先进装备制造技术，自主开发食药用菌物联网生产管理系统、智能化生产与加工装备和质量追溯信息系统等高端技术装备，招引一批食药用菌智能装备制造企业，持续壮大食药用菌智能装备新兴产业。

（2）预期目标　到 2023 年，培育食药用菌智能装备制造企业 1～2 家。

（3）发展重点　一是开发食药用菌智能化生产和加工装备。联合高校科研院所，开展食药用菌功能活性成分破壁、酶解、萃取、提纯等提取及配套装备制造关键技术研发，开发全自动良种繁育产业化装置、液体菌种发酵系统、接种机、搔菌机、打包机等智能化生产装备，培育拥有核心技术的专业设备制造科技型企业，逐步实现智能生产与加工设备国产化，推动食药用菌产业智能化、自动化、标准化发展再上新台阶。

二是加快食药用菌物联网应用技术开发及推广，发展高效智慧农业。积极开展视频识别技术、传感器技术、传感器网络技术、网络通信技术等物联网关键技术研发，引进推广大数据分析应用、云平台存储管理服务、远程在线监控监测分析等信息化应用技术，研发食药用菌物联网生产管理系统和质量追溯信息系统，不断推动食药用菌智能装备制造产业向智慧化方向发展。

5. 新兴产业——大健康产业

（1）发展思路　聚焦以食药用菌为主要内容的素食文化与健康养生等现代服务业，推广普及"农医同根"、"药食同源"等大健康理念，培育高端健康养生产品，培养人们食药用菌健康消费理念，加强优质产品及服务供给，不断壮大食药用菌大健康产业。

（2）预期目标　2023 年产值 3 亿～5 亿元，研发生产高端健康养生产品 3～5 种。

（3）发展重点　一是加强食药用菌健康食品研发生产。紧抓食药用菌主食化发展机遇，推进产学研合作，加快栽培品种优化调整和食药用菌主食化产品研发生产。扩大香菇面条、素食面、蘑菇酱、食药用菌饮品等功能性产品生产规模，构建食药用菌全链条产品矩阵。

二是打造食药用菌大健康产业生态圈。以食药用菌产业为主导，以大健康产业生态圈构建为目标，加强大健康产业孵化平台、产业研发平台和康养基础设施建设，引进一批高层次人才和康养企业。突出人才链、产业链、创新链良性互动，创新健康＋社区、健康＋园区、健康＋小镇等多样化的组织方式，建设山东省大健康产业示范区。

6. 新兴产业——文化创意

（1）发展思路　以特色小镇和田园综合体建设为载体，以发展全域旅游为导向，通过农高区规划建设，进一步深入挖掘邹鲁文化、食药用菌文化、儒家文化、养生文化等资源，加强蘑菇元素与文化创意、休闲旅游、乡村旅游、节庆旅游的结合，加快推进核心区蘑菇小镇建设进程，全面提升邹城食药用菌品牌影响力。

（2）发展重点　一是整合食药用菌资源，建设蘑菇小镇。依托现有的食药用菌资源优势，整合食药用菌生产、加工、科研、会展等上下游产业链，建设食药用菌主题文化社区与特色蘑菇小镇。推进蘑菇文化创意园、蘑菇主题公园、蘑菇主题系列体验休闲农庄等项目建设，提升农高区蘑菇主题休闲旅游产品在国内外的品牌影响力。

二是弘扬菌菇产品文化，发展节庆旅游。加强与中国食药用菌协会合作，争取将邹城列为中国食药用菌行业大会暨国际食药用菌博览会的长期举办地。深入挖掘菌菇文化，引入孟子养生、葛洪养生文化元素，举办蘑菇美食节、蘑菇采摘节、蘑菇文化节等活动，发展蘑菇主题节庆旅游。通过开展产品展览、文化创意和推介会等诸多形式，提升“邹城蘑菇”区域公共品牌的市场影响力。

（二）创新体系建设任务

围绕产业链部署创新链，围绕创新链部署人才链，通过创建开放灵活的科技创新机制，打造一批自主创新平台，凝聚一批创新优秀人才，一批重大科技攻关项目。依托优质生态环境吸引创新人才，打造邹城市知识创新核心和产业创新核心，通过创新服务在高校与企业建立联系，促进产学研一体化发展，政府、企业和大学构成三螺旋创新系统。

促进“政产学研金服用”七位一体的创新要素有效集聚和优化配置，全面提升园区科技创新供给能力，形成布局合理、功能完善、协作紧密、运转高效的农高区现代农业科技创新生态系统（图13-3）。

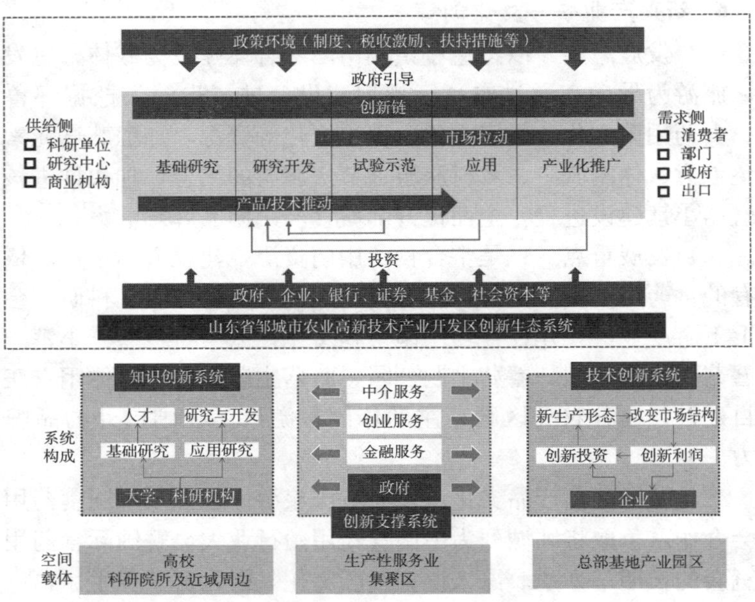

图13-3　农高区创新系统分析

1. 构建农业科技创新平台

（1）国家级科技创新平台　以国家需求为导向，围绕现代农业发展战略要求和重大科技问题，一方面积极创建国家农业重大科技创新平台、农业应用研究示范基地等国家级科研平台，另一方面通过在邹城建立分中心、建立研究或试验基地等形式，加强与国家级农业科技创新平台的合作交流，大幅提升园区的农业应用基础研究、重要科技基础工作、应用研究水平。

通过市场化机制、专业化服务和资本化运作方式，利用线下孵化载体和线上网络平台，聚集创新资源和创业要素，促进农村创新创业的低成本、专业化、便利化和信息化。

（2）省级科技创新平台　以产业需求为导向，围绕现代农业发展战略和山东优势产业科技需求，高标准建设工程中心（技术创新中心）、院士工作站、农科驿站等，大幅提升具有山东特色的农业技术创新和转化能力。

（3）企业科技创新平台　以企业发展为导向，围绕良种研发、生物技术、大健康、质量检测等科技需求，建设企业研发中心、重点实验室、成果转化基地，提升企业创新水平，支撑带动行业转型升级。培育创新型农业企业，强化企业技术创新主体地位。支持入住企业建设农业科技创新平台。

农高区目前市级创新平台41家。其中，济宁市级创新创业共同体1家、济宁市级工程技术研究中心18家、济宁市级农业科技示范园9家、济宁市级科技特派员示范基地4家、济宁市级农科驿站9家。

2. 构建食药用菌全产业链技术创新路线　通过研究食药用菌业市场需求和科研发展趋势，整合优良品种选育、菌种产业化繁育、工厂化精准栽培、精深加工和菌渣综合利用等生产环节的先进科技，构建食药用菌全产业链技术创新路线图，支撑和引领农高区食药用菌产业技术创新，进行绿色化、标准化、现代化生产。

优良品种选育：种质资源收集保护与共享、高效菌种选育及评价技术体系建设、工厂化专用品种繁育等。

菌种产业化繁育：液体菌种高效制备技术工艺研发、菌种复壮保活及评价技术体系建设、菌种质量评估技术体系构建等。

工厂化精准栽培：高效新型栽培基质挖掘与利用，精准化、标准化管控技术研究，标准化、智能化生产配套设施设备研发等。

精深加工：加工组分结构功能和品质调控机制研究、加工风味调控及品质评价体系构建、高值利用与优质加工技术创新及产品开发等。

菌渣综合利用：工厂化菌渣高效二次回用技术研发与应用、菌渣肥料化应用技术研究、菌渣基质化利用技术体系建设等。

3. 打造邹城蘑菇4.0时代

（1）科技支撑　依托产业研究院、创新创业共同体等，集聚食药用菌领域科技平台、科技人才和科技金融等创新资源。

（2）产业引领　加速产业集聚，引领全省食药用菌产业向高端化、绿色化、智慧化、融合化方向发展，推动全省乃至全国食药用菌产业高质量发展。

（3）乡村振兴　促进农业产城、产镇、产村融合，推动全面实现食药用菌产业提质增效、农民增收致富，打造山东省乡村振兴示范区。

第十四章

莘县省级农业高新技术产业开发区建设发展规划

第一节　规划简介

莘县省级农业高新技术产业开发区于2022年1月29日经省政府批准成立，园区按照核心区—示范区—辐射区3个层次进行空间布局，核心区总体功能布局为“一心、一带、两园、三区”，即现代农业科技创新中心、徒骇河滨水休闲景观带、蔬菜种业创新发展区、蔬菜高新技术集成展示区、“新六产”融合发展区、生物科技产业园、农产品智慧物流园。示范区功能布局为四大产业示范区，即设施蔬菜、西甜瓜、食用菌、露地蔬菜产业。辐射区带动鲁西地区设施蔬菜高质量发展。

本规划分为建设意义与必要性、现有基础和发展环境、建设思路和目标定位、空间布局与功能规划、主要任务与预期目标、组织管理与运行机制、投资估算、资金筹措与效益分析、建设进度与安排、配套政策与保障措施10个部分。

第二节　规划内容摘要

一、建设思路和目标定位

1. 建设思路　以习近平新时代中国特色社会主义思想为指导，

深入贯彻党的十九大和十九届二中、三中、四中、五中、六中全会精神，全面落实习近平总书记深入推动黄河流域生态保护和高质量发展座谈会重要讲话精神，牢固树立新发展理念，以实施创新驱动发展战略和乡村振兴战略为引领，积极响应落实“两山、双碳”战略，以设施蔬菜高质量发展为主题，以深入推进农业供给侧结构性改革为主线，以“数字农业、生态农业”为统领，突出“莘县蔬菜、健康生态”品牌效应，创新“数智创新引领+高新技术产业集群”发展路径，开展创新链、产业链、供应链、价值链和利益链“五链同构”，做大做强种苗繁育、设施蔬菜、数字农业、农产品加工、商贸物流、智能装备制造等产业，构建现代蔬菜产业体系、生产体系和经营体系，集聚各类要素资源，着力打造设施蔬菜产业创新驱动发展先行区、数字农业发展示范区、高新技术产业集聚区，向周边地区输出技术、标准、设施和模式，建设全省领先、全国一流的农业高新技术产业开发区。

2. 基本原则

——数智赋能，创新发展。实施创新驱动发展战略和农业数智赋能工程，以应用区块链、物联网、人工智能、大数据等新一代信息技术为核心，推动农业数字化转型，构建以龙头企业、高新技术企业为主体的创新队伍，大力强化农业科技成果集成、转化和应用，打造农业高新技术聚集地和农业高新技术产业新引擎。

——生态循环，绿色低碳。围绕促进生产美、生态美、生活美“三美”融合，以绿色低碳发展为引领，探索推广“综合应用，生态循环”的生产模式，发展循环生态农业，推进农业资源高效利用、二氧化碳捕捉再利用，打造水体洁净、空气清新、土壤安全、循环低碳的蔬菜绿色生产环境，保障蔬菜产业健康持续发展。

——产业融合，区域协同。以发展农业“新六产”为目标，推进蔬菜产业一二三产业融合发展，加快转变蔬菜发展方式，积极探索农民分享二三产业增值收益的机制，推动城乡融合发展；推进鲁西地区蔬菜主产县市在体制机制、产业对接、交流合作等领域加强合作沟通与协同创新，共同打造鲁西地区“科技＋产业＋生活”蔬菜科技新城。

——产城融合，三园共建。按照“产城融合”的理念，以国家农业科技园区、省级农业高新技术产业开发区和国家农业公园共建为抓手，科学合理规划，引导农民集中居住，完善基础设施和服务功能，推进新型城镇化；加强创新要素集聚和信息化服务体系建设，着力促进园区向高端化、集聚化、融合化、绿色化、信息化方向发展，全力打造鲁西地区“蔬菜硅谷、农科新城”。

3. 功能定位

——全国优质蔬菜绿色生产示范区。坚持“减量、清洁、循环”的原则，以“一控两减三基本”为目标，注重政策创新，强化项目支撑，完善运行机制，努力把园区打造成全国蔬菜清洁化生产样板区、标准化生产试验区、绿色蔬菜生产模范区和生态循环农业先行区，为全国设施蔬菜主产区提供可复制、可推广的绿色生产模式。

——山东省数字农业发展示范区。深入实施农业数智赋能工程，大力推广应用物联网、区块链、人工智能、大数据等新一代信息技术，加快推动农业数字化转型、智慧化改造和平台化提升，农业品牌影响弱、供销对接难等瓶颈短板加速补齐，通过优化提升农业互联网平台，突出农业数据共享应用，引进培育数字农业新业态新模式，打造山东省农业数字经济产业发展示范区。

——山东省产城深度融合发展样板区。全面落实产城融合发展理念，按照生产空间集约高效、生活空间宜居适度、生态空间山清水秀的原则，科学规划空间发展布局；推进蔬菜产业与创新要素集聚发展，构建现代蔬菜产业体系；推进“三区共建”，加强基础设施建设，提升公共服务水平；注重生态环境保护建设，打造主导产业特色鲜明、城市服务功能完善、发展模式绿色低碳的山东省产城深度融合发展样板区。

——鲁西农业科技创新中心。坚持走“科技兴菜”之路，加强与国内外蔬菜科研院所合作交流，吸引汇聚各类蔬菜研发、成果转化和产业孵化机构，引导科技、人才、信息、资金等创新要素向核心区高度集聚，打造鲁西地区蔬菜科技成果转化中心、蔬菜科技人员创业平台和蔬菜高新技术产业孵化基地。

——鲁西农产品商贸物流中心。完善蔬菜交易区、农产品检测中心、电子商务中心、冷链配送中心、电子结算中心等功能区建设，打造集农副产品批发零售、冷链仓储、电子商务、物流配送、质量检测为一体的综合性农产品商贸物流中心，成为鲁西地区农产品集散中心、农产品信息中心、农产品价格形成和指导中心，有效地带动物流中心周边地区农业生产，保障京津、上海、济南、郑州等周边高端市场的农副产品供应。

4. 发展目标 通过3年建设，构建以种苗繁育、绿色种植、农产品加工、商贸物流、数字农业等产业集群，形成特色鲜明、三产融合发展新格局，推动园区成为鲁西农业科技创新中心、数字农业示范区和农业高新技术产业集聚区。

5. 发展愿景 蔬菜硅谷，农科新城。

——蔬菜硅谷。加强产学研合作，打造高水平科技创新中心，建设高端研发平台，搭建农业互联网平台，积极抢占蔬菜全产业链“微笑曲线”的两端，前端重点做标准研发、种苗研发和技术集成创新，后端重点培育优质蔬菜品牌、打通高端绿色供应链，构建影响中原地区乃至全国的产品市场、服务市场和要素市场，打造设施蔬菜“硅谷”。

——农科新城。按照产城融合发展思路，围绕蔬菜主导产业，探索“科技研发、电商物流、精深加工、休闲康养、生产示范、生活服务”六大板块联动发展与国家农业科技园区、省级农业高新技术产业开发区、国家农业公园“三园”共建的新模式，逐步打造鲁西地区蔬菜主题产业新城。

二、空间布局与功能规划

1. 规划范围

①核心区：北至组店干渠，南至振兴街，东至莘县县界，西至

聊莘路，规划面积14.99平方公里（2.25万亩）。

②示范区：涉及莘县朝城镇、河店镇、董杜庄镇、张寨镇等23个镇（街道）。

③辐射区：通过核心区、示范区成熟的农业技术和模式辐射带动鲁西地区设施蔬菜高质量发展。

2. 规划期限　本规划期限为2021—2023年，其中以2020年为规划基准年，分两个阶段：

第一阶段（2021—2022年）强化基础，重点建设。

第二阶段（2022—2023年）全力推进，转型升级。

3. 总体空间布局　以莘县整建制推进农高区建设，根据区域资源特点、现有基础和发展潜力，统筹考虑园区功能划分、产业布局，遵循“科技凝聚，层级辐射，跨越发展”的原则，秉承“全面规划、分步实施、总体布局、重点推进”的思路，按照“核心区—示范区—辐射区”层次布局，实现产业互补、资源共享、三产融合、五化同步发展，其中：

核心区：主要功能包括农业科技和数字农业研发平台构建、创业孵化、农业高新技术展示推广、新品种新技术新设施引进试验，是整个农高区的技术、模式、品牌、标准辐射源。

示范区：是农高区科技成果和农业数字化系统的示范推广基地和农产品生产基地，示范区吸取核心区的新技术、新品种、新模式，是核心区农业新技术、新品种和管理机制创新的应用样板区。

辐射区：通过将核心区、示范区成熟的设施蔬菜技术和模式辐射到西北、华北和东北更大的区域，提高辐射区设施蔬菜现代化水平，推动辐射区蔬菜产业转型升级（图14-1）。

4. 核心区功能布局　核心区总体功能布局为“一心、一带、两园、三区”，即现代农业科技创新中心、蔬菜种业创新发展区、蔬菜高新技术集成展示区、“新六产”融合发展区、农产品智慧物流园、生物科技产业园、徒骇河滨水休闲景观带（图14-2、表14-1）。

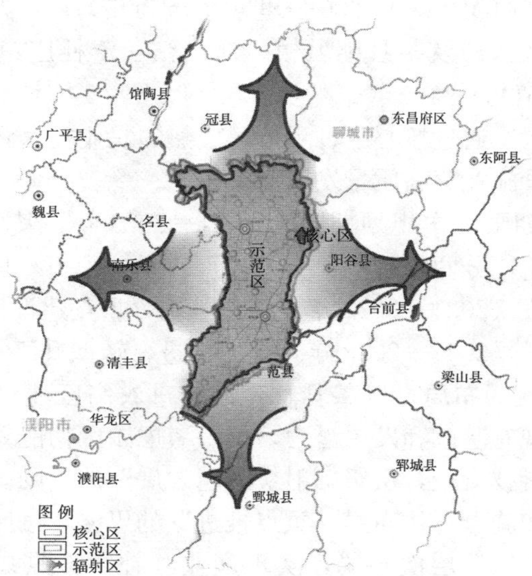

图 14-1　园区总体布局规划

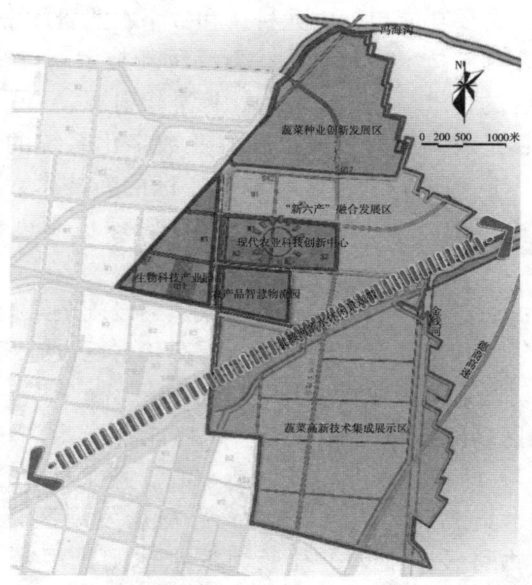

图 14-2　核心区功能分区规划

表 14-1　核心区重点项目

序号	分区	重点建设项目	主要功能
1	现代农业科技创新中心	公共管理服务中心、莘县会展中心、农业双创孵化中心、农业大数据中心、专家工作站、鲁西种苗谷项目、现代农业与新型职业农民培训中心等	农高区服务管理、科技创新、农科研发、检测认证、人才培训、招商引资、创业孵化
2	蔬菜种业创新发展区	蔬菜种质资源圃、云农场科技园、食用菌良种繁育科技园、莘沃一体化推广项目、鑫丰蔬菜科技开发等	蔬菜育种研究、种苗繁育、成果孵化和技术展示与推广
3	蔬菜高新技术集成展示区	蔬菜新品种试验示范基地、设施蔬菜新技术集成示范基地、鲁西现代农业科技示范园、绿色蔬菜标准化种植基地、蔬菜创业孵化示范基地、蔬菜产学研合作示范基地、露地蔬菜栽培技术集成示范基地等	蔬菜产业的全产业链条技术研发、转化及集成创新
4	“新六产”融合发展区	中原现代农业嘉年华七彩花卉小镇、旭日果蔬良种展示基地等	休闲娱乐和科普教育
5	农产品智慧物流园	莘县电子商务公共服务中心、农产品交易市场、冷链物流仓储基地、腾讯云农业数字经济产业基地、粤港澳大湾区“菜篮子”工程聊城配送分中心、农产品交易服务中心、莘县检测检验中心、莘县农资交易市场、产地仓等	农产品交易、仓储物流配送、电子商务、质量检测、信息交流
6	生物科技产业园	生物农业科技产业园、休闲食品加工科技园、亚世达冷链物流基地、高新技术产业加速器、设施农业智能装备产业园等	生物农业科技孵化、健康食品加工、智能农机装备制造
7	徒骇河滨水休闲景观带	河道清淤、水面扩宽、驳岸整理、景观绿化和景观塑造，结合浅水区与滩地设置滨河湿地公园、滨水休闲广场、荷花观赏园、亲水栈道景观台、湿地垂钓体验中心，打造集多种功能于一体的滨水“慢生活”休闲游憩带	湿地公园休闲、滨河景观游赏、水绿共享休憩

三、主要任务与预期目标

（一）产业体系建设任务

坚持科技兴农、数字赋能之路，重点培育“132＋X”的现代蔬菜产业体系，并积极围绕“X”个产业发展的新方向，培育产业发展的新动能。将蔬菜种植作为基础产业，通过产业链延伸，发展种苗繁育、农产品加工和商贸物流三大主导产业；围绕产业链跨界融合发展2个新兴产业——数字农业和智能装备制造，并衍生发展种苗基质生产、二氧化碳气肥生产等X个新产业，通过现代蔬菜产业体系的构建，推进莘县蔬菜产业的高质量发展（图14-3）。

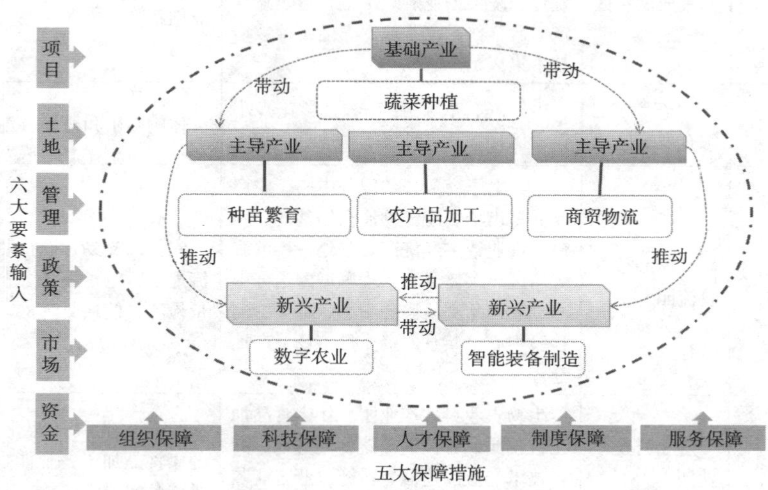

图14-3　农高区“132＋X”的现代蔬菜产业体系

1. 蔬菜高新技术领域　通过对蔬菜产业市场需求、科研发展的分析研究，整合蔬菜育种、生产加工、智能管理、装备制造、检验检测等先进技术，制作了蔬菜高新技术体系一览表，支撑和引领农高区蔬菜产业技术创新，并开展相关领域技术研发和示范推广（表14-2）。

表 14-2 蔬菜高新技术体系

技术领域	编号	项目名称
设施农业技术	1.1	设施高效栽培技术
	1.2	植物组培脱毒快繁技术
	1.3	工厂化育苗技术
	1.4	穴盘育苗技术
	1.5	物联网技术
	1.6	人工智能控制系统
	1.7	机械采收技术
蔬菜培育与优繁	2.1	细胞培育技术
	2.2	分子标记技术
	2.3	转基因技术
	2.4	泥炭基质技术
	2.5	蔬菜机械自动嫁接技术
节水技术	3.1	生物节水技术
	3.2	微分子水、喷散浇水技术
	3.3	选育节水抗旱品种
	3.4	生理和化学节水技术
	3.5	基于先进制造技术和新材料的节水技术
	3.6	信息节水技术
节肥技术	4.1	秸秆还田技术
	4.2	生物肥料、菌肥施用技术
	4.3	平衡施肥技术
蔬菜病虫害防治	5.1	农业生态调控技术
	5.2	物理防控技术
	5.3	生物防治技术
	5.4	化学防治技术

（续）

技术领域	编号	项目名称
蔬菜加工技术	6.1	基因工程保鲜
	6.2	酶工程保鲜
	6.3	蔬菜质量加工技术
	6.4	超高压技术
循环农业技术	7.1	立体复合型种养技术
	7.2	农产品再利用技术
蔬菜质量检测技术	8.1	快速检测技术
	8.2	农药残留检测技术
土壤改良技术	9.1	土壤板结改良技术
	9.2	土壤次盐渍化改良技术
	9.3	推广秸秆生物反应堆技术

2. 基础产业——蔬菜种植

（1）预期目标　到 2023 年，蔬菜播种面积稳定在 110 万亩，产量 550 万吨。

（2）发展思路　坚持政府政策引导，积极推进蔬菜生产大棚升级改造和设施更新。推进蔬菜大棚智能化管理，加快区块链、物联网技术的应用，推广高效节水技术、绿色栽培技术、生态循环技术，完善蔬菜质量追溯体系建设，不断提升设施蔬菜规模化生产、绿色化种植、智能化管理、机械化采收水平。构建以“莘县蔬菜”品牌为引领、各区域品牌和产品品牌为主体的农产品品牌发展体系，促进莘县蔬菜产业转型升级。

（3）发展重点　一是推进蔬菜标准化生产基地建设。以“规模化种植、智能化管理、商品化处理、品牌化销售、产业化经营”为蔬菜标准化生产基地创建内容，大力发展设施蔬菜标准化种植。推广高标准示范大棚和控制中心建设和农业物联网自动监测、预警及水肥一体化灌溉控制技术，提高基地综合智能机械化率，提高种植效益。

二是加强蔬菜发展科技支撑。开展蔬菜新品种引进与推广，加强水肥一体化、精准农业、绿色标准化生产等蔬菜生态高效生产技术应用，提高蔬菜产业发展科技贡献率。开展设施蔬菜沃土工程和根结线虫病防治工程，加强秸秆、尾菜等废弃物综合化处理，构建安全的蔬菜产地环境。

三是切实保障蔬菜质量安全。完善 43311 监管体系，强化镇级属地管理，整合检测资源，升级检测设备，不断扩大检测范围和数量，努力提高农产品检测能力和水平。进一步推广农药销售登记备案制度和合格证打印制度，健全完善并大力推广区块链农业溯源系统，实现蔬菜从田间到餐桌全程安全智能跟踪监测。

四是加强蔬菜品牌建设。建立以“莘县蔬菜”整体品牌为引领、企业品牌和产品品牌为主体的农产品品牌发展体系。健全完善“莘县蔬菜”品牌运营管理体系，开展数字营销，委托第三方负责品牌运营和管理，实现有组织、有计划、上下联动的区域公用品牌和企业产品动态管理。

3. 主导产业——种苗繁育

（1）预期目标　到 2023 年，全县重点建设规范化种苗企业 20 家，年育苗 18 亿株，实现产值 10 亿元，年均引入蔬菜新品种 30 个，培育新品种 5 个。

（2）发展思路　围绕打造“鲁西种苗谷”的目标定位，集聚一批龙头企业，打造种苗产业集群。积极开展产学研合作，搭建育种交流平台和研发机构，引进一批高层次人才，建设中原经济区蔬菜种业基地研发中心，研发推广种苗繁育新技术、新设施，推进种苗繁育标准化、智能化和数字化。建立蔬菜品种评估评价机制，鼓励育种研发企业在蔬菜生产主要区域设立试验基地和繁种基地，对研发品种进行区域试验，对试验效果好的品种进行自主繁育与示范推广。

（3）发展重点　一是引进与发展蔬菜育种企业。加大招商引资力度，吸引瑞士先正达、荷兰安莎等著名蔬菜育种公司来莘县设立办事机构。出台制定扶持蔬菜种业发展的政策措施，县财政设立扶持蔬菜种业发展的专项资金，重点扶持山东鑫丰、山东旭日等“育繁推”一体化种子企业，支持育种科研单位和企业开展新品种培育，加强拥有自主知识产权的蔬菜品种培育。

二是加强蔬菜良种繁育基地建设。申请认定一批蔬菜区域性良种繁育基地，加大对基地的扶持力度，在基地建设、企业融资、品牌建设、质量提升等多个方面给予更多支持。通过实施优势良种繁育基地建设，改善基地基础设施条件，提高土地产出能力，将莘县建成山东省一流的设施蔬菜良种繁育基地。

三是加快推动鲁西种苗谷建设。以打造鲁西种苗谷为目标，加快建设现代蔬菜种业创新创业基地研发中心，配套建设育种研发实验楼及种子储藏库。通过基地研发中心的规划建设，吸引国内外优秀育种育苗公司入驻，与蔬菜产业科研院所、高等院校开展合作共建，加强省级育种研发中心建设。

4. 主导产业——农产品加工

（1）预期目标　到 2023 年，全县蔬菜产品产地分级分拣比例达到 70%以上，田间预冷处理比例达 80%以上，净菜加工能力和脱水蔬菜加工能力分别实现 100 万吨和 50 万吨。培育年产值超 5 000万元的蔬菜加工企业 10 家以上，实现加工产值 30 亿元。

（2）发展思路　立足蔬菜生产规模和品质优势推进蔬菜加工业发展，明确加工链条的建设重点和招商目录。引进培育一批蔬菜加工龙头企业，推进加工新工艺、关键新技术及产业化，重点开展净菜加工、鲜切果蔬、冷冻脱水、蔬菜脆片、蔬菜饮品、蔬菜调味品等加工；支持龙头企业延长产业链条，适时开展果蔬酵素、番茄红素、多糖多肽等功能性成分提取、利用方向的精深加工，加大市场营销和产品外销力度。

（3）发展重点　一是引进培育龙头企业。鼓励各类市场主体投资蔬菜加工项目，开展产品分级整理、蔬菜保鲜冷藏和深加工。按照做大、做强、做优的要求，引进、培育和扶持一批有竞争力、带动力强的加工龙头企业、科技龙头企业，优先发展联结本地蔬菜生产基地以及与广大菜农关系紧密、促进蔬菜出口创汇的龙头企业。

二是创建蔬菜加工产业品牌。通过龙头企业示范带动，推广绿色加工，鼓励节约集约循环利用各类资源，引导建立低碳、循环、高效的绿色加工体系。支持企业积极参与先进质量管理、食品安全控制等体系认证，提升全程质量控制能力。宣传展示企业自主品牌，增强公众消费信心，推动蔬菜加工业增品种、提品质、创品牌。

5. 主导产业——商贸物流

(1) 预期目标　到2023年，培育冷链物流企业20家，农产品电子商务交易额突破15亿元，将中原农产品批发市场建成鲁西地区跨区域冷链物流配送中心。

(2) 发展思路　引进培育一批农产品流通龙头企业，加快建设一批蔬菜交易市场、物流园区，完善冷链储运、配送中心、智慧仓储等流通基础设施，构建全程冷链服务体系，推进蔬菜流通交易信息化、标准化、智慧化建设，实现优质蔬菜从田间地头到大中城市的直销直供，形成辐射带动周边的区域性农产品交易集散中心。

(3) 发展重点　一是创新蔬菜营销模式。大力推进"互联网+农业"发展，充分发挥核心区建设的电子商务产业园、中国北方瓜菜菌网和阿里巴巴、农村电商、京东商城、邮政买卖惠等信息资源优势，构建蔬菜产销信息平台，拓展蔬菜销售渠道。支持蔬菜龙头企业通过农业互联网平台开展净菜直供，提高蔬菜流通效率和产业科技附加值。承接全国蔬菜产业博览会、商贸文化节等展会，加强品牌推广与市场营销。

二是积极培育新型流通业态。发展新型业态，创新营销服务，推广农超直供对接、产品直销直供平台，完善电商销售模式，打造一批较成熟的蔬菜定制配送、农超直供、电商销售主体。积极开展"社区团购"，树立反向供应链模式，构建蔬菜全产业链经营新模式，重新建构消费者与生产者的利益关系。

三是推广农业区块链溯源系统。按照农产品"生产有记录、产品有检测、信息可查询、产品可追溯"的整体思路，组建智慧化农产品质量管理可追溯平台，建立农产品质量安全中心，推广农业区块链溯源系统，做优产业、做出品牌、做大规模，提高行业市场竞争力。

6. 新兴产业——数字农业

（1）预期目标　到2023年，农业数字经济占农业增加值比重增加到60%，主要农产品追溯体系覆盖率达到80%，培育20家数字农业高新企业。

（2）发展思路　以产业数字化、数字产业化为发展主线，推进物联网、区块链、大数据与现代农业融合创新，加快推动农业数字化转型，着力建设基础数据资源体系，强化关键技术装备创新和重大工程设施建设，加强腾讯云（莘县）农业数字经济产业基地和华为（莘县）农业创新基地建设，重点完善区块链农业溯源系统、互联网平台、智慧物流平台、直播电商平台等服务平台，培育数字农业发展新模式、新业态，赋能蔬菜产业高质量发展。

（3）发展重点　一是全面推广应用区块链、AI融创系统。融合应用AI、区块链技术，通过区块链技术保障质量，依托超临界萃取提升附加值，对接高端销售体系实现优质优价，形成典型示范，进而带动全县乃至周边智慧农业升级扩面。

二是搭建鲁西种苗谷智慧平台。以现代农业物联网技术为支撑，推进5G+农业创新应用，推广全自动催芽室、智能物流式潮汐苗床、种苗分级移栽等数字系统，建设智慧育种一体化平台，培育一批智能化、数字化种苗研发繁育基地。

三是开展农业大数据创新应用。依托数字中心，综合汇聚农业生产全生命周期信息数据，全面分析、深入挖掘，形成农业发展态势一张图，为政府、企业、群众提供智慧化决策“一条龙”参考。

四是开展智慧农业“双招双引”。充分发挥腾讯等领军企业头部效应，积极吸引集聚相关生态企业入驻发展，做大做强智慧农业产业矩阵，打造智慧农业经济共同体。

7. 新兴产业——智能装备制造

（1）预期目标　到2023年，智能装备制造产业总产值突破5亿元，培育3～5家智能装备制造高新企业，初步构建智能装备设施制造产业集群。

（2）发展思路　围绕推进蔬菜产业智慧化、智慧化蔬菜产业，以打造设施蔬菜智能装备设施研发与制造基地为目标，引进培育一批龙头企业，加强政策引导与激励，重点开展种苗繁育智能设施、智慧大棚棚体设施、物联网设施、智慧仓储配送设施、农业机器人等领域的研发制造，助力数字农业发展，加快蔬菜产业的转型升级和智慧化发展。

（3）发展重点　一是构建智能装备制造产业集群。以华为（莘县）农业创新基地为依托，瞄准蔬菜产业现代化需求，加快智能装备研发机构的引进和培育，突破数据采集传感、智能控制、精准投入、智慧服务等关键技术环节，培育一批骨干企业，打造智能装备制造产业集群。

二是加强政策配套支持。制定落实智能装备制造产业奖补政策，加大对补短板、强弱项方面的扶持力度，建立产业链上下游招商项目库和招商企业目标库，开展精准招商。成立工作专班，加强土地政策、金融政策、科技专项支持政策的协同，构建优良的产业发展。

第十五章

沂南县省级现代农业产业园建设规划

第一节　规划简介

沂南县省级现代农业产业园（以下简称园区），核心区规划涉及沂南县苏村、辛集两个乡镇30个行政村，东到苏村、辛集镇界，南至澳柯玛大道，西至沂河，北接沂南沂水县界，规划总面积约7.63万亩。园区遵循“依托资源、适度集中、拓展功能、示范带动”的原则，对现代农业产业布局进行优化提升，形成“两心、两园、三区”的空间布局。

本规划分为总论、发展现状和条件、发展思路与目标、产业发展规划、总体布局与功能分区、重点项目建设规划、基础设施规划、投资估算与效益分析、实施进度安排、农民利益联结机制、组织架构与运行机制、保障措施12个部分。

第二节　规划内容摘要

一、发展思路与目标

1. 总体思路　以习近平新时代中国特色社会主义思想为指导，认真贯彻落实党的十九大和十九届二中、三中、四中、五中全会精神，以推进农业供给侧结构性改革为主线，紧抓国家高度重视现代农业产业园建设的机遇，围绕“两心、两园、三区”的总体布局，推进黄瓜全产业链发展，按照“做强两端、提升中间”的思路，前端重点做种苗繁育和栽培技术集成创新，后端重点培育知名品牌、打通高端绿色供应链，中间以龙头企业为主体构建新型组织体系，加快由传统生产基地向综合服务基地转型，抢占蔬菜全产业链“微笑曲线”的两端，全方位提升沂南黄瓜产业核心竞争力，着力构建现代蔬菜产业体系、生产体系和经营体系。推进物联网、区块链、大数据等新一代信息产业与蔬菜产业融合发展，加快发展农业“新六产”，培育产业发展新动能；完善产业组织和利益联结机制，促进农民增收。通过要素集聚与产业发展，打造成为特色鲜明、集约高效、方式绿色、效益显著、带动有力、省内一流的现代农业产业园，示范引领临沂市农业农村现代化发展。

2. 功能定位

——全国设施黄瓜种苗繁育基地。以山东卧龙种业有限责任公司为依托，与天津科润黄瓜研究所、山东农业大学、青岛农业大学、天津德瑞特种业有限公司等科研机构和企业开展产学研合作，建设沂南黄瓜研究院，搞好黄瓜良种繁育、种苗生产，进行黄瓜新品种试验筛选，加强良种研发能力和集约化种苗繁育基地建设，打造国内一流的黄瓜种苗繁育中心和区域性种苗供应基地。

——长三角、粤港澳大湾区优质黄瓜供应基地。依托沂南黄瓜的高品质和品牌影响力，围绕黄瓜品种研发、种苗繁育、标准化生产、质量溯源、品牌培育、市场营销、初深加工、废弃物循环利用和农文旅融合等进行全产业链打造，构建涵盖供应端、物流端、数据端和消费端的全域绿色循环体系，打造长三角中心城市、粤港澳大湾区优质黄瓜供应基地。

——山东省黄瓜产业高质量发展样板区。以设施黄瓜产业为主导，加快新品种、新技术、新模式、新装备研发推广，全面提升黄瓜产业创新引领能力，打造集种苗繁育、标准化种植、精深加工、交易集散、物流配送、技术服务、标准输出为一体的山东省设施黄瓜发展中心。开展创新链、产业链、供应链、价值链和利益链“五链同构”，构建现代蔬菜产业体系，打造山东省黄瓜产业高质量发展样板区，示范引领黄瓜产业转型升级、高质量发展。

——山东省种养循环绿色发展样板区。立足沂南县肉鸡、肉鸭和生猪的畜禽养殖规模，坚持生态优先、绿色循环的理念，推广以种植业、养殖业、加工业为核心的“种养结合”的生态农业循环模式，依托畜禽粪便、生物质秸秆等废弃物综合循环利用，提高农业资源利用效率，实现种养优势互补和生态良性循环，示范引领黄瓜产业种养循环绿色发展，打造山东省种养循环绿色发展样板区。

3. 建设目标 按照现代农业产业园“一年有起色，两年有成效，五年成体系”的总体要求，通过五年的建设，产业园农业现代化建设取得明显进展，发展水平进一步增强，转变农业发展方式取得明显成效，农业质量和效益明显提升，竞争力显著增强，建成“产品优质安全、资源利用高效、产地环境良好、产业深度融合”的现代农业示范区。

二、产业发展规划

1. 种苗繁育 针对县域内优质黄瓜种苗供应不足的问题，强化种苗研发与繁育环节的建设。加强与天津德瑞特种业有限公司、天津科润黄瓜研究所、中国农业科学院蔬菜花卉研究所等科研院所合作，加快优质抗逆高产黄瓜新品种、特色功能型黄瓜品种的培育推广；引进先进育苗设施设备，提高育苗技术和管理水平，增加黄瓜种苗繁育能力，提升黄瓜育苗质量和规模，打造国内一流的黄瓜种苗繁育中心和区域性种苗供应基地。

2. 标准化种植 坚持政府政策引导与市场需求主导相结合，稳步推进黄瓜老旧棚体升级改造，加强黄瓜新品种推广，加快品种结构与区域布局优化。以现代农业产业园建设为抓手，推广应用黄瓜抗逆性诱导技术、空间电场消雾杀菌促长技术、智慧农业新技术等黄瓜种植新技术，提高设施智能化管理水平，降低劳动强度，提高劳动效率。完善质量安全监管体系建设，实现黄瓜质量安全监管工作全覆盖，从根本上解决产品质量安全问题。

3. 精深加工　立足沂南黄瓜生产规模和品质优势，全面拓展黄瓜加工水平，明确加工链条的建设重点和招商目录。引进培育一批黄瓜加工龙头企业，推进加工新工艺、关键新技术及产业化，重点开展黄瓜面膜、黄瓜脆片、黄瓜青汁等加工，提高黄瓜产品附加值。依托山东国泰食品有限公司、山东青果食品有限公司、山东青田食品有限公司等蔬菜加工龙头，大力发展生产基地，扩大加工规模，加大市场营销和产品外销力度。

4. 商贸物流　积极对接长三角、粤港澳大湾区销售市场，引进培育农产品流通龙头企业，加快建设一批黄瓜交易市场、物流园区，发展黄瓜冷链配送，提升贮藏、保鲜、冷链运输等采后商品化处理能力。建立信息采集、发布和反馈系统，提供了解市场、交流信息、寻找商机、衔接产需的平台，推进黄瓜流通交易信息化、标准化、智慧化建设，实现优质黄瓜从田间地头到大中城市的直销直供，集中建设一批长三角中心城市、粤港澳大湾区优质黄瓜供应基地。

三、总体布局与功能分区

1. 总体布局　根据产业园资源禀赋、产业发展基础、生态环境承载力等因素，遵循“依托资源、适度集中、拓展功能、示范带动”的原则，对现代农业产业布局进行优化提升，形成“两心、两园、三区”的空间布局，即：科技孵化中心、综合管理服务中心、农产品精深加工产业园、农产品交易物流园、设施蔬菜标准化生产区、种养循环示范区和新品种新技术展示区（图 15 - 1）。

2. 功能分区　参见表 15-1。

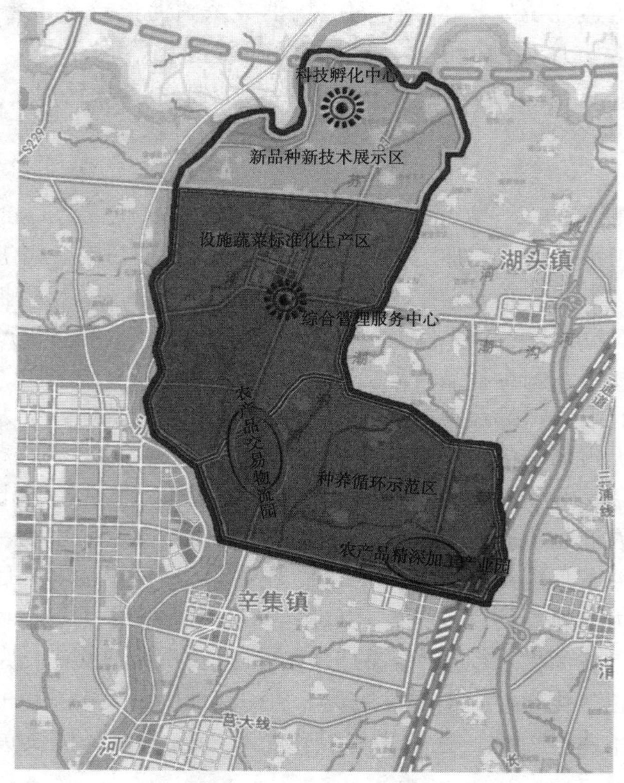

图 15-1　园区功能分区规划

表 15-1　园区功能分区

序号	功能分区	建设项目	主要功能
1	科技孵化中心	新品种选育与良种研发中心、专家工作站	进行黄瓜优良品种的研发选育、引进、示范推广
2	综合管理服务中心	综合管理服务中心、现代农业科技培训中心、农业大数据中心、农业双创孵化中心	综合管理、技术培训、金融服务、检验检测、品牌打造、会展节庆、成果展示
3	农产品精深加工产业园	黄瓜精深加工基地、健康食品加工基地	开展黄瓜为主的农产品加工

（续）

序号	功能分区	建设项目	主要功能
4	农产品交易物流园	蔬菜交易中心、农产品冷链物流中心、黄瓜文化馆、农业会展中心	提升现有蔬菜批发市场，加强数字化交易平台和蔬菜冷链物流体系建设
5	设施蔬菜标准化生产区	设施蔬菜标准化种植基地、设施蔬菜新技术集成示范基地、蔬菜产学研合作示范基地、新型菜农双创示范基地	设施黄瓜标准化生产基地的新建与改造
6	新品种新技术展示区	种苗繁育基地、设施蔬菜高标准生产基地、智慧农业展示基地	科技推广、示范带动、科普教育、生态观光
7	种养循环示范区	蔬菜集约化育苗基地、黄瓜标准化种植基地、种养循环农业示范基地、生物肥料加工中心	生态种养循环（畜—沼—菜、畜—肥—菜）模式推广

第十六章 广饶县淄水现代农业产业园总体规划

第一节 规划简介

广饶县淄水现代农业产业园（以下简称园区），核心区位于稻庄镇北部，规划总面积 33.6 平方公里，东至东青路，西至庐山路，北至石大路，南至綦公路，是以发展草莓产业、食用菌产业及农产品加工为主题的现代农业产业园。园区分为核心区—示范区—辐射区 3 个圈层，其中核心区形成“一心、一轴、两带、五区”的空间布局；示范区覆盖稻庄镇核心区以外的其他区域，是核心区研发成果的转化区；辐射区直接辐射东营市，间接辐射山东省。

本规划分为规划总则、基础条件分析与评价、园区建设的重要性和必要性、发展战略与目标定位、产业发展规划、空间布局与功能定位、产业园重点项目建设规划、农民利益联结机制、产业园基础设施建设规划、建设时序与进度安排、投资估算及资金筹措与效益分析、组织构架与运行机制创新、配套政策与保障措施 13 个部分。

第二节　规划内容纲要

一、发展战略与目标定位

1.　指导思想　以习近平新时代中国特色社会主义思想为指导，全面贯彻党的十九大和十九届二中、三中、四中、五中全会精神，认真落实党中央、国务院决策部署，牢固树立新发展理念，落实高质量发展要求，坚持农业农村优先发展总方针，以实施乡村振兴战略为总抓手，以农业供给侧结构性改革为主线，以草莓、食用菌、农产品加工、休闲旅游为主导产业，推进“生产＋加工＋科技＋品牌”一体化发展，不断提升种养规模化、加工集群化、科技集成化、营销品牌化的全产业链开发水平，建设集特色产业发展、农业科技示范、休闲观光展示、农村文化传承、机制体制创新于一体的现代农业产业园，将园区建成特色产业的展示地、现代科技的应用地、未来农业的引领地。

2. 发展原则

——因地制宜、突出特色。立足稻庄镇现代农业产业园实际情况，充分综合考虑当地的资源条件、农业基础及社会经济等因素，提出适合现代农业产业园区发展的规划思路和技术路线，并且因地制宜的布局食用菌、草莓等主导产业，突出优势特色产业，为现代高效生态农业产业发展提供示范样板。在规划过程中要从实际出发，发掘当地资源、市场文化、区位优势，体现区域特色，立足特色资源，面向特定市场按照“人无我有、人有我优、人优我特”的原则定位，进行现代农业产业园规划建设。

——科学规划、统筹协调。把统筹兼顾作为加快转变经济发展方式的根本方法，统筹一二三产业协调发展、统筹经济文化融合发展、统筹人与自然和谐发展，创出科学发展新模式；把解决好“三农”问题作为重中之重，实行工业反哺农业、城镇支持农村，积极稳妥推进新型城镇化，加快推进社会主义新农村建设，促进区域协调发展。

——市场导向、政府支持。以市场为导向，按照企业化运作的模式建设园区。同时，坚持建设主体多元化的原则，鼓励农业龙头企业、农业科研推广机构、农业科研院校、农业专业合作社、农业专业协会、创业型农户、种养业大户等不同主体参与园区建设，共同发展。探索创新利益联结纽带和风险共担机制，促进各主体间的合作。以市场作为资源配置的有效手段，通过竞争机制和利益驱动，充分调动投资者参与建设的积极性，促进园区的高效建设，实现良好的经济利益。

——为农兴农、融合发展。以农业功能全面开发为方向，融合一二三产业，突出发展现代农业、科技创新农业、文化旅游和休闲服务业，推动城乡统筹发展模式、农业科技金融机制等方面创新改革，探索建立依托金融创新推动农业科技创新和农业商业模式创新路径，加快构建现代农业新型生产体系和运营模式，形成有利于产业科学发展的体制机制。

——绿色引领、创新驱动。有效整合科技资源，集聚高端技术、人才、设施与装备，突出科技创新、科技研发与示范辐射功能，突破一批关键、核心技术，培育一批农业高新技术企业，壮大一批农业战略性新兴产业。以科技创新、成果转化、示范推广为支撑，以持续增加农民收入为主线，创新农民技能培训模式，实施项目孵化、复制和产业延伸工程，形成良好的运作机制和农民持续增收的长效机制，辐射带动周边产业发展。

3. 发展目标 根据“一年有起色、两年见成效、五年成体系”的总体发展规划，通过五年的建设，到2025年产业园农业现代化建设取得明显进展，发展水平进一步增强，转变农业发展方式取得明显成效，农业质量和效益明显提升，竞争力显著增强，建成“产品优质安全、农业资源利用高效、产地环境良好、产业发展有机融合”的现代农业生产体系、产业体系、经营体系。到规划期末建成特色鲜明、品牌突出，生产方式绿色，要素高度聚集、经济效益显著，一二三产融合、辐射带动有力的现代农业产业园，园区总产值突破37亿元。

4. 发展定位　按照国家加大改革创新力度、加快农业现代化建设的基本要求，依照省委省政府农业新旧动能转换重大工程部署，具体定位为“三区”：

——山东省农业新动能培育示范区。培育现代农业发展新动能，带动技术进步，推动经济高质量发展。培育食用菌标准化种植基地、草莓良种繁育示范基地、草莓采摘园、草莓标准化种植基地、菌棒原材料生产基地。围绕草莓食用菌花卉苗木产业提质增效转型升级，促进与加工、流通、旅游、文化、康养等产业深度融合，大力发展智慧农业、农村电商等新产业新业态，加快培育终端型、体验型、循环型农业。

——山东省草莓产业创新创业示范区。发挥稻庄镇着力构建现代农业与二三产业交叉融合的现代产业体系，为全省乡镇地区推进一二三产业融合发展提供经验借鉴。草莓产业已成为稻庄镇的特色农业支柱产业。稻庄镇拥有草莓种植乡土专业人才，草莓种植目前主要集中在南部片区，基础好、底子强，产业优势明显，计划在现代农业产业园新上草莓新品种培育研发项目，建设草莓新品种培育示范园，对草莓新品种精心培育，通过为农户提供草莓种植技术指导，吸引更多农户发展草莓产业。

——东营市休闲农业示范区。发展乡村旅游，带动农业发展，促进农民增收。通过休闲农业与乡村旅游示范点创建的开展，将园区做大做响为休闲农业旅游新品牌，充分发挥其示范引领作用，积极推动休闲农业与乡村旅游业发展，也为稻庄镇新农村建设和农民增收开辟新途径。

5. 示范主题

（1）主题选择　农村一二三产业融合发展涉及领域广、时空跨度大、工作任务重、现成经验少，将“打造农村一二三产业联动、深度融合发展现代农业发展新业态”作为示范主题，以农业为基点，推动农业优势种养业、农产品加工业、休闲农业发展，积极培育新型经营主体，创新体制机制，发展一二三产业融合综合体，构建一二三产业融合发展新平台，形成“一产接二连三”的互动型、融合型发展模式，形成点创新、线模仿、面推广农村一二三产业融合发展的新格局，打造农村一二三产业融合的先导区、样板园区，为全省一二三产业融合发展提供经验借鉴。

（2）示范体系　把一二三产业融合发展，作为新常态下现代农业示范区“三农”工作方向性、战略性的大事来抓，用工业的理念发展农业，把产业链、价值链等现代产业组织方式引入农业，使农村一二三产业融合发展成为稻庄镇农村经济新业态、农民增收新途径，形成产业链条完整、功能多样、业态丰富、利益联结紧密、产城融合更加协调的农业发展新格局。

——产业选择层面：构建四大产业体系。分别是种植业、农产品加工业、休闲农业、电商物流（信息、物流、金融、专业服务组织等），其中种植产业包括食用菌、草莓种植和粮食种植。

——实施主体层面：培育农业新型经营主体。在现代农业内生需求驱动及政策引导下，新型经营主体快速发展，农业规模化经营比例不断提高。在新型经营主体不断发展壮大的同时，积极培育发展山东爱尚多肉花卉科技有限公司、东营市申诺家庭农场有限公司、广饶县广汇家庭农场有限公司等主要经营主体为带动的、综合竞争力强的农业产业化联合体，引导稻庄镇农村一二三产业融合。

——产业融合模式层面：打造五大融合模式。一是产业链延伸型融合。依托新型农业经营主体，实现农资供应、生产、加工和销售环节有机整合，建立产业延伸、产业闭合等多种形式联农惠农机制。二是社会化服务型融合。依托社会化服务组织，发展农业生产产前、产中和产后全过程服务，提升农业专业化和社会化水平。三是农业新业态型融合。挖掘农业在生态休闲、旅游观光、农耕文化、科技教育等方面价值，拓展农业发展空间。四是产业集聚型融合。在一定区域范围内，集聚土地、资金、科技、人才等要素，打造农业产业集聚平台。五是“农业＋互联网”型融合。建设农业公共基础数据库，支持农产品生鲜电商（供求信息、冷链配送、农产品质量安全）平台建设等。

——支撑体系层面：着力突出6个重点。实施科技创新、农业资源保护“两大工程”。开展利益联结机制、投融资机制、农村产权制度、农业社会化服务机制“四大创新”。

二、产业发展规划

广饶县淄水现代农业产业园重点培育“133＋X”的现代农业产业体系，积极围绕“X”个产业发展的新方向，培育产业发展的新动能（图16-1）。

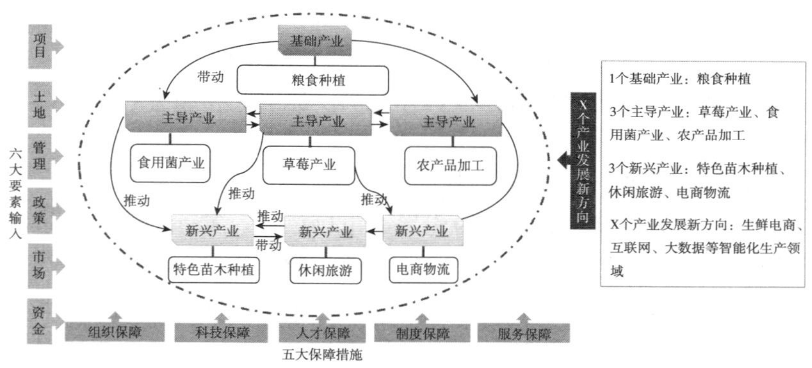

图16-1　园区现代农业产业体系

1. 基础产业——粮食种植

（1）发展思路　发展绿色、高效、生态农业，转变农业发展方式，推进农业产业转型升级。立足保护土地资源、农田生态环境，推动粮食生产向稳定提升粮食产能转变、向功能农业方向发展，实现藏粮于地、藏粮于技。

（2）发展重点

①加快土地流转，推行适度规模经营。从稻庄实际出发，着力培育种粮大户、专业合作组织和龙头企业等经营主体，大力推进经营方式创新，通过规范土地流转，发展适度规模经营，推动传统农业向现代农业转变。

②推进三产融合发展，打造示范项目。拓展农业多样功能，实

现一二三产业横向融合，重点是推动农业与旅游、文化、创意、教育、健康养老等产业融合发展，挖掘利用农业新的附加功能，拓展农业增效增收空间。

③推广功能农产品种植，打造富硒粮食生产基地。加强优质、高效、环保的绿色农资的研发与推广，借助“富硒＋”合作模式，扩大产品在更多农作物上的试验示范，并加强在富硒粮食种植上的探索与尝试，争取让更多的消费者吃上优质、健康的富硒粮食。

④依托“互联网＋”模式，拓宽销售渠道。借助互联网、大数据、物联网等信息技术，整合当地市场资源，汇集各类农产品信息、价格行情、市场供求、农产品展会、行业新闻等资讯，将供应商、经销商、消费者紧密连接，并提供便捷的交易服务，实现产供销一体化。

2. 主导产业——草莓产业

（1）发展思路　通过政府引导、市场运作，发挥龙头企业带动作用，扩大草莓种植基地，培育草莓新品种，构建布局合理、规模适度、优质安全、效益显著、生态环保的草莓产业。推广“企业龙头＋合作社＋家庭农场＋基地＋种植散户”模式，为农户提供草莓种植技术指导，引导农户发展草莓大棚种植。

（2）发展重点

①研发草莓新品种。加快新品种、新技术、新产品、新模式的研发和推广，加快科技创新人才队伍建设；健全农业技术推广体系，加快先进技术集成配套和转化应用。

②拓展高效生产基地。调整种植结构，压缩产量较低、效益较差的小品种和部分粮食种植规模，扩大精品草莓种植面积，做大做强草莓产业。

③扩大稻庄草莓知名度。在坚持品质优先的基础上，建立多渠道多层次的品牌宣传与市场推广体系；开展品牌整合宣传，注重品牌产品包装创新，形成稻庄名优农产品品牌集群效应。

④挖掘草莓产业休闲功能。融入区域旅游网络体系，进入区

域旅游黄金线路，将稻庄融入东营休闲农业与乡村旅游“一小时”经济圈，实现集参与、品尝、游览、科普于一体的重要旅游节点。

⑤做强草莓产业电商平台。加快电商基础设施建设，完善交通、信息、产地集配、冷链等相关设施，鼓励农村商贸企业建设配送中心，从总体上改善农村电商发展环境。

3. 主导产业——食用菌产业

（1）发展思路　基于山东布德泽食用菌研发培育加工项目，加强高档食用菌培育研发，示范推广新型栽培技术；培育集体合作社和专业化生产方式，引导周边散户群众采取家庭作坊的模式进行订单式生产；提高食用菌产业链上的分工及专业化程度，构建系统完整的生态循环链条；强化营销信息控制，完善食用菌质量追溯体系建设。

（2）发展重点

①整合食用菌资源，促进产业集约化种植。加强食用菌新型高效栽培模式和精准化标准化生产技术引进、研究与示范推广。研究开发专用高性能菇房设施和高效出菇模式，提升工厂化精准调控和设施利用水平，实现食用菌栽培设施、模式的上档升级。研发食用菌致病菌高通量快速检测和高效控制技术，通过溯源和追踪，有效消除污染源，提高产品质量安全水平；研发节能菌种及配套生产设施设备，推广轻简化栽培技术，实现食用菌工厂化节能减排；引进食用菌工厂化远程监控和跟踪追溯系统，建设精准化栽培试验示范基地。

②加大科技支撑力度，培育新菌种新品牌。加快优良专用食用菌品种、加工型高产多糖菌株选育和菌种优质快速繁育技术研究，推进液体菌种产业化开发。通过食用菌野生种质驯化、珍优专用品种选育和菌种优质快繁技术的研究，建立生物技术与常规育种技术相结合的食用菌育种技术体系，全面提升食用菌种质创新和育种技术水平。

③提升菌类产品质量，拓宽销售渠道。做大大宗菌类加工产品

规模，提升产品质量、档次和附加值。为推进产业供给侧结构性改革，提高产业可持续发展能力，以香菇、双孢菇、金针菇等大宗菌为加工对象，开发适合大众日常消费的即食食品、休闲食品、冻干食品等初加工产品，培育一大批掌握核心技术的龙头企业，不断壮大产业整体规模。全面推进“互联网＋”和“物联网＋”等信息化建设，建设电子商务交易平台及现代物流配送系统，拓宽销售渠道。

4. 主导产业——农产品加工

（1）发展思路　立足食用菌和草莓产业优势，对接龙头企业，大力发展产地初加工、精深加工和副产物综合利用，延长产业链，提升价值链，优化供应链。坚持以一二三产融合为路径，围绕消费谋加工，围绕加工谋生产，促进产加销一体化发展。

（2）发展重点

①加强招商引资，引进培育龙头企业。支持龙头企业新建农产品加工项目或进行技术改造、设备更新和规模扩建，对新增固定资产投资给予政策补贴；积极争取金融机构对龙头企业的支持，落实贷款担保抵（质）押政策，建立健全财政支持的各级农业担保体系，对担保机构给予贷款担保风险补偿；继续推进村镇银行发展壮大，规范县域小贷公司发展，支持农业企业利用资本市场开展融资；积极落实企业在用电、纳税等方面的优惠政策，优先落实农产品加工项目用地指标。

②延长产业链条，构建农产品多级加工体系。推进全产业链建设，鼓励和支持龙头企业充分发挥引领作用，以农产品加工为核心，带动上下游各类市场主体积极延伸产业链，大力发展仓储物流业和农业服务业。

③制定扶持政策，支持农副产品加工产业发展。积极搭建各类公共服务平台，为发展农产品加工业和产业融合创造有利条件。搭建融资担保服务平台，建立“政企银”联动协调机制；完善信息服务平台，做好行业运行分析和监测预警，指导行业和企业健康发展；构建人才培训服务平台，积极推进企业与企业之间、企业与大

专院校之间的人才交流。

5. 新兴产业——特色苗木种植

（1）发展思路　围绕国槐、白蜡、海棠和丝棉木等特色苗木种植，着力打造集生产、销售、科研、培训、观光于一体的现代特色苗木繁育与展示基地。

（2）发展重点

①建设特色苗木种植基地。建成一批具有地方特色和带动力的特色绿化苗木基地，提升规模化种植、标准化生产和产业化经营水平，建设成为全省重要的特色绿化苗木生产基地。

②建设林下种植经济基地。积极引进和培育龙头企业，大力推广“龙头企业＋合作社＋农户”的组织方式，打造林下经济品牌，形成具有特色的林下经济示范基地。

③发展林下拓展训练项目。配套完善的基础设施及教练人员，满足不同年龄阶段游客的需求，打造为新时代青少年田园研学教育新平台。

6. 新兴产业——休闲旅游

（1）发展思路　坚持高标准和高起点，建设一批集现代农业科技展示、观光休闲、垂钓、农事采摘、民俗文化体验及配套的食、住农家乐为一体，生态环境优美、产业功能完善、景观景致独特的综合性休闲观光农业示范园区，打造农业发展新亮点，培育农业发展新动能。

（2）发展重点

①以綦公路、庐山路为发展主轴线，建设精品休闲农业景观带。借助綦公路沿线项目建设机遇，整合相关项目资金，围绕设施草莓、樱桃基地和特色苗木基地建设，建设一批休闲采摘观光园区，打造融合农业科技展示、精品采摘、美食体验、科普教育、休闲度假、农业观光等业态为一体的乡村旅游示范基地。

②加强产业园周边旅游资源整合，打造精品旅游线路。一方面加快镇域内旅游资源的整合，以淄河水库景观为起点，通过淄水河游览鸢尾花海、婚旅空间、花艺亲子乐园、千亩樱桃采摘园、

善耕老农家庭农场、新天地家庭农场、水族乐园家庭农场等景点形成环绕一周的景观体系。另一方面与县域内的精品旅游景点和景区协作，打造串联广饶县优质旅游资源的休闲农业精品旅游线路。

③加强政策引导与扶持，促进产业快速发展。建议政府尽快出台一系列优惠政策，支持休闲农业发展。如在用地、贷款、用电、税收等方面放宽条件，简化审批手续，或出台细化奖补政策，支持新型经营主体以各种方式发展休闲农业，促进休闲农业的快速发展。

7. 新兴产业——电商物流

（1）发展思路　以产业园为载体，依托广饶县及周边产业，新建农产品现代物流园，形成设施完备、功能齐全、模式先进、多元高效的现代化商贸物流体系。积极参加国内国际农产品交易会、展销会及博览会等会展力度，拓展销售路径。加快电子商务发展，促进实体经济与互联网深度融合，充分发挥“互联网+”现代市场营销手段优势，进一步完善营销网络体系，支持园区新型经营主体充分利用电子商务、短视频、微商等新型交易方式，对接市场需求。

（2）发展重点

①统筹规划设计，有序推进发展。以促进农产品实体交易和电子商务有机融合为方向，通过零售带动批发、高端带动低端、城市带动农村，加快开展农产品电子商务示范培育工作，力争在重点地区、重点品种和重点环节率先突破。与阿里巴巴、京东、淘宝、天猫等知名电商渠道对接，打造产业园农产品电商品牌。

②加强配套支撑，优化发展环境。鼓励发展专业化、规模化的第三方物流，重点支持发展农产品冷链物流。落实各项支持物流企业发展的税费政策，完善农产品绿色通道政策，促进支付、信用、金融、保险、检测、认证、统计和人才培育等服务协同发展。

③线上线下结合，突破关键约束。发展县域服务驱动型、特

色品牌营销型等多元化的农产品电子商务模式。鼓励农产品流通企业，依托实体经营网络探索开展农产品电子商务，充分利用传统的销售渠道，通过实体经营场所体验考察与网上下单、支付相结合，解决交易主体之间的信任度低、标准不统一等问题。

④开展农村商务信息服务。充分发挥农业综合服务中心在常态化购销对接中的作用，通过与大型连锁超市、批发市场及电子商务企业合作，更好地促进农产品流通。

三、空间布局与功能定位

按照科技凝聚、层级辐射、跨越发展的建设思路，广饶县淄水现代农业产业园分为核心区—示范区—辐射区3个圈层。三区之间通过科技对接、模式对接、品牌对接和服务对接来实现联接，推动产业互补、资源共享、三产融合、五化同步发展，其中：

核心区：主要功能包括农业科技创业孵化、农业产业高新技术展示推广、农业新品种和新技术引进试验以及农业文化的传承发展，是农业产业园的技术、模式辐射源。涵盖农业生产、加工、销售、物流、研发、设计、人才、配套等全产业链区域。

示范区：覆盖稻庄镇核心区以外的其他区域，主要是示范推广核心区的新品种、农产品加工工艺、标准化管理技术等科研技术成果，是核心区研发成果的转化区。通过示范推广新型经营模式和产学研科研机制，以产加销一体化机制来带动周边农业科技化、产业化发展。

辐射区：直接辐射东营市，间接辐射山东省。推广核心区的科研技术以及创新经营机制，辐射带动农业的科技化、产业化、可持续化发展，带动农民增收，实现农业产业升级转型。

根据产业园地理区位、资源禀赋、产业基础、环境承载力、宏观经济政策、国内外市场环境等因素，遵循“依托资源、适度集中、拓展功能、示范带动”的原则，对现代农业产业布局进行优化提升，形成“一心、一轴、两带、五区”的空间布局，即：科技创新综合服务中心、产镇融合发展轴、淄河休闲景观带、特色农业产业带、新动能培育示范区、美丽乡村建设示范样板区、新型经营主体创新创业示范区、林下经济循环示范区、休闲农业体验区（表 16-1）。

表 16-1　核心区功能分区

序号	分区	重点建设项目	主要功能
1	科技创新综合服务中心	综合管理服务中心、农业大数据与电商服务中心、农产品质量检测中心、科技研发中心、人才培训教育中心、国际科技合作交流中心、金融服务中心	科技研发、质量检测、企业孵化、技术培训、国际合作、成果展示、推广服务和创新创业等功能，为产业园的农业企业提供高水平技术支撑和公共服务
2	新动能培育示范区	草莓良种繁育示范基地、草莓标准化种植示范基地、草莓采摘园、食用菌标准化种植基地、加工物流基地、菌棒原材料生产基地等	草莓和食用菌产业技术创新、标准化生产示范、产品加工等
3	美丽乡村建设示范样板区	生态湿地、文化主题公园、民俗文化馆、时令花海	乡村改造、优秀民俗文化传承、休闲旅游
4	新型经营主体创新创业示范区	沃田家庭农场、沼气工程、有机肥加工基地、规模化生猪养殖基地、青贮玉米种植基地、水果玉米种植基地、小杂粮种植区等	推动园区农业产业转型升级和功能农业发展
5	林下经济循环示范区	生态乡土树种标准化种植基地、林下经济示范基地、苗木种质资源圃、高端精品苗木展示区、园艺博览园、拓展训练基地、彩色树种培育基地等	在保持涵养水源、净化空气、保护环境等生态功能的基础上，探索生态农业、立体农业、有机农业、都市农业、绿色农业等新形式

（续）

序号	分区	重点建设项目	主要功能
6	休闲农业体验区	鸢尾花海、婚旅空间、花艺亲子乐园、千亩樱桃采摘园、善耕老农家庭农场、新天地家庭农场、水族乐园家庭农场、食用菌智能化生产基地等	观光旅游、休闲养生、采摘体验

四、农民利益联结机制

实现产业园产业融合发展，既需要企业跟农民建立紧密的利益联结机制，也需要政府、金融机构以及科研院校在政策、技术、金融等方面支持农民、合作社以及相关企业。一方面，引导企业和农民、合作社通过双向入股的方式实现利益联结，鼓励合作社、家庭农场、种养大户和农户以土地、劳务、资金等入股企业，支持企业以资金、技术、品牌等入股专业合作社。探索完善利润分配机制，创新分配方式，明确资本参与利润分配的比例上限，维护农民利益。积极引导产业园涉农企业与农户实现“风险共担、利益共享”，让广大农户更多分享加工和流通环节的增值收益，促进农民增收。另一方面，政府、金融机构以及科研院校在政策支持、技术支持、金融支持等方面向农民、合作社倾斜，同时向与农民建立紧密利益联结机制的公司企业倾斜，促进形成各级单位与合作社、农民的紧密利益联结，全面促进农业发展。根据产业园重点建设项目的经营主体及经营类型，探索新形势下产业园区企业与农户合作的新模式。

模式一：“加工企业＋农民新型经营主体＋二次分红”的利益联结机制

合作社通过供应草莓种苗、过程管理、废弃物回收等服务，减少合作社种植成本，保证种植品质。同时合作社与加工企业合作，企业通过保底订单收购草莓等种植产品，通过初加工或精深加工后销售，合作社在延长产业链的同时，每年可获得加工销售利润的部分分红，合作社将所得分红按合作社成员股份比例直接分给合作社社员，有效增加社员收入，带动农民增收致富。合作社对于财政支农的项目资金，按照一定比例实行折股量化，并将合作社的利润，以股份分红形式分享到每个合作社社员身上。

模式二："企业＋合作社＋土地入股"的利益联结机制

产业园通过"企业＋合作社"为主要特征的合作社入股企业型模式，以企业为依托开展经营。社员以土地承包经营权入股，每年年终核算后，合作社把当年所得利润按社员土地入股面积进行分红。合作社设有理事会、监事会，制定各项管理制度和岗位制度；建立合作社完整账目和成员账户。财政补助资金按照一定比例及社员土地入股面积所占股份，量化到成员个人账户。

模式三："村委会＋合作社＋土地入股"的利益联结机制

产业园内由村委会领办合作社，农民以土地形式入股，形成"利益共享，风险共担"体系，盈余按照土地入社比例进行分配。扣除当年生产经营和管理服务成本后，提取公积金和公益金的可分配盈余部分，经社员大会决议按社员入社股份比例返还；一定比例盈余作为公积金，用于扩大生产经营，弥补亏损或折股量化到社员；一定比例盈余作为公益金，用于成员的技术培训、合作社知识教育以及文化、福利事业和生活上互助互济，实现村集体与群众双增收，强村与富民双赢。

模式四："高价收购＋新型销售模式"的利益联结机制

一是订单农业。企业通过与农户签订订单合同，只要农户种植农产品达到相应的"三品一标"标准，企业可按照高于市场价格进行收购。二是提高新型销售模式收益。企业通过电商平台、拍卖、体验店销售等新方式，带动农户以新型模式销售产品，同时免除农户平台管理费、体验店入场费等其他费用，使农户获得更高的收益。

模式五："保底订单＋农旅结合基础设施"的多方面利益联结

在保底订单的基础上，提供休闲农业和乡村旅游配套基础设施建设。企业出资对农旅融合发展示范点配套建设相关的基础设施，优化环境，打造景点，吸引游客和周边城市人群，通过增加消费人群来增加农户收入。企业统一对旅游资源进行分流，采取统一的管理模式，为参与的农民分配游客资源并能够为前来旅游的不同人群提供落脚点，通过住宿、餐饮等为农户带来直接收益。

第十七章

前沿现代农业光伏科技示范园修建性详细规划

第一节 规划简介

日照五莲前沿现代农业光伏科技示范园，是基于药材光伏模式的示范园，核心区位于日照市五莲县汪湖镇西北部，北邻张家官庄村，南邻前泥牛村，西邻关山沟村，东邻曹家官庄村。规划面积为1 005亩，其中建设用地面积为35亩。园区以乡村振兴为契机，充分发挥企业主导优势，以中药材为主导产业，塑造定位明确、特色突出、科技引领、田园精美的现代特色农业发展新模式。规划分为核心区、示范区、辐射区三部分，形成“一心、十二区”的空间分布格局，形成“板上发电、板下种植”的农光互补项目示范样板，构建出“一地多用、农光互补”的新型特色产业发展模式，使地区探索出一个农光互补、生态持续的现代农业光伏科技园。

本规划分为背景研究、发展战略、功能定位与空间布局、重点项目建设、美丽乡村建设规划、景观规划、基础设施规划、投资估算与效益分析、分期建设与保障体系9个部分。

第二节　规划文本目录

第一章　背景研究
1.1　政策背景
1.2　规划范围与期限
1.3　项目概况
1.4　发展优势
1.5　发展不足
第二章　发展战略
2.1　指导思想
2.2　发展原则
2.3　发展理念
2.4　发展定位
第三章　功能定位与空间布局
3.1　功能定位
3.2　空间布局
3.3　功能分区
第四章　重点项目建设
4.1　园区入口广场
4.2　园区主题大门
4.3　综合服务中心
4.4　玻璃温室
4.5　拱棚
第五章　美丽乡村建设规划
5.1　美丽乡村建设规划目标
5.2　美丽乡村建设规划方法
5.3　民宿规划设计引导
5.4　景观小品意向
第六章　景观规划

6.1　灯光照明设计

6.2　标识导向设计

6.3　水域资源整理

第七章　基础设施规划

7.1　道路系统规划

7.2　给水工程规划

7.3　电力工程规划

7.4　电信工程规划

7.5　污水工程规划

7.6　雨水工程规划

第八章　投资估算与效益分析

8.1　投资估算

8.2　效益分析

第九章　分期建设与保障体系

9.1　分期建设

9.2　保障体系

第三节　规划内容摘要

一、发展战略

1. 指导思想　以乡村振兴为契机，充分发挥企业主导优势，以中药材为主导产业，塑造定位明确、特色突出、科技引领、田园精美的现代特色农业发展新模式。通过大力发展农业光伏项目，拉伸产业链条，揉入乡村休闲旅游功能，带动三产深度融合。通过合作社带动周边村民共同致富，实现汪湖镇乡村产业振兴，助推汪湖镇乡村旅游升级发展，打造五莲县农业光伏发展示范样板。

2. 发展原则

（1）产业为本，三产融合　园区以产业为本，确定以农业光伏（中药材）为主导，拉伸产业链条，形成良种繁育、有机种植、精深加工、休闲旅游为一体的全产业链，做大做强中药材品牌，带动区域三产的高效融合，助推汪湖镇乡村产业振兴。

（2）绿色为轴，生态经济　遵循自然农法，特色种植，对项目区进行小流域生态治理，形成高效集约的种植方式。打造汪湖镇区域生态、特色农业示范区，助推乡村生态振兴。

（3）主题立意，特色鲜明　以中药材全产业链发展为核心，突出农业光伏的科技特色，塑造标准精致的农业光伏空间景观，使园区成为现代特色农业发展的典范样板。

（4）农民主体，合作共赢　以农民为主体，通过龙头企业＋党支部＋合作社＋农户＋规模化的中药材种植发展模式，带动园区周边村集体与农户增收，真正实现乡村振兴。

3. 发展理念　结合项目区场地特征，挖掘项目资源潜力，将园区打造成以智能光伏为引领，中药材全产业链条为主导，康养休闲旅游为配套的现代农业光伏科技示范园“前沿模式”。

创新智能光伏＋特色农业＋观光旅游＋农民叠加收益的特色农业发展之路，形成集光伏发电、农业生产、农业观光于一体的现代农业园发展模式，并着力构建从中药材种植、研发、加工到营销于一体的绿色生态产业链，助力五莲县优势特色产业提档升级、高质量发展。

4. 发展定位　通过本次规划，将五莲县汪湖镇前沿现代农业光伏科技示范园打造成全国知名、区域特色鲜明的“农业光伏＋”模式，实现农业光伏＋良种繁育、农业光伏＋标准化种植、农业光伏＋加工物流、农业光伏＋康养休闲，形成“板上发电、板下种植”的农光互补项目示范样板，构建出“一地多用、农光互补”的新型特色产业发展模式，使地区探索出一个农光互补、生态持续的现代农业光伏科技园。

二、功能定位与空间布局

1. 功能定位　汪湖镇农业光伏科技园项目分为核心区、示范区、辐射区三部分，通过核心区规划建设，带动辐射整个汪湖镇农业光伏项目的发展，确定镇域主导产业的发展，带动三产之间融合发展，实现产业振兴，最终实现汪湖镇乡村振兴。

核心区：核心区位于汪湖镇西北部，北邻生家官庄村，南邻前泥牛村，西邻后泥牛村，东邻曹家官庄村；规划面积为 1 016 亩。

示范区：汪湖镇全域，面积为 5.1 万亩。

辐射区：五莲县以及诸城市周边村镇。

2. 空间布局 结合项目特色以及未来发展，将项目区划分为以下分区：

科技创新与管理服务中心；

康养休闲体验区；

中药材农机农艺一体化展示区；

土壤改良新技术试验区；

光伏黄精标准化种植区；

阴生中药材标准化种植区；

丹参根苗标准化种植区；

丹参组培苗标准化种植区；

露地黄精标准化种植区；

种养循环特色发展区；

康养休闲体验区；

文创旅游综合管理区；

美丽乡村建设区。

参见表 17-1。

表 17-1 核心区功能分区

序号	分区	建设内容	主要功能
1	科技创新与管理服务中心	入口广场、玻璃温室、仓库、百果园、创新中心、组培车间等	中药材良种繁育、生产加工、新品种推广、中药材种植新技术展示等

（续）

序号	分区	建设内容	主要功能
2	康养休闲体验区	辣木籽、紫苏、油用牡丹，芍药、金银花、蒲公英等果蔬花卉中药材采摘种植基地；亲子采摘等体现项目、研学基地	中药材休闲体验游、中小学研学
3	中药材农机农艺一体化展示区、土壤改良新技术试验区	丹参、百合等根茎类药材	中草药种植
4	光伏黄精标准化种植区、阴生中药材标准化种植区	太阳能光伏板、黄精、铁皮石斛、金线莲、食药用菌	板上光伏发电、板下种植黄精以及喜阴性中药材
5	丹参根苗标准化种植区、丹参组培苗标准化种植区	丹参根苗栽培基地、丹参组培苗栽培基地	丹参标准化种植、示范栽培，丹参根苗、组培苗种植试验等
6	露地黄精标准化种植区	黄精标准化种植基地 2 处，黄芩、黄芪、当归、半夏、板蓝根等品种试验基地	黄精标准化种植，适应本土种植的各种中药材新品种种植展示
7	种养循环特色发展区	太阳能光伏板、中药材、标准化养殖圈舍等	中药材种植＋禽畜养殖＋废弃物循环利用
8	文创旅游管理服务区	游客管理中心、文化创意中心、新农人培训中心、时令花海等	酒店管理、康养服务、新农人培训、文化创意空间、田园研学、科普教育等
9	美丽乡村建设区	建筑外立面改造、道路整治提升、公共活动空间设计、村庄产业发展引导、民宿改造等	美丽乡村建设示范、民宿改造设计

三、重点项目建设

1. 园区入口广场 在园区入口处规划设计入口广场，面积为1 000平方米，广场采用拼花铺装，作为园区人流集散空间。广场上设置停车场，分别停小型车辆以及大巴车，园区实行人车分流管理，进入园区的车辆统一停放在停车区域。

另外，在园区入口广场处设计药王孙思邈雕塑，突出标识和点题作用，凸显农业园种植特色。

2. 园区主题大门 在园区入口处规划设计一处大门，作为进入农业园的主题标识构筑物。

大门主题造型为拱形，主题颜色为黄色、紫色、红色（丹参和黄精花的颜色）；辅助造型提取黄精的叶子，突出农业园的特色性。大门最高处约 15 米，最宽处约 50 米，具体尺寸可以根据现状需求适时调整。

3. 综合服务中心 入口广场西侧建设综合管理服务中心，为一至三层建筑，作为远期园区综合管理、餐饮、中医药旅游产品展示销售、文化展示、信息服务等功能用地。

4. 玻璃温室 在入口以北建设 3 个玻璃温室，用于中药材良种繁育、示范栽培、新品种推广、中药材种植新技术展示。

5. 拱棚 在 S7 区光伏板下建设 5 个拱棚，每个占地 720 平方米，用于组培苗的练苗、试种（图 17 - 1、图 17 - 2）。

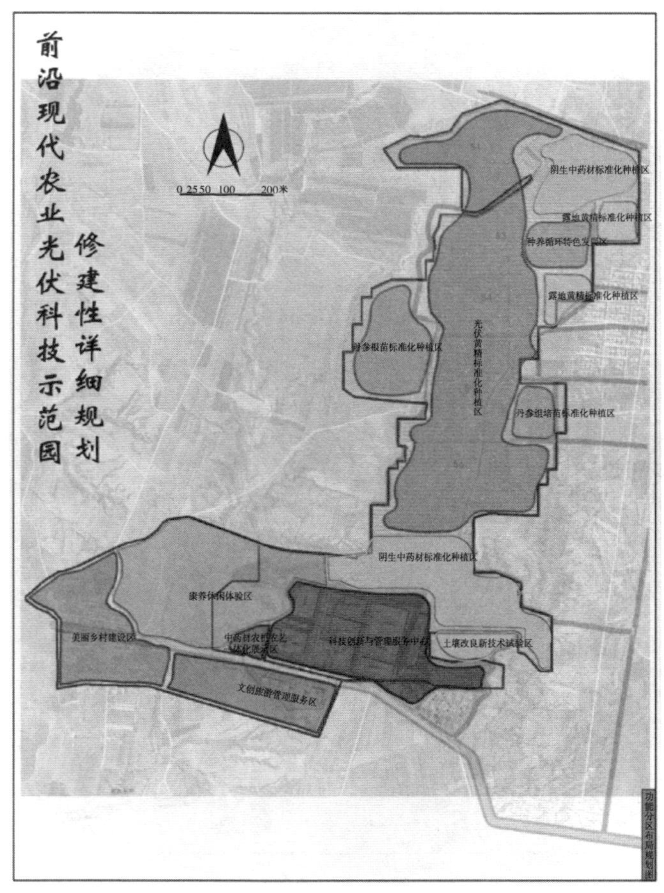

图 17-1 核心区功能分区

前沿现代农业光伏科技示范园
修建性详细规划
0 25 50 100 200米
S1
S2
S3
S4
S5
S6
S7
S8
西侧储备土地约2 000亩
东侧储备土地约5 000亩

图 17-2 核心区总平面

四、美丽乡村建设规划

1. 美丽乡村建设规划目标　通过美丽乡村规划建设，为后泥牛村的发展注入新活力，实现后泥牛村由“脏、乱、差”到“净、畅、美”的转变，实现后泥牛村环境的规划美、环境美、生活美、身心美的宜居、宜业、宜游的美丽乡村。

（1）规划美　通过符合后泥牛村实际情况的美丽乡村建设规划，改善农村的人居环境，建设美丽宜居的乡村，让乡村成为生态宜居的美丽家园。

（2）环境美　以后泥牛村乡风文明建设和乡村容貌改善作为美丽乡村建设的重要抓手，逐步改变乡村现有的村风村貌，最终形成环境优美的乡村。

（3）生活美　通过美丽乡村建设、村容环境整治工作、基础设施提升等内容，改变村庄原有环境，使村庄生活环境焕然一新，实现农村居民生活美的目标。

（4）身心美　通过美丽乡村建设，综合从村庄环境、产业发展、基础设施建设等方面进行梳理与提升，为农村发展注入新的活力，提升农村居民生活的幸福指数。

2. 美丽乡村规划建设方法

（1）提升村容村貌

①建筑：后泥牛村整体建筑较陈旧，主要为一层合院建筑，建筑外立面为水泥、石砌、砖砌，屋顶为红瓦坡屋顶。保留建筑基本形式，修缮陈旧老化建筑，清除建筑周边杂物，对建筑墙面进行主题美化（手绘主题墙、农耕文化主题、乡风乡俗主题、传统美德等主题）。

②道路：目前后泥牛村道路已经实现村村通，道路两侧有一定的绿化，但缺乏层次，道路两侧杂物堆积现象严重。选用本土树种，完善植被绿化层次，清除道路两侧杂物，形成整洁、有序的道路序列空间。

③公共活动空间：后泥牛村没有供村民集中活动的公共空间，

村民多就近选择路边、巷口活动交流。利用闲置空地，规划设计为公共活动空间，供村民活动、健身、交流。

(2) 完善基础设施建设　在结合村庄现状发展的基础上逐步完善后泥牛村的公共基础设施建设，加强对村庄内给水、雨水、污水等分流设计；进一步完善村庄内电力、电信配套建设；逐步增加村庄内燃气、热力等工程规划建设，全面提升后泥牛村的基础设施建设。

(3) 明确产业发展方向　确定后泥牛村村庄发展类型，明确村主导产业种类，通过产业提质增效发展，带动后泥牛村经济发展，促进农民增收致富，以产业振兴促进后泥牛村实现乡村振兴。

3. 民宿规划设计引导

民宿改造设计理念如下：

①小众理念：民宿是面对小众群体的，面向那些想感受不同地域生活、文化的旅客，不同于普通旅馆、高级酒店，因此后泥牛村民宿改造设计要明确具体服务对象，体现小众设计理念。

②地方特色理念：民宿在改造时，一定要着重打造地方特色，充分挖掘和突出当地文化元素，在民宿中可以体验到当地人的生活，了解当地人的生活方式，这样才能将民宿与普通酒店区别开来，才能吸引游客前来居住。

③自然生态理念：后泥牛村民宿改造设计要充分尊重当地的自然生态环境，要与当地自然环境相融合，因地制宜、就地取材，体现自然性、地域性。

4. 民宿改造设计原则

(1) 融入性原则　民宿改造时，要适应原环境，根据原环境的特点来设计改造，改造要融入当地的建筑风貌，融入周边的环境景观，还要融入当地的文化特色。

(2) 差异性原则　民宿改造在考虑融入当地环境特色的同时，还要考虑差异性，增加新的创意、新的事物，打造出与当地建筑之间的差异性，如此才能吸引游客。

（3）舒适性原则　民宿最终还是给游客居住的，所以居住空间的舒适度很重要。只有让旅客住得舒服了，才能打造出好口碑，维持旅客持续的热度。

第十八章

偶遇·桃花源鹿鸣小镇详细规划

第一节　规划简介

鹿鸣小镇核心区位于枣庄市山亭区冯卯镇，规划总面积 869 亩，其中规划建设用地面积 41.5 亩，规划建设期限：2021—2025 年。鹿鸣小镇是冯卯镇围绕全区“7+3”现代产业体系，重点引进的大健康食品和特色文旅康养产业项目，是集鹿产品研发和深加工、现代化养殖、康养度假于一体的田园综合体示范项目。核心区形成“一带、一园、两心、七区”的总体空间布局。小镇以梅花鹿为主题，按照国家 A 级景区标准规划建设休闲科普观光园、养生餐饮、特色民宿等功能区，打造偶遇·桃花源鹿鸣小镇康养度假区，成为全省休闲度假旅游目的地。

本规划分为背景分析、现状解读、规划策略、规划布局、重点项目建设、景观设计、基础设施规划、建设时序与投资估算 8 个部分。

第二节　规划内容摘要

一、规划策略

1. 形象定位　《诗经·小雅·鹿鸣》中云：“呦呦鹿鸣，食野之苹。我有嘉宾，鼓瑟吹笙”。鹿鸣小镇位于风景秀丽的欧峪村，以七彩鹿为特色，固有“呦呦鹿鸣　七彩欧峪”的美誉。

2. 总体定位：国家级梅花鹿主题小镇　以山体、农田、水系等资源为基础，以示范引领梅花鹿全产业链高质量发展为基本任务，着力发展梅花鹿育种养殖、鹿产品精深加工、鹿主题休闲观光三大产业，秉持绿色低碳、健康养生、文化创意的发展理念，以园林生态主题的环境营造方式，将鹿鸣小镇打造成一个集生态种养、健康食品供应、休闲游乐等功能于一体的宜居宜业宜游的国家级鹿主题生态休闲牧场。

3. 功能定位

全国梅花鹿良种繁育中心

全国梅花鹿高标准养殖示范基地

全国优质鹿产品精深加工基地

全国梅花鹿主题文化公园

4. “鹿”文化解读

福禄富贵——鹿同“禄”，取高官厚禄之意。梅花鹿更是与“梅花榜”有关，象征金榜题名。

形似美丽——鹿体健硕，而且天性中的善良、柔美、内敛的气质，更是值得人们的赞美。

美好爱情——“鹿车共挽”、“鸿案鹿车”等成语，均用于称赞夫妻同心，安贫乐道。

健康长寿——《坤雅》云：“鹿乃仙兽，自能乐性。”寓示延年益寿、健康吉祥、青春永驻。

5. 产业体系　参见图 18-1。

6. 产业融合发展模式　参见图 18-2。

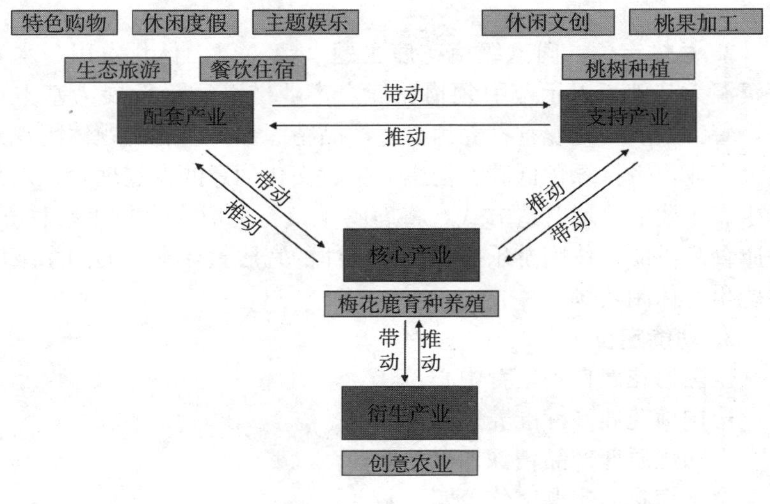

图 18-1 产业体系

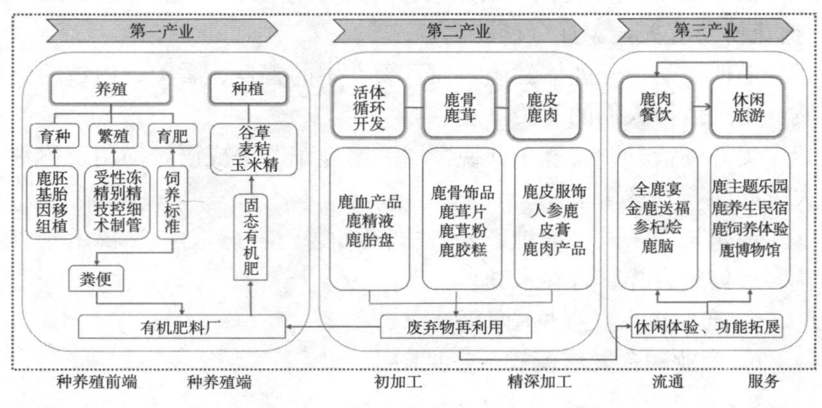

图 18-2 产业融合发展模式

7. 鹿产业引导延伸 参见图 18-3。

图 18-3　鹿产业引导延伸示意

二、规划布局

1. 规划构思　本地块基本属于宜林荒地，本着土地价值最大化利用，根据原始地形特点，形成多级台地的整体地势，从东南至西北逐级降低地势。平场标高分为 300m、260m、251m、239m、236m、235m、233m、220m 及 200m 以下等多级台地，各台地之间用坡面、沟峪联系，整体空间变化多样，形成立体景观序列。

根据各台地平场面积和平场标高计算，整体挖方量 401.6 万立方米，填方量 49.1 万立方米（图 18-4）。

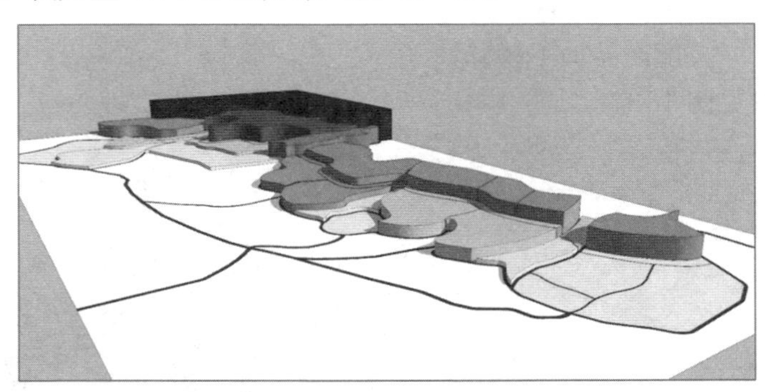

图 18-4　核心区规划构思

2. 整体结构分析　本项目核心区与周边环境协调统一，空间连续。西侧入口大门和停车场，作为景区第一进空间，属于景区的缓冲引导区。

核心区作为主景区，主要承担梅花鹿观赏、休闲采摘、标准化养殖及鹿产品加工。

经过产业发展轴线，到达游船美食区，两艘船宴给游客提供鹿产品美食，同时让游客在美景中享受美食。

东北侧利用欧峪东岭村内现有闲置房屋，整治改造后作为民宿居住区，为游客提供游、玩、赏、吃、住等多功能于一体的综合性小镇。

3. 核心区功能分区规划 核心区功能划分：一带、一园、两心、七区。

一带：坡面立体景观带

一园：无动力游乐园

两心：综合管理中心

游客服务中心

七区：梅花鹿散养区

梅花鹿良种繁育区

茸鹿养殖区

肉鹿养殖区

瀑布景观区

林果采摘区

鹿产品加工区

参见图 18 - 5。

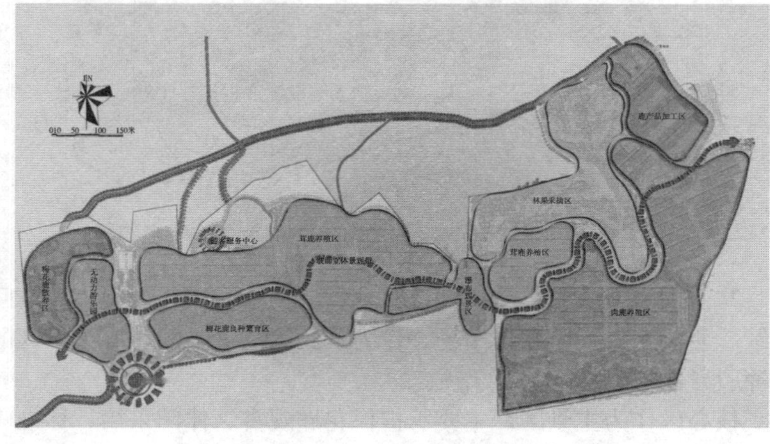

图 18 - 5　核心区功能分区规划

4. 规划总平面　本方案从因地制宜角度出发，通过合理的场地平整，整合现状资源，在满足观赏、养殖、加工等功能基础上宜林则林。

小镇共分 7 个主要功能区，由各层级道路串联各分区。根据各分区的功能要求，合理设置各类建筑及具体项目。

按照西部赏游、中部养殖、东部加工的布局结构，西部规划散养区和无动力游乐园，满足游客近距离观赏梅花鹿和休闲娱乐的需求。

中部梅花鹿良种繁育、茸鹿养殖、肉鹿养殖，均采用标准化鹿舍，远期考虑探索鹿舍屋顶增加太阳能光伏板，实现供电自给自足。

东部利用现有建设用地建设鹿产品加工区，包含加工车间、仓储车间和办公用房，改造加工区内现有水塘，形成入口景观，丰富生产空间。

结合地形进行园林式绿化，营造出三季有花、四季常绿、步移景异的绿化空间，同时配置不同种类的休闲配套设施，以提升绿化空间的舒适性（图 18-6）。

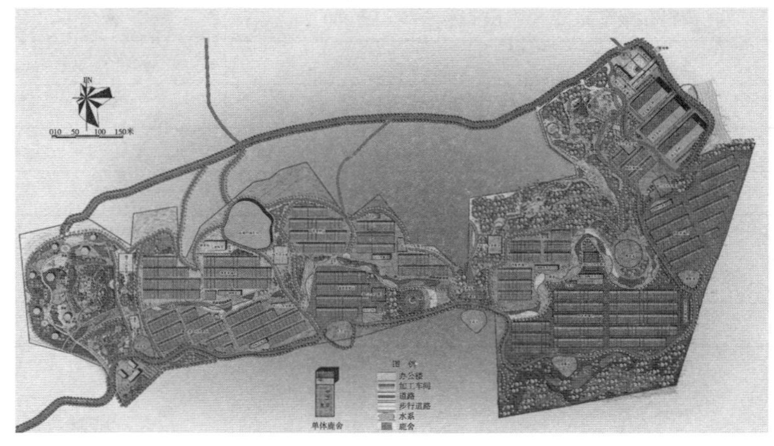

图 18-6　鹿鸣小镇平面规划

三、重点项目建设

参见表 18-1。

表 18-1　核心区重点项目

重点项目	规模	单位
鹿博馆	500	米^2
游客中心	200	米^2
鹿产品加工区	24 480	米^2
标准鹿棚	765	个
综合管理中心	1 320	米^2
地下污水处理池个数	12	个
地下污水处理池容量	35 376	米^3
散养区鹿棚	1 584	米^2
玻璃栈道	85	米
无动力游乐园	19 540	米^2
停车场	20 000	米^2
饲料存储车间	12 000	米^2
公共卫生间	9	个
水池	26 056.52	米^3
改造民宿	30	户
配电室	100	米^2
全鱼宴养生船	1	艘
全鹿宴养生船	1	艘
寿星广场	6 500	米^2

图书在版编目（CIP）数据

现代农业园区规划原理与实务 / 王梁主编．—北京：中国农业出版社，2023.4（2025.1重印）
ISBN 978-7-109-30517-5

Ⅰ.①现… Ⅱ.①王… Ⅲ.①农业园区－规划－研究－中国 Ⅳ.①F324.3

中国国家版本馆CIP数据核字（2023）第047050号

中国农业出版社出版
地址：北京市朝阳区麦子店街18号楼
邮编：100125
策划编辑：贺志清
责任编辑：史佳丽 贺志清
版式设计：杜 然 责任校对：吴丽婷
印刷：北京通州皇家印刷厂
版次：2023年4月第1版
印次：2025年1月北京第3次印刷
发行：新华书店北京发行所
开本：880mm×1230mm 1/32
印张：10.5
字数：300千字
定价：60.00元
